北京高校思想政治理论课高精尖创新中心重点项目
（18GJJA002)结项成果

中国社科研究文库

CHINESE SOCIAL SCIENCE RESEARCH LIBRARY

以"案"明理 以"例"服人

——高校思想政治理论课实践教学案例

主　编｜张国军

副主编｜杨春桃　胡　茜

九州出版社

JIUZHOUPRESS

图书在版编目（CIP）数据

以"案"明理 以"例"服人：高校思想政治理论课实践教学案例／张国军主编．--北京：九州出版社，2021.6

ISBN 978-7-5225-0224-3

Ⅰ.①以… Ⅱ.①张… Ⅲ.①高等学校—思想政治教育—教学研究—中国 Ⅳ.①G641

中国版本图书馆 CIP 数据核字（2021）第 122730 号

以"案"明理 以"例"服人：高校思想政治理论课实践教学案例

作　　者	张国军　主编
责任编辑	周弘博
出版发行	九州出版社
地　　址	北京市西城区阜外大街甲 35 号（100037）
发行电话	（010）68992190/3/5/6
网　　址	www.jiuzhoupress.com
印　　刷	三河市华东印刷有限公司
开　　本	710 毫米×1000 毫米　16 开
印　　张	16.5
字　　数	287 千字
版　　次	2021 年 6 月第 1 版
印　　次	2021 年 6 月第 1 次印刷
书　　号	ISBN 978-7-5225-0224-3
定　　价	95.00 元

前　言

　　思想政治理论课（简称思政课）是落实立德树人根本任务的关键课程。推动思政课改革创新要坚持理论性和实践性相统一。习近平总书记在学校思想政治理论课教师座谈会上指出："思政课要用科学理论培养人，遵循不同学段学生的认知规律，把马克思主义基本原理讲清楚、讲透彻。同时，马克思主义是在实践中形成并不断发展的，要高度重视思政课的实践性，把思政小课堂同社会大课堂结合起来，在理论和实践的结合中，教育引导学生把人生抱负落实到脚踏实地的实际行动中来，把学习奋斗的具体目标同民族复兴的伟大目标结合起来，立鸿鹄志，做奋斗者。"

　　实践教学是思想政治教育的重要组成部分。近年来，我国出台一系列关于高校思想政治教育的文件，对推动高校思政课实践教学提出要求。这些文件包括：《中共中央国务院关于进一步加强和改进大学生思想政治教育的意见》（中发〔2004〕16号）、《关于进一步加强和改进高等学校思想政治理论课的意见》（教社政〔2005〕5号）、《关于进一步加强高校思想政治理论课教师队伍建设的意见》（教社科〔2008〕5号）、《普通高校思想政治理论课建设体系创新计划》（教社科〔2015〕2号）、《关于加强和改进新形势下高校思想政治工作的意见》（中共中央、国务院印发）、《关于深化新时代学校思想政治理论课改革创新的若干意见》（中央办公厅、国务院办公厅印发）。上述文件均强调，思想政治教育要坚持理论与实际相结合，注重发挥实践环节的育人功能，创新推动学生实践教学。

　　"毛泽东思想和中国特色社会主义理论体系概论"课（简称"概论"课）理论性、逻辑性和体系化的特点对于高校学生而言，内容有些枯燥，学习有些吃力，学习动力不足。如何将该课程理论教学与实践教学有机结合，提升教学实效性和感染力，是高校思政课教学亟须解决的一个难题。在此背景下，北京高校思想政治理论课高精尖创新中心北京青年政治学院分中心组织教师对推进高校"概论"课实践教学进行探索，并编写了这本《以"案"明理　以"例"服人——高校思想政治理论课实践教学案例》。

本书由三篇组成。第一篇为实践教学案例，共三章，包括课堂实践教学案例、校园实践教学案例、校外实践教学案例，各章执笔人详见内文；第二篇为教材内容配套案例，对照"概论"课教材内容框架，设计教学案例，各章执笔人详见内文；第三篇为部分高校典型实践教学案例，详细介绍相关学校实践教学具体做法和经验，供读者参考，执笔人详见内文。第一篇由北京青年政治学院杨春桃老师统稿，第二篇由首钢工学院胡茜老师统稿，第三篇由首都医科大学张国军老师统稿。张国军老师设计全书写作框架，完成全书统稿，负责对接出版校对等相关事宜。

感谢北京青年政治学院教务处教研经费资助。在本书编写过程中，参阅了相关教材、报刊及网站资料，对此我们表示由衷的感谢！鉴于时间仓促和作者水平有限，本书难免存在疏漏之处，敬请各位专家、学者批评指正。

目　录
CONTENTS

第三篇 部分高校典型实践教学案例

第一篇 01

| 实践教学案例 |

第一章

课堂实践教学案例[*]

　　思想政治理论课是落实教育立德树人根本任务的关键性课程，是铸魂育人课程。习近平总书记强调，当代大学生要扣好人生的第一粒扣子，而高校思政课就是帮助当代大学生正确"扣扣子"的课程。上好思政课，离不开教学上的改革创新，必须坚持与时俱进，必须做到"理论与实践的相统一"。"理论与实践相统一，是马克思主义哲学的理论品质，也是'概论'课的教学原则和目标。"[①]

　　实践教学是我国高校思想政治理论课程教学体系的重要组成部分，二者不可分割。思政课的实践教学大致包括课堂实践教学、校园实践教学、校外实践教学。运用富有创造性的课堂实践教学，能够充分发挥以教师为主导、学生为主体的思想政治教育的双主体作用；能够充分调动学生学习的主观能动性，激发学生参与思政课教学活动的积极性和主动性；能够使思政课真正做到理论联系实际，增强思想政治教育的现实性和吸引力，切实增强高校思政课的亲和力、针对性，从而提高思政课的实效性。因此，课堂实践教学是当前高校尤其是高职院校思政课教学改革的必然要求和发展趋势。目前高校思政课常用的课堂实践教学活动主要包括课堂讨论、课堂主题辩论、课堂影视赏析、课堂新闻播报等。为了增强课堂教学活动的趣味性和吸引力，激发学生参与课堂活动学习的积极性和主动性，在开展课堂实践教学活动时，多采用问题导入式讨论法、主题发言式讨论法、分组式讨论法、提问式讨论法等。

第一节　课堂讨论案例

　　课堂讨论，是在学生掌握了一定的理论知识基础上，教师围绕理论授课的

---

　*　孙志方，北京工业职业技术学院副教授。
　①　周颖等. 基于思想政治理论课逻辑体系构建高职实践教学模式研究［J］. 思想理论教育导刊，2019（12）：126.

内容和重难点，在课堂上运用典型案例引导学生独立思考、集体协作，分析和解决某一具体问题，使教师和学生达到"认知共振、思维同步、情感共鸣"，从而顺利完成教学任务的一种教学法。案例教学法在高校"概论"课中的教学模式是"案例——理论——案例"，案例既是教学的出发点又是落脚点，充分体现了理论从实践中来再到实践中去的哲学观点，使学生能够更直观地理解一些理论观点；同时，还能够调动学生学习的积极性，增强师生互动，充分发挥教师主导和学生主体的"双主体"作用。

在课堂讨论案例的教学活动中，教师可以结合"概论"课教学目的、教学重点和难点以及学生关注的社会热点问题，设计课堂讨论主题，并围绕讨论主题设置思考问题，以帮助或引导学生能够围绕活动目的查阅资料和展开有效讨论，不至于使学生偏离讨论主题。同时，为了充分发挥和调动学生参与课堂教学活动的积极性和主动性，在课堂讨论的方式上，可采用分组式讨论、主题发言式讨论、辩论式讨论等，使学生成为课堂活动的主体。另外，还可以在考核方式上，激发学生参与课堂活动的积极性和主动性，提高课堂教学活动的实效性，实现教学活动目的。要做到上述几点，教师就必须具备一定的课堂驾驭能力，适时地通过启发、点拨、总结等形式引导学生，给学生指明问题的性质、思考的方法和途径。讨论要收放自如，教师事先必须充分准备，掌握翔实的理论和事实材料，以理论服人，以事实服人。①

一、"改革开放 40 年来的历史性成就"讨论案例

（一）教学设计目的

改革开放理论是邓小平理论主要内容之一。为什么说改革开放是决定当代中国命运的重大决策，是中国的"第二次革命"，是新时期中国最鲜明的特征。当今，中国特色社会主义已经进入了新时代，要想把中国特色社会主义发展推向新高潮，必须全面推进和深化改革开放，这是新时代发展中国特色社会主义的必由之路。

当代大学生都是生长于改革开放开启的美好时代，没有机会切身体会改革开放前中国的贫穷和落后，那么如何有效地将改革开放 40 年来中国取得的伟大成就融入高校思想政治课教学中，增强青年大学生对我国改革开放以来取得的

---

① 张虹. 案例为载体的参与式教学法在思政课的应用［J］. 辽宁高职学报，2011（3）：30.

辉煌成就的深刻理解和把握，提升大学生对中国共产党领导和中国特色社会主义发展道路的认同感，切实增强高校思想政治教育的现实性和成效性。

当"概论"课讲授到"改革开放理论"或者"改革开放取得的伟大成就"时，为了增强当代大学生对改革开放理论的认识、理解和把握，教师可以组织学生以改革开放40年来中国取得的辉煌成就为主题开展课堂讨论活动。在教学活动中，学生可以结合自己生活中能够切身感触到的城乡发展变化（比如：北京城市副中心、北京大兴国际机场、北京首钢老厂区的改造升级等），或者以老百姓生活中某一方面发生的翻天覆地的变化（比如：春节年夜饭的巨大变化，穿戴的变化，住房、医疗等方面的发展变化）等为案例，在课堂实践教学活动中展开分析、讨论，引导学生增强对我国改革开放的历史必然性的认同，增强对改革开放是发展中国特色社会主义必由之路的价值认同，提高学生对当前党全面推进深化改革开放决策的认同、理解和把握，提升学生对中国特色社会主义新时代开启改革开放新的伟大实践的思想认识，激发学生投身于改革开放新的伟大实践的行动自觉。

（二）教学组织实施

1. 布置教学任务

（1）老师提前1-2周时间将教学活动及其任务布置给学生，让学生有充足的时间查阅资料，准备讨论材料等。

（2）教学活动的主题任务是，围绕"我国改革开放40年来取得的历史性成就"讨论以下问题：①为什么说改革开放是当代中国的一条正确之路、强国之路、富民之路？②为什么说改革开放是我国历史发展的必然选择？③改革开放40年取得的伟大成就对当今社会的重大意义是什么？

2. 发布教学活动要求

（1）分组式讨论。先在小组内进行讨论形成共识，然后选一名小组代表到班里汇报本组讨论的情况及形成的一致观点。

（2）分组要求。小组人数一般要根据授课班级人数和活动时间的长短而定；小组成员一般根据选题的兴趣和观点相近的原则自由结合；确定一名小组长，负责分配和督促小组成员工作、组织小组讨论等。

（3）选题要求。原则上，每小组可根据兴趣选择一个讨论题，但小组选题不能相同，否则就抓阄决定选题。

（4）小组汇报方式。根据兴趣和特长，可以汇报的内容制作成多媒体课件、或微视频、PPT演示文本等多种形式，在课堂上进行汇报。

（5）提交作业。活动结束后一周内，每小组须将修改或完善后的PPT、微视频或文本提交给老师；同时每个同学还需要完成一篇结合本组选题的讨论活动的心得体会提交给老师。

3. 活动步骤

第一，教师以问题式导入法导入本教学活动。

导入问题可以是：我们党在不同历史时期，总是根据人民意愿和事业发展需要，提出富有感召力的奋斗目标，团结带领人民为之奋斗。"改革开放"就是党在十一届三中全会做出的英明决策。改革开放40年来我国取得的历史性成就雄辩地证明了"改革开放是决定当代中国命运的关键抉择，是发展中国特色社会主义、实现中华民族伟大复兴的必由之路；只有社会主义才能救中国，只有改革开放才能发展中国、发展社会主义、发展马克思主义"。那么，作为当代青年大学生如何理解和把握我党在20世纪70年代末发出的"改革开放"最强音？为此，请同学们结合"我国改革开放40年来取得的历史性成就"，讨论并回答下面问题：①为什么说改革开放是当代中国的一条正确之路、强国之路、富民之路？②为什么说改革开放是我国历史发展的必然选择？③改革开放40年取得的伟大成就对当今社会的重大意义是什么？

第二，分组讨论。分组讨论可以在课上当堂进行，也可以在课下事先进行。

如果是在课上当堂进行分组讨论的话，每小组成员根据自己提前查阅准备的资料，围绕讨论问题先在本组内进行分析、讨论，对问题形成共识后，选一名小组代表到课堂上汇报本组讨论的情况。主要汇报本组在分析、讨论、形成共识的过程，以及讨论中有哪些问题在分析、讨论中进行得比较顺利，哪些观点容易达成共识，而哪些问题在分析、讨论中进行得不顺畅，原因是什么，后来又是怎么统一了认识、形成了共识、达成了一致的，或者是到目前还没有统一认识、形成共识、达成一致，主要分歧是什么，原因是什么等等。

如果分组讨论是在课下事先进行的话，课堂上每小组代表直接进行汇报环节，汇报的内容同上。但是汇报时需要额外增加一个要求，即将汇报的内容事先制作成多媒体课件、PPT或微视频在课堂上演示汇报。

第三，提问时间。每小组汇报结束后，老师和其他同学可以针对汇报内容、观点进行提问，原则上由汇报小组任何成员给予回应或解答，班里其他同学也可以回答或补充。

第四，民主评价。同学评价＋老师评价。师生要针对每小组汇报的内容及制作的多媒体课件、微视频或PPT等给出客观评价，尤其要指出其不足之处并提出修改、完善的建议。

第五，成绩考核。

百分制。其中同学分占60%，老师分占40%。主要考核内容及其分值分别为：①回答问题的正确率55分；②汇报方式20分（其中，若以多媒体课件、微视频或PPT汇报的20分；若照着发言稿念的10分；若没有准备想到哪说到哪的5分）；③汇报者用词准确5分、语言流畅程度5分；④汇报者的仪态5分；⑤按时完成任务5分；⑥小组协作完成任务5分。

第六，教师总结性发言。

一要针对本次教学活动中学生参与活动的总体情况进行总结性评述。比如，有多少学生参与了本活动，参与活动的积极性、主动性怎样，对活动中表现较差的学生有必要提出警告或批评；

二要，围绕讨论问题给予概括性评述。

（三）教学成效

当代大学生都是出生和成长在中国改革开放开启的美好时代，他们根本没有机会体验和经历过改革开放前，我们国家的贫穷和落后的状况，以及国民生活的困难和艰辛程度，因此，为了使当代大学生深刻理解和把握党和国家在40多年前开启改革开放的重大举措和历史必然性和重要性，增强对改革开放理论的理解和把握，采用既符合高职学生理解能力和特点，又能够激发学生学习兴趣的课堂讨论案例的教学方法，教学效果比较显著。

通过"我国改革开放40年来取得的历史性成就"案例讨论，青年学生深刻理解了"改革开放是当代中国的一条正确之路、一条强国之路、一条富民之路"。他们深刻地认识到，改革开放使中国走上了一条科学发展的道路，即中国特色社会主义道路。"中国特色社会主义制度是具有鲜明中国特色、明显制度优势、强大自我完善能力的先进制度，是当代中国发展进步的根本制度保障。"40年来，全球先后发生东欧剧变、苏联解体、拉美危机等影响全球格局的大事。而中国，在中国共产党的坚定领导下，社会主义的制度优势成功激发了内生发展动力。如果说40年前，邓小平同志领导中国人民跨越了"贫困陷阱"，那么40年后的今天，习近平总书记正领导中国人民跨越"中等收入陷阱"。"经过40年的改革开放，中国GDP由1978年的3679亿元上升至2017年的近83万亿元，年均增长约9.5%，占世界GDP比重由1979年的1.8%左右上升至2017年的15.8%左右；2017年对世界经济增长贡献率上升至27.8%。同时，中国成为仅次于美国的世界第二大经济体，以及世界经济增长的第一引擎。"①

通过案例讨论，青年大学生提高了"改革开放是我国历史发展的必然选择"的认识。他们认为改革开放是马克思主义的必然要求，是完善和发展社会主义制度的必然要求，是全党全国各族人民的选择和愿望。

通过案例讨论，青年大学生深刻把握了"改革开放 40 年取得的伟大成就对当今社会的重大意义和价值"。他们深刻认识到从 1978 年改革开放至今 40 多年来，中国社会的面貌发生了翻天覆地的变化，取得历史性成就，极大地丰富和改善了人民的生活水平。"只有社会主义才能救中国，只有改革开放才能发展中国。"40 年来，中国营商环境全球排名年均提高 3 位；40 年来，中国共产党坚持"实事求是"，不断推进"防范化解重大风险、精准脱贫攻坚战、污染防治三大攻坚战的深入开展"。分类化解地方政府债务风险，政府债务风险总体可控；在精准脱贫方面，全国农村贫困发生率由 2012 年的 10.2% 下降至 2017 年的 3.1%。中国对全球减贫的贡献率高达 70%。向世界贡献了解决贫困问题的"中国智慧"，尤其是为发展中国家提供了"中国方案"；在处理经济与环境矛盾方面，巨大治理需求已成为拉动经济的新增长点，让"绿水青山就是金山银山"理念成为现实。②

二、"新时代中国社会主要矛盾变化"讨论案例

（一）教学设计目的

党的十九大报告中强调指出，中国特色社会主义进入新时代，我国社会主要矛盾已经转化为人民日益增长的美好生活需要和不平衡不充分的发展之间的矛盾。新时代中国社会主要矛盾的转化是契合历史唯物主义的科学论断，生产关系、上层建筑的优越性促进了人民需求重心的转移，站起来、富起来到强起来的发展逻辑内含社会主要矛盾的转化，人民美好生活需求的立体化、多样化则彰显出发展不平衡与不充分的新矛盾。解决新的社会主要矛盾，必须坚守历史唯物主义立场，坚持以人民为中心发展理念；引导先富起来的地区反哺欠发达地区；化解城乡二元结构难题，推动城乡基本公共服务均等化；更好地满足

---

① 董小君. 改革开放十论⑤改革开放是一条正确之路、强国之路、富民之路［EB/OL］. 光明网，2018 – 12 – 11.

② 董小君. 改革开放十论⑤改革开放是一条正确之路、强国之路、富民之路［EB/OL］. 光明网，2018 – 12 – 11.

人民立体化、多元化的需求。为了深刻理解和把握新时代中国社会主要矛盾转变的深刻原因以及解决社会新矛盾的科学有效方法和对策，教师组织学生开展"中国社会主要矛盾转化"案例讨论教学活动。通过案例讨论活动，引导学生学会运用马克思主义理论分析和阐释社会主义矛盾转化的原因，提高分析问题和解决问题的能力；引导学生理解和把握党和国家为解决新的社会主要矛盾，必须坚守马克思历史唯物主义立场和观点，党在新时代的工作重心和重点必然也要随之发生相应的转变，提高学生遵守党的路线、方针、政策的自觉性，主动将自己的行动统一到党和国家的工作大局上，不辱使命、勇于担当。

（二）教学组织实施

1. 布置教学任务

（1）教师提前1－2周时间将讨论活动以及讨论任务布置给学生，并督促学生查阅资料、准备讨论材料、分组讨论、做好讨论发言作品等准备工作。

（2）发布讨论问题

围绕"新时代中国社会主要矛盾转化的原因及其对策"主题细化为两个讨论问题，即①新时代我国社会主要矛盾转化的原因是什么？②当前为解决新的社会主要矛盾，党和国家的工作重心应该是什么？为什么？

（3）推荐学生辅助阅读资料

鉴于青年大学生尤其是高职学生的实际学情，教师要给学生推荐学习和参阅的辅助资料，有利于学生顺利完成教学任务。

资料一：刘须宽. 新时代中国社会主要矛盾转化的原因及其应对 ［J］. 马克思主义研究，2017（11）：83－91.

资料二：宋剑. 新时代社会主要矛盾的唯物史观解读 ［J］. 探索. 2018（3）185－189.

2. 发布教学要求

（1）分组式讨论。先在小组内进行讨论形成共识，然后选一名小组代表到班里汇报本组讨论的情况及形成的一致观点。

（2）分组要求。小组人数一般要根据授课班级人数和活动时间的长短而定；小组成员一般根据选题的兴趣和观点相近的原则自由结合；确定一名小组长，负责分配和督促小组成员工作、组织小组讨论等；

（3）选题要求。本教学活动预置的两个讨论问题①新时代我国社会主要矛盾转化的原因是什么？②当前为解决新的社会主要矛盾，党和国家的工作重心应该是什么？为什么？其实是"新时代中国社会主要矛盾转化的原因及其对策"

问题的细化，是上下承接密切联系的一个完整的问题，因此小组在选题时，原则上问题①②都要选都要完成。对于高职学生而言，如果完成这样一个完整任务有困难，建议选择问题①"新时代我国社会主要矛盾转化的原因是什么？"完成即可。

（4）小组汇报方式。根据兴趣和特长，可以汇报的内容制作成多媒体课件或微视频、PPT演示文本等多种形式，在课堂上进行汇报。

（5）提交作业。活动结束后一周内，每小组需将修改或完善后的PPT、微视频或文本提交给老师；同时每个同学还需要完成一篇结合本组选题的讨论活动的心得体会提交给老师。

3. 活动步骤

第一步，"导言＋问题式"导入法导入本活动。

（导言）习近平同志在十九大报告中明确指出，经过长期努力，中国特色社会主义进入了新时代，这是我国发展新的历史方位。习近平强调，中国特色社会主义进入新时代，我国社会主要矛盾已经转化为人民日益增长的美好生活需要和不平衡不充分的发展之间的矛盾。我国社会主要矛盾事关党和国家全局性的重大重心工作，对党和国家工作提出了许多新要求。因此，科学认识、理解和把握我国社会主要矛盾发生转变的原因及其对策，可以增强青年大学生对我党和国家重大重心工作发生转移的认同感，从而自觉主动地投身于解决新的社会主要矛盾的新的伟大实践。

（导入的问题）那么，新时代我国社会主要矛盾转变的原因是什么？为解决新的社会主要矛盾，当前党和国家的重大重心工作是什么？为什么？

第二步，分组讨论。分组讨论可以在课上当堂进行，也可以在课下事先进行。

如果是在课上当堂进行分组讨论的话，每小组成员根据自己提前查阅准备的资料，围绕讨论问题先在本组内进行分析、讨论，对问题形成共识后，选一名小组代表到课堂上汇报本组讨论的情况。主要汇报本组在分析、讨论、形成共识的过程，以及讨论中有哪些问题在分析、讨论中进行得比较顺利，哪些观点容易达成共识，而哪些问题在分析、讨论中进行得不顺畅，原因是什么，后来又是怎么统一了认识、形成了共识、达成了一致的，或者是到目前还没有统一认识、形成共识、达成一致，主要分歧是什么，原因是什么等等。

如果分组讨论是在课下事先进行的话，课堂上每小组代表直接进行汇报环节，汇报的内容同上。但是汇报时需要额外增加一个要求，即将汇报的内容事先制作成多媒体课件、PPT 或微视频在课堂上演示汇报。

第三步，提问时间。每小组汇报结束后，老师和其他同学可以针对汇报内容、观点进行提问，原则上由汇报小组任何成员给予回应或解答，班里其他同学也可以回答或补充。

第四步，民主评价。同学评价 + 老师评价。师生均要针对每小组汇报的内容及制作的多媒体课件、微视频或 PPT 等给出客观评价，尤其要指出其不足之处并提出修改、完善的建议。

第五步，成绩考核。百分制。其中同学分占 60%，老师分占 40%。主要考核内容及其分值分别为：①回答问题的正确率 55 分；②汇报方式 20 分（其中，若以多媒体课件、微视频或 PPT 汇报的 20 分；若照着发言稿念的 10 分；若没有准备想到哪说到哪的 5 分）；③汇报者用词准确 5 分、语言流畅程度 5 分；④汇报者的仪态 5 分；⑤按时完成任务 5 分；⑥小组协作完成任务 5 分。

第六步，教师总结性发言。

一要针对本次教学活动中学生参与活动的总体情况进行总结性评述。比如，有多少学生参与了本活动，参与活动的积极性、主动性怎样，对活动中表现较差的学生有必要提出警告或批评；

二要围绕讨论问题给予概括性评述。

（三）教学成效

青年大学生通过对"新时代中国社会主要矛盾转变的原因及其对策"细化的两个问题即①"新时代我国社会主要矛盾转变的原因是什么？"及②"当前为解决新的社会主要矛盾，党和国家的重大重心工作应该是什么？为什么？"的分析思考和讨论，掌握了运用马克思主义唯物史观，分析新时代我国社会主要矛盾转变的原因；深刻理解了当前党和国家为解决新的社会主要矛盾而做出的重大重心工作的统筹规划和安排，从而提高了自己的言行始终与党中央保持高度统一的自觉性和主动性。

比如，通过对"新时代我国社会主要矛盾转变的原因"进行分析、思考和讨论，青年大学生认为"从历史唯物主义根本动力看，生产力的快速发展，是推动社会主要矛盾发展转化的根本原因"；"从经济基础与上层建筑的良性互动看，由于改革促进了经济的快速发展，使人民需求重心也发生了转移：由吃穿住行等基本物质方面的需求转移到了对文化教育和法律制度等方面的需求"；"从站起来到富起来再到强起来的发展逻辑，使得中国人民的需求层次发生了实质性的变化"；"随着生产力的高度发展，人民需求结构在满足物质产品后发生了多方面转变，包括权利意识、美德意识、价值自诉、享受意识等，引发社会主要矛盾发生历史性转化。"

比如，通过对"当前为解决新的社会主要矛盾，党和国家的应对措施"进行分析、思考和讨论，青年大学生深刻理解和认同当前党和国家为解决新的社会主要矛盾而作出的重大工作重心转移的统筹安排。他们认为"当前我国人民需求内容和需求层次的变化是引发社会主要矛盾转化的一个原因"。"解决新的社会主要矛盾，关键是必须解决发展不平衡和不充分的问题。""必须坚持唯物史观，坚持以人民为中心发展理念，落实以创新驱动的国家发展战略，不断释放出更多生产力，努力化解生产不充分难题，全方位满足人民对美好生活的新需求"；"面对国家整体上发展不平衡的问题，继续实施国家扶持的地区发展不平衡不充分的战略，让先富起来地区支援欠发达地区的部署"；"化解城乡二元结构难题，力争到2020年全面建成小康，推动城乡基本公共服务均等化"；"准确把握人民对美好生活内涵的把握，促进生产力发展，释放更多发展潜能，积极解决发展不充分的问题，满足人民群众日益增长的美好生活需要"。

尽管如此，但在教学活动中也有极个别学生参与课堂活动的程度不高、积极性和主动性不强。分析其中主要原因是，极个别学生由于文化基础知识相对薄弱，加上非常欠缺马克思主义理论基础知识，因此他们在分析、思考和讨论方面就表现得极其消极和抵触，因为他们在分析问题和回答问题时都表现得不知所措。

反思本节教学活动，针对高职学生要上好一堂既有"理论深度"又有"现实温度"的案例讨论教学活动，教师要做到"三要"。一要为高职学生准备具有针对性的辅助阅读资料；二要作好学生冷场老师救场的准备，深入浅出地引导学生顺着老师的思路进行分析和思考问题；三要做好总结性的评价，会对学生形成共识起到至关重要的作用。

第二节 课堂主题辩论案例

2018年4月，教育部印发《新时代高校思想政治理论课教学工作基本要求》强调"实践教学作为课堂教学的延伸拓展，重在帮助学生巩固课堂学习效果，深化对教学重点难点问题的理解和掌握。要制定实践教学大纲，整合实践教学资源，拓展实践教学形式，注重实践教学效果"。① 课堂主题辩论案例，就是指在高校思政课的课堂实践教学活动中，以理论教学的重点或难点知识为主题进行课堂辩论赛的教学实践形式。它是一种教学效果比较显著的课堂实践教学形式之一。主题辩论赛不仅具备常规辩论赛的功能，而且对思政课理论教学中的重难点知识具有重要的辅助和深化的作用。同时，由于主题辩论赛"辩题设置能更好地体现教学内容和实现教育目的、辩论活动更容易组织和促进学生参与、辩论过程更能提高学生的思辨能力和学以致用等综合能力的价值优势"，② 因此目前许多高校都把主题辩论赛作为思政课课堂实践教学活动的重要形式之一，并取得了比较显著的教学成效。

一、"中国梦是国家梦，也是个人梦"的主题辩论

（一）教学目的

中国梦是中华民族伟大复兴的形象表达。习近平总书记指出"实现中华民族伟大复兴，就是中华民族近代以来最伟大梦想"，并且表示这个梦"一定能实现"。

中国梦，这一概念以其鲜明的个性和精练的语言表达了中国人民的心声，高度概括了当代中国人的价值追求，凝聚了海内外各阶层、各方面民众的最大共识，承载着亿万人为之不懈奋斗的百年祈盼。中国梦是国家梦、民族梦与人民梦的有机统一，既是国家、民族的强盛梦，又是人民的幸福梦；既是中国人民的集体梦，又是每个中国人的个人梦。前者是后者实现的前提，后者是推进前者的动力。二者相辅相成，代表了中国最大多数人的根本利益，具有鲜明的人民大众性。面对复杂的国内外形势，实现中国梦必须依靠中国人民的力量，动员亿万中国人为之奋斗。这就必然要走中国道路，即中国特色社会主义道路；弘扬中国精神，即以爱国主义为核心的民族精神和以改革创新为核心的时代精神；凝聚中国力量。

中国梦的提出，对于增强我们国家的民族凝聚力有着重大意义，为提升我国的软实力提供了有力的支撑。如何向世界说清、讲好中国梦，以中国梦想感染世界，不但是我国理论界当前面临的一项重要任务，更是新时代青年大学生

① 教育部. 新时代高校思想政治理论课教学工作基本要求［EB/OL］. 教育部官网，2018 – 04 – 24.

② 李善勇. 辩论赛在高校思政课实践教学中的运用［J］. 高教论坛，2019（2）：43 – 45.

应勇于承担的使命和担当。因此,为了使青年大学生深刻理解和把握中国梦的理论思想,组织开展"中国梦是国家梦,也是个人梦"的课堂主题式辩论赛教学实践活动。

(二)教学组织实施

1. 布置教学任务

①提前1–2周时间将教学实践活动的任务布置给学生,有利于学生查阅资料、准备辩论材料、组织撰写辩论稿等;②建议本次教学活动根据"概论"课理论授课内容"中国梦"适时安排本讲主题辩论赛活动;③布置学习辩论赛基本知识、观摩辩论赛节目的任务。建议学生事先要了解和学习有关辩论的基础知识,了解辩论赛的主持、细则和流程,掌握一些辩论技巧,学习和掌握辩论赛用语等。同时,还要观摩网上优秀的辩论赛节目,学习模仿,锻炼胆量,建立自信;④激励措施。凡是参赛同学及发言同学,在考核成绩时均要酌情加分。

2. 确定辩论赛题目

围绕辩论主题"中国梦是国家梦,也是个人梦"确定辩论双方的辩论题目,可以商量选题,也可以抓阄选题。

正方题目:中国梦是国家梦

反方题目:中国梦是个人梦

为了引导青年大学生尤其是高职学生准备有效辩词,建议学生围绕以下主要问题查阅资料、准备论据、组织辩词。①中国梦是国家梦,还是个人梦;②实现中国梦主要靠政府,还是主要靠人民;③先实现国家梦,还是先实现个人梦。

3. 组建辩论赛正反方队容

根据选题,在组成辩论赛双方队容时,建议①以观点一致或相近为原则组成辩论赛的正反方队容,包括啦啦队成员。即凡支持"中国梦是国家梦"观点的同学组成辩论赛的正方队容,凡支持"中国梦是个人梦"的同学组成辩论赛反方队容;②也可抽签决定辩论双方队容,包括啦啦队;③观点中立者可选作评委或者点评者。

4. 确定参赛人员

辩手4人,主持人2人,评委3人,嘉宾2人,计时员1人。建议嘉宾由二级学院学生党支部书记和班主任或辅导员各1名担任。

5. 辩手辩论时间的设定

辩手的辩论时间，可以按照一般辩论赛的规定时间设定（见下文）。为了充分调动学生参与课堂辩论活动的积极性，辩手的辩论时间，也可以根据思政课的特点灵活机动设定辩论时间。比如，可以延长自由辩论的时间，增加台下同学的提问、反驳等环节，不必受辩论赛一般规则时间限制。

6. 辩论赛细则（一般辩论赛细则）

（1）立论阶段

①正方一辩开篇立论，3 分钟。

②反方一辩开篇立论，3 分钟。

（2）驳立论阶段

③反方二辩驳对方立论，2 分钟。

④正方二辩驳对方立论，2 分钟。

（3）质辩环节

⑤正方三辩提问反方一、二、四辩各一个问题，反方辩手分别应答。每次提问时间不得超过 20 秒，三个问题累计回答时间为 4 分钟。

⑥反方三辩提问正方一、二、四辩各一个问题，正方辩手分别应答。每次提问时间不得超过 20 秒，三个问题累计回答时间为 4 分钟。

⑦正方三辩质辩小结，2 分。

⑧反方三辩质辩小结，2 分。

（4）自由辩论

⑨自由辩论，（10 + N）分钟。由正方开始自由辩论，双方每次一人轮流发言，不可由同一方连续发言，每方分别计时 5 分钟。N 分钟观众学生发表观点（备注：基于思政课的特点，如果时间允许的话，在自由辩论中，可以让观者席位的同学参与辩论其中，正反方各找 2—3 个学生发表观点，用时间各 N/2 分钟）。

（5）总结陈词

⑩反方四辩总结陈词，3 分钟。

⑪正方四辩总结陈词，3 分钟。

（6）时间提示

自由辩论阶段，每方使用时间剩余 30 秒时，记时员以一次短促的铃声提醒；用时满时，以钟声终止发言。攻辩小结阶段，每方使用时间剩余 10 秒时，记时员以一次短促的铃声提醒，用时满时，以钟声终止发言。其他阶段，每方队员在用时剩余 30 秒时，记时员以一次短促铃声提醒，用时满时，以钟声终止发言。终止钟声响时，发言辩手必须停止发言，否则作违规处理。

7. 评分标准（100 分）

（1）论据内容丰富，引述资料充实、恰当。满分 20 分。

（2）论证的逻辑性、说服力强。满分 20 分。

（3）普通话标准，语言的表达流畅，有文采、有幽默感。满分 20 分。

（4）机智、辩才、反驳和反应能力强。满分 20 分。

（5）举止和表情大方、得体，风度佳。满分 10 分。

（6）全体成员整体配合，有团体协作精神。满分 10 分。

8. 辩论赛流程（可以运用辩论赛的规范流程如下，也可根据思政课的特点和具体情况而简化辩论赛流程）

（1）辩论赛开始；

（2）宣布辩题；

（3）介绍参赛代表队及所持立场；

（4）介绍参赛队员；

（5）介绍活动规则、评委及点评嘉宾；

（6）辩论比赛过程；（略）

（7）评委及点评嘉宾退席评议（形成评议共识）；

（8）观众自由提问时间；

（9）评委入席、点评嘉宾评析发言；（略）

（10）宣布比赛结果（分数）；

（11）辩论赛结束。

9. 老师总结性评述：

总结性评述是实践教学活动不可或缺的重要部分。建议教师主要从以下几点进行点评：首先，要对辩论活动学生的参与度和积极性给予综评；其次，要对辩论双方参赛人员进行概括性评价，同时还要对辩论双方队员在过程中的辩论细节进行分析点评，比如，对优秀辩手在辩论过程中表现出来的机智、巧妙的辩论细节进行分析点评，对不当辩论的细节进行分析点评；第三，要对参与辩论的队伍和辩手进行考核；最后，一定要对整个活动中的不足之处进行反思和总结，使辩论赛活动不断优化、不断提高。

（三）教学成效

通过对"中国梦是国家梦，还是个人梦"的辩论，青年大学生对"中国梦"有了更深刻的认识和理解，对中国梦理论思想有了进一步的理解和把握；更加坚定了青年大学生积极投身于中国特色社会主义建设尤其是社会主义现代化建设实践的决心和信心；增强了青年大学生为实现中国梦"不负韶华，只争朝夕"的理想信念。

比如，青年大学生通过对"中国梦是国家梦，也是个人梦"的辩论，首先搞清楚了"国家梦"与"个人梦"的辩证关系。他们深刻地认识到了中国梦是国家梦、民族梦与人民梦的有机统一，既是国家、民族的强盛梦，又是人民的幸福梦；"中国梦就是国家富强、民族复兴、人民幸福的梦想"。国家富强、民族复兴和人民幸福是辩证统一整体，不可分割。如果将"国家富强、民族复兴"的梦想称之为"国家梦"，将每一位中国人民幸福的梦想称之为"个人梦"的话，那么"国家梦"和"个人梦"不可分割构成"中国梦"，因此说"中国梦"既是"国家梦"也是"个人梦"。同时"国家梦"的实现是"个人梦"实现的前提和保障，如果没有"国家富强、民族复兴"，"个人梦"就成了无源之水、无本之木；同时，要实现"国家梦"需要成千上万的中国人民一起去奋斗、去努力才能实现，否则再好的"国家梦"也是空谈，因此"国家梦"的实现也离不开"个人梦"的实现。

其次，青年大学生对"中国梦"的理论思想有了更加深入的理解和把握。他们认识到了在漫长的历史长河中，中华民族一直追求进步，创造文明，尽管前后经历了多种社会形态，但由于找不到正确的发展道路，中华民族的近代史充满屈辱，差点走向国破家亡的地步。只有中国共产党，以马克思主义作为指导思想，从理论上找到振兴中华民族的方法，从实践中探索到复兴中华民族的道路。只有社会主义才能救中国，只有改革开放才能发展中国；在实现中国梦的过程中，人民既是中国梦实现过程的主体，也是中国梦最终实现的载体，坚持人民主体地位是中国梦实现过程中依靠人民、为了人民、成果由人民共享的具体体现，同时，中国梦的实现要促进人的全面发展，也要以人民幸福为归宿。①

第三，通过本次辩论赛活动，更为重要的是青年大学生深刻地认识到"中国梦必须由中国共产党的领导才能变成现实"，这不仅是一个理论的问题，更是一个实践问题。中国的实践已经证明和正在证明，"中国共产党领导是中国特色

---

① 王毅．"中国梦思想理论体系"构建与国际高端智库的时代使命［EB/OL］．中国日报网，2015-11-29.

社会主义最本质的特征"。党的十九大报告为实现中国梦规划了清晰路径，即到 21 世纪中叶即建国一百周年之际实现中华民族伟大复兴的中国梦。

另外，上述三个辩论选题：①"中国梦是国家梦，也是个人梦"②"实现中国梦主要靠政府，还是主要靠人民"③"先实现国家梦，还是先实现个人梦"，其实在本质上是一致的，是相通的。因此对选题"中国梦是国家梦，也是个人梦"的辩论，也会帮助青年大学生对其他两个选题的理解和把握。

第三节　影视赏析案例

影视作为一种传播思想、文化、价值与意义的媒介体系，对人的思想观念的形成发展与变化产生重要的影响。对于新时代青年大学生来说，看电影已成为他们校园生活中必不可少的一环。影视作品作为文化传播的重要形式之一，可以塑造国家的形象，影响人的意识形态工作，尤其对青年大学生的世界观、人生观和价值观的形成起着至关重要的影响。反观当前高职院校思政课的成效，用优秀影视作品滋养青年大学生的心灵，是多年来艺术工作者和教育工作者的梦想。课堂影视赏析案例教学法，就是以赏析经典影视作品的方式，通过影视作品这一艺术载体，刻意在中国文化、中西文艺理论方面对青年大学生展开素质教育，加强了他们的艺术修养；更大化地发挥优秀影视作品的传播力、影响力和引导力，促进大学生树立正确"三观"，提高学生的综合素质，增强学生积极向上的精神追求；同时，教师可以通过学生对影视作品的分析和评价，掌握学生的思想动态和价值观取向，并以此作为思想政治教育的重点加以引导，使当前高校思想政治教育更加具有针对性和实效性。

一、《青年马克思》影片赏析

（一）教学设计目的

马克思是资本主义和社会主义发展历史上的关键人物，其思想对我们理解当今世界意义重大。2018 年是马克思诞辰 200 周年，也是马克思主义经典著作《共产党宣言》发表 170 周年。习近平总书记在纪念马克思诞辰 200 周年大会并发表重要讲话，高度评价了马克思的一生。为了向这位伟大思想家致敬，由海地导演拉乌尔·佩克执导，奥古斯特·迪赫、斯特凡·科纳斯克、薇姬·克里普斯主演的传记影片《青年马克思》，于 2017 年 2 月 12 日在德国柏林电影节首映，于 2018 年马克思诞辰纪念日（5 月 5 日）在中国全国公映。该片讲述了 1844 年，年轻的马克思在巴黎与恩格斯相识，因共同的理想信念走到一起，合作撰写《共产党宣言》的故事。

该片导演认为，影片《青年马克思》不仅仅"是为了纪念历史，更重要的是为了给当今社会带来启发"。"现代西方社会深陷难民危机、恐怖主义、经济危机等重重矛盾和泥沼中难以自拔……将这些过错归咎于外国威胁？"，"在我看来，解决之道应从马克思主义思想源头中寻找"。"更重要的是，如何将马克思的理论工具带给年轻一代"，让"年轻人应借助他的理论工具，审视社会，审视自身"。他认为"在世界上，中国也只有中国正是在马克思主义思想的指导下，找到了适合自己国情的发展道路，才取得了中国革命和建设的巨大成功"。

对影片《青年马克思》进行赏析，引导青年大学生深刻理解和把握马克思主义的生命力和真理性价值，使他们坚持学习和运用马克思主义理论思想指导自己的实践；引导青年大学生深刻理解和把握作为中国共产党的思想基础的马克思主义在当代中国为什么能"行得通""走得好"的真谛，从而使他们增强共产主义信仰，坚定中国特色社会主义信念，坚定不移地跟党走、听党话；引导青年大学生对真正友情和爱情的正确理解和把握，从而使他们树立科学的友情观和爱情观；引导青年大学生向马克思和恩格斯学习，学习他们身处逆境还立下"为全人类解放而奋斗"鸿鹄之志的精神境界和人格魅力，从而使他们"不负韶华，只争朝夕"，为实现中华民族伟大复兴贡献自己的青春力量。

（二）活动组织实施

1. 布置影片观赏活动

（1）时间

5 月 5 日是伟大的思想家马克思的诞辰日，建议提前 1 周时间将观赏影片《青年马克思》的任务及活动要求一并通知学生。

（2）要求

学生要认真地观赏影片、查阅资料，围绕思考问题深入思考、缜密组织发言稿，也可制作 PPT、制作微视频或微文本等。

（3）方法

提问式赏析法。即以教师提问、同学回答的方式对影片进行赏析。

（4）思考问题

围绕影片《青年马克思》需要思考的问题：①影片《青年马克思》的导演是谁？为什么是他执导？②如何看待马克思和妻子燕妮的爱情以及他和恩格斯的友谊？③分析马克思主义的生命力何在。④作为中国共产党的思想基础的马克思主义在当代中国为什么能"行得通""走得好"？

（5）回答方式

可以采用PPT、微视频、微文本、发言稿或口头回答等形式。

2. 课堂教学过程

（1）老师提问

教师可以按上述思考题的顺序依次提问，也可以根据课堂上的实际情况，任意提问。

比如，教师提问：①影片《青年马克思》的导演是谁？为什么是他执导？（因为这个问题是影片赏析首要解答的问题，也是作为观众首要搞清楚的问题。重要的是对于当代青年大学生而言，观赏影片尤其是新上映的影片，他们对影片的导演的关心有时超出影片本身。因此，这个问题可以提振课堂氛围。）

（2）同学回答

针对老师提出的问题①，同学们可以主动示意回答，也可以由教师指定某同学回答。比如，让同学A回答。

（3）同学讨论

在同学A回答问题后，班里其他同学B均可就同学A的回答提出反问，对此反问，同学A可以回答，班里其他同学B也均可回答；

对同学B的回答，班里其他同学C包括同学A也可以提出反问，对此反问，同学B可以回答，班里其他同学D也均可回答。依次循环，直到没有再反问为止，这个问题即可暂时完结。

（4）教师小结

针对同学们的回答及反问，教师进行小结，并将本问题①的正确观点进行阐述。

（5）重复上述教学过程（1）—（4），直到教师的提问为止。或者，直到上述思考问题讨论清楚为止。

（6）教师总结性发言

主要对本次教学活动的总体情况，比如，同学们参与课堂活动的状况、准备材料是否充分、回答问题的观点怎样，进行总结性的评述。

（三）教学成效

通过教师提问、同学回答讨论的方式对影片《青年马克思》进行赏析，青年大学生理解了如何对待友情和爱情、真正的友情观和爱情观是什么；从青年马克思身上学习到身处逆境还立下"为全人类解放而奋斗"鸿鹄之志的精神境界和人格魅力，增强了树立崇高理想的信心和意志；加深了对作为中国共产党的思想基础的马克思主义在当代中国"行得通""走得好"的原因的理解，进一步把握了马克思主义生命力的真谛。

比如，通过影片赏析，青年大学生感悟到马克思与燕妮之间的伟大纯洁爱情不是建立在物质基础之上的，而是建立在真正的两情相悦、相互关爱、彼此信任基础之上的爱情，理解了纯洁爱情的真谛和价值所在；理解了马克思与恩格斯之间的真挚友情，不是建立在金钱上而是建立在共同信仰上的友情。

青年大学生认为，影片通过还原马克思和恩格斯在当年极其残酷和恶劣的条件下通过自己的所见所思探索新的哲学和社会科学理论，在当局的查禁和社会的阻力下探求真理，不畏权威，并扭转了空想社会主义的错误指导，最终团结了各地工人运动的代表，确立了马克思主义在国际工人运动中的指导地位。自此，国际工人运动有了正确的理论指导，而工人阶级也作为一个进步自觉的阶级改变了此后的世界历史的故事，使他们深深懂得了青年马克思的精神境界和人格魅力，增强了他们树立崇高理想的决心、信心和意志。

通过影片赏析，青年大学生认识到了，正是在马克思主义指导下，中国共产党诞生了，也正是在党的坚强领导下，坚定不移地以马克思主义和马克思主义中国化的理论成果为指导，中国实现了"站起来""富起来"，正在走向"强起来"。他们坚信作为中国共产党指导思想的马克思主义的生命力和价值依然存在并继续发挥着巨大的作用。马克思主义的生命力和价值就在于它仍然是指导中国特色社会主义建设伟大实践的科学立场、观点和方法。马克思主义在当代中国是能够"行得通""走得好"的。

二、走进经典、向经典致敬："十大经典国庆献礼片"赏析

（一）教学设计目的

新中国"十大经典国庆献礼片"回顾：从1959年新中国成立10周年第一次大规模组织国庆献礼片生产开始，除了个别年份电影生产停顿外，国庆献礼片已成为我国电影生产中一个常态性部分。1959年，《五朵金花》《青春之歌》

等35部献礼片在9月至10月轮番登场,被电影史学家称为"难忘的一年"。1982年上映的《牧马人》影响了后来很多影片的创作。1989年上映的《开国大典》《百色起义》等影片与1991年上映的《大决战》,将国庆献礼片推上了一个新的高峰。

成为经典一定有其原因。开展"十大经典国庆献礼片"赏析,通过影视作品这一艺术载体,立体再现新中国成立70年来影视作品走过的道路,使青年大学生走近经典、致敬经典、传承经典,了解和把握我国文化事业尤其是文化产业发展的历程和经验。刻意在中国文化、文艺理论方面对青年大学生展开素质教育,加强了他们的艺术修养;激发青年大学生的兴趣爱好和创作优秀影视作品的欲望,为繁荣昌盛中国现代文化、建设社会主义文化强国,贡献自己的力量。

(二)教学组织实施

1. 布置影片观赏活动

(1)时间:

国庆节前夕,提前2周时间布置教学活动的任务。也可以结合"概论"课理论授课中关于"推动社会主义文化繁荣昌盛,建设社会主义文化强国"的内容适时地开展教学活动。

(2)要求:

认真观赏影片、查阅资料,围绕发言主题深入思考、缜密组织发言稿,或者制作PPT、制作微视频或微文本等,以备上课式发言时使用。

(3)方法:

教师以问题式导入法导入教学活动;

学生以主题式发言的方法,对影视作品进行赏析。

(4)发言主题

从"十大经典国庆献礼片"的变化和发展中,谈谈新中国影片的突出特点及其原因。

(5)发言方式:

可以采用PPT、微视频、微文本、发言稿等形式。

2. 课堂教学过程:

(1)问题式导入本教学活动;

(2)同学进行主题式发言;

(3)自由发言:其他同学或者教师对上述同学的发言进行提问、评述等;

(4)教师点评;

（5）成绩考核。

①观点正确。满分 30 分。

②说服力强。满分 20 分。

③语言表达流畅。满分 20 分。

④准备充足（有发言稿、PPT、或微视频等形式）。满分 10 分。

⑤举止、表情大方、得体、风度佳。满分 10 分。

⑥参与课堂积极、主动。满分 10 分。

（6）教师总结

主要对本次教学活动的总体情况，比如，同学们参与课堂活动的状况、准备材料是否充分、回答问题的观点怎样进行总结性的评述。

（三）教学成效

通过对"十大经典国庆献礼片"的赏析，青年大学生认识到了新中国的国庆献礼片自 1959 年新中国成立 10 周年第一次大规模组织生产开始至今，已成为我国电影生产中一个常态性部分。它们认为，70 年来，这个具有中国特色的片种，以对革命和改革、国家与人民的礼赞，凝聚和折射了丰富的社会和文化生活内涵。

通过对"十大经典国庆献礼片"的赏析，青年大学生对这时期的影片突出特点形成三点共识：一是，基于人性的表达——创造改革的认同感。比如，新中国在经历了抗美援朝、土地改革、大炼钢铁，中国的社会主义建设在错综复杂的世界环境中，迎来了新中国国庆十周年的喜庆时刻。影片《五朵金花》《青春之歌》《我们村里的年轻人》《风从东方来》《万水千山》等 35 部献礼片在 1959 年 9 月至 10 月轮番登场，被电影史学家称为"难忘的一年"。国庆献礼片再次热拍是 1978 年至 1979 年，有反思"文革"的《苦难的心》《苦恼人的笑》《伤痕》《生活的颤音》，也有充满喜庆气氛的《甜蜜的生活》，《小花》更是第一次把人性的思考融入战争中，且捧红了唐国强、陈冲、刘晓庆三位明星。而 1982 年上映的《牧马人》更是发展出"人性拯救"模式，深刻影响了后来革命历史片的创作。正如北京电影学院教授钟大丰说，这批献礼片充分肯定了对爱情和生活质量的追求，这种基于人性的表达，反映着人们对新生活的真实感受和渴望，由此创造的国家和人民在改革面前利益一致的强烈认同感，也正是符合面临艰难改革任务的国家所需要的精神状态。

二是，难以想象的突破——摆脱"英雄崇拜"叙事逻辑。比如，1989 年上映的《开国大典》《百色起义》《巍巍昆仑》等影片与 1991 年上映的《大决战》，将国庆献礼片推上了一个新的高峰，其中《开国大典》可谓里程碑式作品。正如中国电影家协会秘书长饶曙光所说，《开国大典》中，"毛泽东不再是神，蒋介石不再是鬼"，这在当时是"难以想象的突破"，影片也因此受到了很多批评。北京电影学院教授钟大丰也说，这些革命历史题材影片，一方面通过生活细节拉近了领袖和普通人的距离，另一方面仍然是通过领袖的崇高品格和超人智慧来强化革命认同；而表现国企改革的现实题材影片《共和国不会忘记》也同样暗含这种"英雄崇拜"的叙事逻辑。真正发生变化始于世纪之交。1999年上映的《横空出世》《国歌》《冲天飞豹》《我的1919》等献礼片中，革命领袖悄悄走向后景，主人公更加贴近时代和观众欣赏口味，适应了时代的需要。

三是，对人民群众的讴歌——聚焦奉献与真爱。比如，2009年，广电总局确定了40部国庆60周年献礼片并在全国展映，其中扛鼎之作《建国大业》回溯了"政治协商、民主建国"的历史进程，票房达4.2亿，刷新了国产片票房纪录。中国艺术研究院影视研究所所长丁亚平说，该片的独特意义在于，让表现真人真事的献礼片具有商业电影的颠覆意义。2014年的国庆献礼片新作，无论是讲述历史还是反映现实，几乎都不约而同地把目光更多地集中到了默默奉献的普通人身上。

总之，通过对"十大经典国庆献礼片"的赏析，青年大学生认为，半个多世纪的国庆献礼片创作，始终服务国家建设大局，多维度呈现革命和改革历史场景；在新的历史时期，这个具有中国特色的片种，更加需要通过精彩的故事、鲜活的语言、丰满的人物形象，生动艺术地传播社会主义核心价值观，同时从市场中寻求创作动力，实现社会效益和经济效益的双丰收。

三、"新中国'第一'背后的故事"赏析

（一）教学设计目的

70多年来，新中国的发展经历了从无到有、由弱到强的历史性跨越。始于一穷二白，无畏奋进求索，诞生了一批中国第一、世界第一。经过70多年的发展，中国人民从愁怎样才能吃饱，到如今开始思考怎么吃更健康；从对世界充满好奇和未知，到如今"世界那么大，我想去看看"，每年出境游消费世界第一，生活水平发生了翻天覆地的变化；中国工业则从几乎一穷二白的基础上，建立起门类齐全的现代工业体系，从贫穷落后的农业国成长为世界第一工业制造大国；中国的制造业在进步，基础设施建设也在飞速发展。据相关统计，十

八大以来，全球超过一半的大跨度桥梁都出现在中国，世界排名前十的跨海长桥、斜拉桥、悬索桥、拱桥中一半以上均为中国建造。与此同时，中国经济也创造了一个又一个人类发展史上的伟大奇迹；中国的金融市场、资本市场的诸多第一，也值得铭记。还有新中国的第一颗人造卫星、第一台工业机器人、第一根无缝钢管、第一块手表等等。"新中国的'第一'"是中央广播电视总台推出的系列报道，记录新中国砥砺前行的奋斗历程，见证新时代开拓创新的精神力量。了解"新中国的'第一'"，把握其背后的故事，才能不忘初心，砥砺前行。以"新中国的'第一'"为主题开展"新中国'第一'背后的故事"赏析，使青年大学生深入了解新中国砥砺前行的奋斗历程，见证新时代开拓创新的精神力量；把握中国经济发展简史，牢记民族记忆史。

（二）教学组织实施

1. 布置教学活动

（1）时间

国庆前后，或者结合"概论"课理论授课内容，适时地进行"新中国'第一'背后的故事"主题式演讲赏析活动。提前1周时间，将教学活动任务布置给学生。

（2）要求

①以"新中国的'第一'"为主题，对"新中国'第一'背后的故事"进行赏析；

②要求以自己喜欢或者熟悉的"新中国的'第一'"为主题，深挖"第一"背后隐藏的不为人知或鲜为人知的传奇故事，了解传奇故事所蕴含的中国文化、民族精神、时代新精神，了解新中国砥砺前行的奋斗历程。

（3）活动方式

主题式演讲。

（4）演讲主题

新中国的"第一"。

（5）演讲方式

可以采用PPT、微视频、微文本或演讲稿等多种形式。

2. 教学过程

第一步，教师以问题式导入法导入本课。导入问题：比如，新中国制定的第一部法律是什么？第一批国产汽车何时下线的？中国第一台黑白电视机是什么时候研制成功的？新中国诞生了多少中国第一、世界第一？这些问题你都知

25

道吗?

第二步,第一个同学 A 发表演讲。

第三步,其他同学 N 发言:针对上述同学的演讲,讲台下其他同学 N 可以补充说明,也可以提问、反驳等;对此提问或反驳,同学 A 要给予解答,其他同学 C 也可以解答;依此类推下去。

第四步教师发言:教师可以针对上述同学的发言提问、反驳,同学均可作答。

第二个同学 B 发表演讲时,可以重复上述第二至第四步,直到课堂活动结束为止。

第五步,教师总结性发言。对本节教学活动教学总体情况进行概要总结。

(三)教学成效

通过对纪录片"新中国'第一'背后的故事"的赏析,使当代青年大学生不仅了解了新中国许多鲜为人知的"第一",还了解到了"第一"背后生动而又感人至深的真实故事,非常吸引人。他们认为"新中国的'第一'"记录了新中国从无到有、由弱到强砥砺前行的奋斗历程,见证了新时代开拓创新的精神力量。它既是一部中国经济发展简史,又是一部民族记忆史。了解"新中国的第一",把握其背后的故事,可以增强他们"不忘初心,砥砺前行"的信念和意志,使他们为我国实现"强起来","不负韶华,只争朝夕"。

比如,青年大学生从了解"新中国第一条铁路——成渝铁路建成通车",到"中国第一条电气化铁路——宝成铁路建成通车",又到"截至 2018 年底,中国铁路营业里程超过 13.1 万公里,全国铁路完成旅客发送量 33.7 亿人次,运量接近全球人口的一半",再到中国"八纵八横"高铁网建设全面展开,高铁营业里程达到 2.9 万公里,超过世界高铁总里程的三分之二,成为世界上高铁里程最长、运输密度最高、成网运营场景最复杂的国家。他们认为这不但记载了我国铁路发展的历程,还见证了"中国速度"。

同时,他们还了解了南京长江大桥铁路于 1968 年 9 月通车,12 月公路通车。这座长江上第一座由中国自行设计和建造的双层式铁路、公路两用桥梁正式打破了外国专家"在南京江面上不能建桥"的断言,成为 20 世纪 60 年代中国经济建设的重要成就、中国桥梁建设史上的重要里程碑,一度被民众称之为"争气桥"。2011 年,京沪高铁南京大胜关长江大桥通车,成为世界首座六线高速大跨度铁路桥,标志着中国桥梁建造技术跻身于世界领先行列;2018 年,港珠澳大桥建成通车,极大缩短了香港、珠海和澳门三地间的时空距离,创下多项世界之最，成为世界桥梁建设新的标杆。据相关统计，十八大以来，全球超过一半的大跨度桥梁都出现在中国，世界排名前十的跨海长桥、斜拉桥、悬索桥、拱桥中一半以上均为中国建造。他们认为这些发展不但记载了新中国桥梁快速发展史，还见证了"我的国，厉害了"。当然，还有第一颗人造卫星、第一台工业机器人、第一根无缝钢管、第一块手表……青年大学生认为，看了这些"第一"，真心为祖国的繁荣富强而感到自豪！

第四节 新闻播报案例

充分利用社会信息资源，将时事教育与思想政治教育有机结合，是新时期提高大学生社会责任感，培养大学生创新精神和实践能力的重要途径。新闻播报案例教学法，就是充分利用社会信息资源，将最近发生的新闻事件和当前社会热点问题引入思政课教学，并运用马克思主义的理论观点对其进行分析、评论，以帮助学生加深对思想政治理论的理解和把握，正确认识新闻事件与社会问题。在"概论"课的课堂实践教学活动中，适时地将国家或者社会上最近发生的新闻或者社会热点问题引入课堂教学中，作为理论、思想或观点的新鲜例证，是当前高校思政课堂实践教学中常见、常用的教学实践形式。

一、"两会"热点新闻播报

（一）教学设计目的

"两会"是国家政治生活的重要内容，也是国计民生重大信息发布的风向标。关注"两会"，学习"两会"精神，已经成为当代大学生课堂实践教学活动的焦点；同时"两会"又是当代青年大学生了解国家政策动态的重要契机。"让学生当主角，让思政课激发活力。"地处首都北京的高校，要充分利用好首都北京的地理优势，主动把握住我国召开"两会"的契机，在思政课堂上，组织青年大学生开展"两会"热点新闻播报，正确引导青年大学生对"两会"热点新闻的分析和解读；增进他们关注社会、关心时事、关心国计民生的积极性和主动性；培养他们的政治思想素养和政治敏锐性；锻炼他们利用所掌握的理论思想分析和解读社会热点问题、民生大事，提高他们分析问题、解决问题的能力；促进他们对党和国家的认同感，增强他们的主人翁精神。

（二）教学组织实施

1. 布置活动任务

每年"两会"召开前夕布置活动任务；

本活动可以在"两会"期间或者结束后 1 周内举办，也可以结合"概论"课的理论授课内容适时开展本活动。

2. 播报主题

①今年"两会"聚焦在哪里？请分析解读。

②今年"两会"聚焦与往年聚焦有何区别？请分析解读。

③针对"两会"自由命题。

3. 公布活动方式

分组式新闻播报。

4. 确认小组长

每小组由 5-6 人自由结合组成，兴趣爱好尽量相同或相近，技能尽量互补；并且每小组必须确定一名小组长，分配、协调、督促小组工作。

5. 确定选题

每小组根据本组成员的兴趣爱好或特长，选择播报主题；每个小组的选题尽量不同。

6. 汇报形式

可以 PPT、街头采访、微视频、"两会"微文等形式进行。

7. 评价标准

①观点正确。满分 30 分；②说服力强。满分 20 分；③语言表达流畅。满分 20 分；④准备充足（有发言稿、PPT、或微视频等形式）。满分 10 分；⑤举止和表情大方、得体，风度佳。满分 10 分；⑥参与课堂积极、主动。满分 10 分。

8. 课堂汇报

第一步，小组代表汇报；

第二步，同学或教师提问；

第三步，民主评价。同学评价+教师评价；

第四步，核算成绩。

9. 教师总结性发言

对本次活动的整体状况进行概括性评述。

（三）教学成效

通过对"两会"聚焦问题的分析和解读，青年大学生充分认识到了每年召开"两会"的意义和价值。他们理解了"关注两会，就是因为在我国的政治坐标中，'两会时间'具有特殊意义——过去与未来在这里交汇、国计与民生从这里起步，'两会'与我们每个人都息息相关"；深刻理解了"两会"聚焦的问题都是国家政策法律民生等重大信息，事关国计民生；激发了自身关心国家政治生活、参与政治生活的积极性；提升了政治敏锐性和政治自觉性；牢固树立"四个意识"，坚定"四个自信"，坚决做到"两个维护"。

二、"讲好中国故事、传播好中国声音、阐发中国精神、展现中国风貌"新闻播报

（一）活动设计目的

习近平总书记在全国宣传思想工作会议上强调，"讲好中国故事，传播好中国声音"。为了贯彻和落实习近平总书记的讲话精神，各高校要利用好思政课这个主渠道、主课堂，用讲故事的方式上好思政课。故事可以载道，把深刻的思想、抽象的道理，转化为鲜活的故事、生动的例子，既接地气、有文气，更见视野、显水平。结合中国共产党近百年尤其是党的十八大以来党和国家事业所取得的历史性成就、所发生的历史性变革；结合国家和民族的历史传统、文化积淀、基本国情和发展道路等，采用新闻播报的方式，讲述中华民族传统文化中蕴涵的优秀中华文化及其积淀的独特的民族精神，讲述党和国家的历史性实践、中国道路的巨大成功、中国智慧和中国方案的世界影响等，努力"讲好中国故事、传播好中国声音、阐发中国精神、展现中国风貌"。随着中国的快速发展，国际社会越来越关注中国"从何处来、向何处去"的问题。学生还可以结合我国的现实情形和未来走向，以讲故事的方式，向国际社会讲清楚中国"从何处来、向何处去"的问题，给他们解疑释惑，使国际社会全面、客观、理性地看待和认识中国，增进国际社会对中国的了解，稳定国际社会对中国发展的预期，减少疑虑和误判。①

（二）教学组织实施

1. 布置教学任务

提前 2 周时间布置本次教学活动的任务。

本次教学活动，可以在党的生日、国庆节、建军节等重大节日之际开展；

---

① "总书记新闻舆论金句——讲好中国故事、传播好中国声音"［EB/OL］．人民网–舆情频道，2019–10–10.

也可以结合"概论"课理论讲授的内容，比如第十章第三节"推动社会主义文化繁荣兴盛，建设社会主义文化强国"，或者第十四章第一节"中国共产党的领导地位是历史和人民的选择"等理论授课内容适时地开展；还可以结合青年大学生的社团活动，比如"校园好声音"开展。

2. 讲故事的主题

①围绕中国共产党近百年历史，讲述"中国共产党成立以来尤其党的十八大以来党和国家事业所取得的历史性成就、所发生的历史性变革"的故事。

②围绕国家和民族的历史传统、文化积淀，讲述"中华民族在五千多年的文明发展进程中创造的博大精深的中华文化，以及中华文化中积淀的自强不息、团结奋进的中华民族最优秀、最突出、最重要的精神支柱"的故事。

③围绕我国的基本国情和发展道路，讲述"中国特色社会主义是植根于中华文化沃土、反映中国人民意愿、适应中国和时代发展进步要求"的故事，讲述"独特的文化传统、独特的历史命运、独特的基本国情，决定了中国必然要走适合自己特点的发展道路"的故事。

④围绕我国的现实情形和未来走向，即围绕中国"从何处来、向何处去"，讲"中国的发展进步"的故事，讲"中国发展面临的挑战和我们战胜挑战的措施"的故事，讲"中国的未来发展走向"的故事。

3. 确定选题

4. 确认小组长

5. 确定活动方式

分组进行主题式播报。

6. 汇报形式

可以 PPT 课件、微视频、微文本等形式，在课堂上讲故事。

7. 评价标准

①观点正确。满分 30 分；②说服力强。满分 20 分；③语言表达流畅。满分 20 分；④准备充足（有发言稿、PPT、或微视频等形式）。满分 10 分；⑤举止和表情大方、得体，风度佳。满分 10 分；⑥参与课堂积极、主动。满分 10 分。

8. 课堂教学过程

第一步，小组代表讲故事；

第二步，民主讨论。对上述小组的汇报进行民主讨论；

第三步，民主评价。同学评价＋教师评价；

第四步，核算成绩。

9. 教师总结性发言

对本次活动的整体状况进行概括性评述。

（三）教学成效

讲故事，听故事，是当代青年大学生喜闻乐见的形式，尤其对于高职学生而言更加符合他们的认知和学情。围绕思政主题，讲故事，可以使青年大学生对抽象的理论知识、思想观点容易理解和把握，教学效果比较显著。通过围绕主题中国共产党近百年历史讲故事，帮助青年大学生加深对中国共产党成立以来尤其党的十八大以来党和国家事业所取得的历史性成就、所发生的历史性变革及其原因的理解和把握。

通过围绕主题国家和民族的历史传统、文化积淀讲故事，使青年大学生了解中华民族在五千多年的文明发展进程中创造的博大精深的中华文化、积淀着中华文化的精神追求和精神基因，以及中华民族独特的精神标识；使青年大学生明确中华优秀传统文化是中华民族的突出优势，是中华民族自强不息、团结奋进的重要精神支撑，是我们国家最深厚的文化软实力；通过对主题中国基本国情和发展道路讲故事，使青年大学生理解和把握中国特色社会主义是植根于中华文化沃土、反映中国人民意愿、适应中国和时代发展进步要求，是独特的文化传统、独特的历史命运、独特的基本国情，决定了中国必然要走适合自己特点的发展道路。

通过围绕主题中国"从何处来、向何处去"讲故事，使青年大学生明白如何向国际社会介绍改革开放以来中国经济社会发展取得的巨大成就以及中国人民精神面貌发生的深刻变化。尤其要让国际社会明白中国发展进步的路径、轨迹和原因；懂得用事实说明中国政治制度、经济政策、民生安排的正当性、合理性。用事实说明在中国这样一个拥有 14 亿人口的发展中大国搞现代化建设，其困难之多以及矛盾之复杂前所未有、实属罕见，中国有信心、有能力克服发展进程中的困难和矛盾，保持经济持续健康发展，推动社会进步。同时，还要向国际社会介绍中国坚持以经济建设为中心、继续推进改革开放、努力实现"两个一百年"奋斗目标，说明中国坚持和平发展、开放发展、共同发展，通过争取和平的国际环境发展自己，又以自身发展维护和促进世界和平。关键是让国际社会全面、客观、理性地看待和认识中国，以增进国际社会对中国的了解，稳定国际社会对中国发展的预期，减少疑虑和误判，维护国际社会的和平与团结。从而向国际社会展现中国是一个负责任、敢担当的大国形象。

参考文献：

［1］拉乌尔·佩克.马克思主义永远值得信任［EB/OL］.人民日报，2018年5月1日第3版.

［2］百度文库.历年国庆献礼片巡礼［EB/OL］.百度网，2016－01－31.

［3］北京广播电视报.我和我的祖国·新中国成立70周年特别策划［一］十大经典献礼片背后的故事［EB/OL］.百度网，2019－07－19.

［4］新中国第一，你知道多少？［EB/OL］.百度网，2019－07－29.

［5］广东妇联.这些"新中国第一"，你见过吗？［EB/OL］.百度网，2019－09－25.

［6］浙江时报.上好思政课学会讲故事［EB/OL］.百度网，2019－04－09.

第二章

校园实践教学案例[*]

第一节 校园文化活动案例

每一所高校的发展都有各自的校园文化发展特色，都有地方文化的深厚底蕴，如北京文化。北京是有着三千年历史的世界名城，北京的文化也传承多年，是世界著名的古都和现代国际城市，北京文化有着它自己独特的文化元素，其内容广博、深邃，深切透露了东方社会的文化底蕴，全面包容了中国政治、经济、社会与生活的基本内容。教师在"概论"课中讲到"中国特色社会主义文化"内容时，在实践教学案例中，可以设计"如何看待北京文化对当今社会发展的影响"这一案例。教师首先就要组织学生收集有关资料，掌握北京文化的内涵和基本内容，在此基础上研讨北京文化如何科学发展，以及与当地高校文化建设、与大学生的全面发展之间的关系，然后要求学生写好调研报告，最后由老师进行总结和评价。作为教师一方面要组织学生对校园文化、地方文化进行参观考察，也可邀请专家进行专题讲座；另一方面在学生充分了解地方文化发展的前提下，让学生撰写调研报告，并在课堂上进行辩论和探讨，从而促使学生把所学的理论知识运用到实践教学之中。

一、马克思主义经典著作阅读活动

高尔基曾说过："书籍是人类进步的阶梯。"读书，特别是读马列等经典原著能带给学生很多益处。读书能陶冶人的情操，给人知识和智慧；读马列等经典原著能使大学生在马列原著学习中磨砺"三观"，坚定中国特色社会主义理想

---

* 杨春桃，北京青年政治学院副教授。

信念,成为德智体美劳全面发展的社会主义建设者和接班人。

(一)纪念马克思诞辰 200 周年经典诵读活动

1. 活动目的

2018 年是伟大的革命导师、马克思主义理论的开创者马克思诞辰 200 周年,也是作为马克思主义产生标志的《共产党宣言》发表 170 周年。为纪念一代伟人马克思,在广大学生中掀起学习、研究马克思主义理论的热潮,传承、弘扬伟人的革命精神,坚定共产主义理想,举办"读原著诵经典不忘初心,新征程再出发砥砺奋进"——纪念马克思诞辰 200 周年经典诵读活动。

2. 活动组织实施

(1)活动时间

活动于"五四"青年节当天举办。

(2)参与对象

全校各级团学干部、入党发展对象等大学生参与观摩学习。

(3)活动主题

经典诵读活动以"读原著诵经典不忘初心,新征程再出发砥砺奋进"为主题。

(4)活动内容

经典诵读活动以呈现马克思主义和马克思主义中国化发展历程为内容,分为"伟大宣言 指引方向""开辟道路 砥砺前行"两个篇章,采取新颖的"诵读扮演+理论讲解"的形式,由各系团总支书记登台诵读马克思主义及马克思主义中国化发展原著文章,融入配乐诗朗诵等艺术表现方法,再由马克思主义学院思政教师做现场解读背后的故事以及理论意义。

3. 主要成效

纪念马克思诞辰 200 周年经典诵读活动为在场大学生生动呈现一场融思想性、艺术性、观赏性于一体的高水平演出的同时,更是在"五四"青年节当天,为团员上了一场特殊的团课,为入党发展对象进行了一堂生动的党课学习,它还是大学生思想政治教育工作的创新举措。在场大学生纷纷表示,诵读活动很有教育意义,诵读活动节目主题鲜明,形式生动,浓缩地反映了马克思主义发展史、中国革命建设改革史和新时代新思想新征程的壮丽图景,从中深刻感悟到了马克思主义的伟大真理力量!

（二）阅读李大钊经典著作

1. 活动目的

中共党史上有"南陈北李，相约建党"之说。陈是指陈独秀，李是指李大钊。在共产党建立之初，陈独秀建立的中央党支部在上海，李大钊建立的中央党支部在北京，二者保持相对独立。李大钊是中国共产主义的先驱，伟大的马克思主义者、杰出的无产阶级革命家、中国共产党的主要创始人之一。作为北方高校，教师在"概论"课第二课堂的马列经典原著阅读活动中选择了阅读李大钊的著作。

2. 活动组织实施

（1）教师事先将李大钊的著作推荐给学生。

这些著作主要有：《法俄革命之比较观》《庶民的胜利》《布尔什维主义的胜利》《我的马克思主义观》《再论问题与主义》《李大钊诗文选集》《李大钊文集》《李大钊遗文补编》等，要求学生预先熟悉李大钊生平及其著作。

（2）精选李大钊《我的马克思主义观》这一经典著作，推选学生代表上台诵读精彩段落。

例如："'马克思主义'既然随着这世界的大变动，惹动了世人的注意，自然也招了很多的误解……我们把这些零碎的资料，稍加整理，乘本志出'马克思研究号'的机会，把他转介绍于读者，使这为世界改造原动的学说，在我们的思辨中，有点正确的解释，吾信这也不是绝无裨益的事。"

（3）教师有针对性地提问，学生进行讨论分析并回答。

问题一：李大钊先生介绍马克思主义的动机是什么？

问题二：马克思学说的本质内容有哪些？

问题三：李大钊先生是如何阐释清楚马克思主义的唯物史观的？

（4）教师进行总结和评议。

教师评议后总结出：李大钊先生介绍马克思主义的动机，其关键就是"使这为世界改造原动的学说，在我们的思辨中，有点正确的解释"。通过思辨，加深我们对马克思主义的理解；李大钊先生在阐释马克思主义的唯物史观的时候，特别强调马克思主义学说是某一个时代的产物，特别意识到理论与实际相结合的特殊重要性，不可以拿某一个时代、某一种环境下出现的学说去解释一切历史，或者整个拿来应用于我们的社会，而必须要把这种理论、主义和学说同中国的实际紧密地结合。

3. 主要成效

通过阅读李大钊著作，特别是研读《我的马克思主义观》，学生不仅对李大钊的思想有了深刻的把握，而且掌握了马克思学说的精髓，对马克思主义与时俱进的理论品质有了全面的认识，进而对俄国十月革命的意义、中国五四爱国运动的发展有了非常深刻的认识，更加坚定了马克思列宁主义的立场。

（三）"书香校园"读书月活动

1. 活动目的

为了培养大学生坚持读书、好读书、乐读书的习惯，带动、引领宿舍舍友及其他同学共同读书的良好氛围，并学以致用，通过读书，将思与行、读书与做人结合起来，通过读书树立向上、高雅的品质，在读书中形成高尚的品格，思考提升自身的道德修养、能力和素质，并将它们转化为自身行动和实践的强大力量，每年组织千余名学生参加以"国学经典""家国情怀"等为主题的"书香校园"读书月活动。

2. 活动组织实施

（1）活动组织

"书香校园"读书月活动由图书馆牵头，广泛与各学院、各系部合作，借助理论社团、读者社、阅读社等学生社团开展活动。

（2）活动主题

"书香校园"读书月活动以"国学经典""家国情怀"等为主题。

（3）活动形式

通过采取"请进来，走出去"的方式，开展有奖征文、名家讲座、读书沙龙、数字资源培训、校园书展、图书现采、诗歌赛、论坛赛、知识竞赛、摄影大赛、读书·行路、读书·观影、读者之星评选、世界读书日特别服务等一系列丰富多彩的活动，设置数十个奖项。

3. 主要成效

"读书月活动"受到学生们的追捧，每年活动参与人数达到千余人，很多学生获奖，影响不断扩大。"读书月活动"不仅对大学生提高人文素养具有重要作用，而且对高校学风建设也具有积极作用。

二、专题讲座

邀请知名人士或者专家学者包括企业家结合中国特色社会主义政治建设、

经济建设、文化建设、社会建设、生态文明建设与其研究方向或者工作实际经验，面向学生展开全面的讲解，进而实现理论和实践的结合。

（一）"筑牢中国梦·追逐青春梦"专题讲座

1. 活动目的

"中国梦"是党的十八大召开以来，习近平总书记提出的重要指导思想和重要执政理念。"中国梦"的核心目标可以概括为"两个一百年"的目标。2017年10月18日，习近平总书记在党的十九大报告中指出，实现中华民族伟大复兴是近代以来中华民族最伟大的梦想。"中国梦"关系着中国未来的发展方向，它是整个中华民族不断追求的梦想，也是亿万人民世代相传的夙愿，每个中国人都是中国梦的参与者、创造者。为了凝聚广大青年大学生的力量和梦想，促进大学生运用所学理论知识正确认识和分析社会热点问题，培养社会调研和理论研究能力，提高理论学习和创新实践能力，树立正确的世界观、人生观和价值观，坚定理想信念，提高思想政治素质和道德素质，举办以"筑牢中国梦·追逐青春梦"为主题的专题讲座。

2. 活动组织实施

（1）活动组织

专题讲座由马克思主义学院组织，与团委、学生处等部门合作，并借助学习马克思主义的第二课堂——理论社团开展活动。

（2）主讲嘉宾

高校党委书记。

（3）参与对象

活动面向全校大学生，尤其是大一新生。

（4）讲座内容

讲座从"中国梦——坚定理想信念跟党走""青春梦——做优秀学子"等方面展开，结合《关于进一步加强和改进新形势下高校宣传思想工作的意见》《关于全面加强北京高校马克思主义理论学习研究宣传的实施意见》文件精神，就如何成为一名优秀的学子提出要求。大学生是最具青春活力、最敏感地捕捉时代发展脉搏、最勇于引领社会风气之先、最具创造力和发展潜力的群体。作为新时代大学生，要时刻牢记"青春只有在为祖国和人民的真诚奉献中才能更加绚丽多彩，人生只有融入国家和民族的伟大事业才能闪闪发光！"

3. 主要成效

"筑牢中国梦·追逐青春梦"专题讲座牢牢把握新的形势与政策，运用马列主义、毛泽东思想和中国特色社会主义理论体系，生动地阐释了"中国梦"的内涵和实现途径，激励青年学子勤于学习马克思主义理论和专业知识，加强思想道德修养，脚踏实地走好大学生活的每一步，为走向社会、服务社会打下坚实基础，讲座取得了良好的效果。

（二）"历史虚无主义的表现与实质"专题讲座

1. 活动目的

为提高思想政治理论课的时代性、针对性和实效性，增强大学生对历史虚无主义的认识，强化党史教育和党章党纪学习，增强大学生对中国特色社会主义的道路自信、理论自信和制度自信，特邀中央党校博士生导师作"历史虚无主义的表现与实质"的专题讲座。

2. 活动组织实施

（1）活动组织

马克思主义学院邀请专家学者来校开展专题讲座。

（2）主讲嘉宾

中央党校博士生导师。

（3）讲座内容

专家结合习近平总书记关于反对"历史虚无主义"的相关论述，从"历史虚无主义"的三种表现和如何看待"民族虚无主义"进行了讲解，深入分析了"历史虚无主义"在思想、历史和文化领域的表现，指出"历史虚无主义"的实质是否定党的领导、否定社会主义、否定马克思主义，认为反对"历史虚无主义"必须要坚持历史唯物主义，历史研究必须要坚持党性和科学性的统一。

3. 主要成效

专题讲座后，参会大学生进行了总结交流，大家普遍感觉收获很大。大家普遍认为，思想政治理论课作为宣传党的理论方针政策的主阵地、主渠道，大学生必须要对意识形态工作的长期性、复杂性和尖锐性保持清醒认识，坚持用马克思主义抵制历史虚无主义，自觉加强政治理论学习，提高政治敏锐性，及时发现历史虚无主义的现实表现；要勇于、善于在学习实践中面对问题和解决问题，自觉践行社会主义核心价值观，传播主旋律，弘扬正能量。

三、主题征文、辩论和演讲比赛

在重要的世界节日或中国革命节日，举办主题演讲辩论或征文比赛。重要的世界节日如：2·2世界湿地日、2·21反对殖民制度斗争日、2·24第三世界青年日、3·15国际消费者权益日、3·21世界林业节（世界森林日）、3·22世界水日、4·7世界卫生日、4·22世界地球日、5·8世界红十字日、5·31世界无烟日、6·5世界环境日、6·17世界防止荒漠化和干旱日、6·26国际禁毒日（国际反毒品日）、9·14世界清洁地球日、9·21国际和平日、10·16世界粮食日等。中国革命节日如：5·4"五四"青年节、5·30"五卅"反帝运动纪念日、7·1党的生日、香港回归纪念日、7·7抗日战争纪念日、8·1建军节、8·15日本正式宣布无条件投降日、8·22邓小平诞辰日、9·3抗日战争胜利纪念日、9·18"九·一八"事变纪念日（中国国耻日）、10·10辛亥革命纪念日、12·9"一二·九"运动纪念日、12·13南京大屠杀纪念日、12·20澳门回归纪念日、12·26毛泽东诞辰日等。

（一）"一二·九"征文比赛和演讲比赛

1. 活动目的

12月9日，以纪念"一二·九"运动为契机，为贯彻落实十九大精神，发动全体大学生认真学习习近平总书记系列重要讲话，关注社会热潮，激励青年学生，引领青年学生继承光荣传统、坚定理想信念、弘扬爱国主义精神、树立莘莘学子榜样，每年交替举办主题征文活动和演讲比赛。

2. "一二·九"征文比赛活动组织实施

（1）活动组织

由理论社团负责组织，面向全体大学生。

（2）征文主题

以"不忘初心跟党走，砥砺奋进再扬帆"为主题。

（3）征文题目

自拟。

（4）征文对象

理论社社员及全体学生。

（5）征文时间

11月1日—11月30日。

（6）征文要求

①学院学生自愿参加。

②征文体裁不限，表爱国之心、强国之愿、报国之志。强化对自身责任和使命的认识，树立实干兴邦精神，努力实现中华民族伟大复兴的光荣梦想。

③要求围绕十九大报告及内涵展开书写，言之有物，不矫揉造作。

④必须是本人原创作品，严禁抄袭、剽窃。学院将对征文进行查重检测。

⑤字数在2000～3000字之间，诗歌等体裁作品不受此限。

（7）奖项设置

此次征文比赛活动奖项设置一等奖（1名）、二等奖（2名）、三等奖（3名）和优秀奖（10名）。

3. "一二·九"演讲比赛活动组织实施

1935年12月9日，这个让年轻的大学生振奋和感动的日子，给中华儿女留下了多少回忆。身为青年学生，都不会忘记这一天。"一二·九"运动为抗战书写下了光辉的一笔，具有重大历史意义。为弘扬和培育学校广大团员和青年学子的爱国主义和民族精神，激发大学生的爱国热情，增强学生的民族自尊心和自豪感，特举办纪念"一二·九"抗日救亡运动演讲比赛。

（1）活动组织

由理论社团负责组织，面向全体大学生。

（2）演讲主题

以"纪念'一二·九'抗日救亡运动，弘扬爱国主义和民族精神"为主题。

（3）演讲要求

①紧扣主题，题目自拟，抒发自己的爱国情操和时代责任感。

②如有背景音乐，则自带背景音乐。

③演讲前准备一页PPT作为背景图片。

④演讲比赛时间为3－5分钟，不得超过5分钟。

（4）奖项设置

此次演讲比赛奖项设置一等奖（1名）、二等奖（2名）、三等奖（3名）和优秀奖（5名）。

4. 主要成效

在"一二·九"征文比赛活动中，学生们积极投稿，共收到征文百余篇。经过评委老师的认真评审，共评选出一等奖1个，二等奖2个，三等奖3个，优秀奖10个。在"一二·九"演讲比赛中，学生们踊跃参赛，现场组织了热烈的比赛。通过评委老师的现场观赛、打分、点评和总结，共评选出一等奖1个，二等奖2个，三等奖3个，优秀奖5个。

通过每年交替举办"一二·九"征文比赛活动和演讲比赛，体现和反映广大学生的爱国之心、强国之愿、报国之志，取得了明显的成效。强化了学生对自身责任和使命的认识，有助于青年大学生树立实干兴邦精神，为传承和弘扬爱国主义和民族精神而不懈奋斗！

（二）"世界水日"知识辩论赛

"世界水日"是每年的3月22日，中国水周是每年的3月22日至28日。世界水日的宗旨是唤起公众的节水意识，加强水资源保护。为了响应"世界水日，中国水周"的号召，提高大学生的节水意识，珍惜水资源，3月24日，笔者所在学院借助理论社团，并联合学院总务处、北京市朝阳区水务局在学院举办"世界水日"辩论赛。

1. 活动目的

"概论"教材第十章"'五位一体'总体布局"的第五节"建设美丽中国"明确提出：建设生态文明是中华民族永续发展的千年大计，关系人民福祉，关乎民族未来，功在当代，利在千秋。为了培养大学生爱护环境、增强节约用水、节约用电意识，让节约成为一种生活习惯，避免生活中许多资源的浪费行为，特举办"世界水日"辩论赛。

2. 活动组织实施

（1）活动组织

由学院理论社团负责组织，联合总务处、北京市朝阳区水务局，面向全体大学生。

（2）活动主要内容

①播放理论社团制作的爱水宣传视频；

②3月22日"世界水日"知识介绍；

③主管校长致辞；

④知识答辩环节；

⑤北京市朝阳区水务局领导总结。

（3）知识答辩环节活动形式

答辩分为三部分，参赛选手分为四组。通过问答的形式以积分为标准淘汰。第一部分淘汰两组，第二部分淘汰一组，第三部分由四位组员开展个人赛，决出前三名颁发奖品。期间穿插观众互动来活跃气氛，并对参与的同学给予纪念品。

（4）奖项设置

此次"世界水日"知识辩论赛设置最佳辩论小组（1个）、最佳辩手

（3个）。

3. 主要成效

南非总统祖马说过"成千上万的人可以没有爱而活着，但没有一个人可以没有水而生存"。本次活动的开展，为学生们上了一堂生动形象的节水课，提高了学生们的节水观念，增强了水忧患意识和爱护水资源意识。通过爱水宣传视频资料和"世界水日"知识的介绍，使学生们初步了解我国水资源匮乏的现状和水资源面临的主要问题，深刻地认识到节约用水的紧迫性和重要性。

辩论赛后，学生们纷纷表示，不管是在家里还是在学校，都要做到节约用水，不浪费一滴水，要用自己的实际行动，为保护水资源出一份力，从一点一滴每一个细小之处来实现节水的目标。

第二节　校内主题调研活动案例

调研，即调查研究，它是针对特定的对象采取一定的手段和方法进行深入的考察和了解，经过准确的归纳整理研究分析，进而揭示其本质，得出符合实际的结论。根据对象的不同，调研目的和意义也是不同的。"概论"教材紧密结合马克思主义中国化这一重大时代课题展开，系统和全面地阐述了毛泽东思想、邓小平理论、"三个代表"重要思想、科学发展观和习近平新时代中国特色社会主义思想。在中国革命、建设和改革的历史进程中，马克思主义中国化实现了两次历史性飞跃。第一次是在新民主主义革命时期，形成了毛泽东思想；第二次是自改革开放以来，形成了包括邓小平理论、"三个代表"重要思想、科学发展观和习近平新时代中国特色社会主义思想在内的中国特色社会主义理论体系。因此，紧紧围绕"马克思主义中国化"这一主题开展校内调研活动意义重大，有助于大学生准确把握毛泽东思想和中国特色社会主义理论体系的科学内涵。

一、以"毛泽东思想是马克思主义中国化带有奠基性的第一个重大理论成果"为主题开展调研

"概论"课中"毛泽东思想"篇从宏观上看，可分为两大部分，采用总、分的篇章结构。第一部分（第一章，毛泽东思想及其历史地位）为总论，第二部分（包括第二、三、四章）为分论，分别讲述新民主主义革命理论、社会主义改造理论、社会主义建设理论等内容。该篇涉及毛泽东思想的形成和发展、

毛泽东思想的主要内容和活的灵魂、毛泽东思想的历史地位等内容。在讲授完"毛泽东思想"篇的基本内容后，可以通过主题调研活动使学生进一步明确，毛泽东思想是马克思主义中国化带有奠基性的第一个重大理论成果，是马克思列宁主义在中国的运用和发展。

1. 活动目的

马克思主义科学地、创造性地揭示了人类社会发展的一般规律和资本主义运行的特殊规律，为人类指明了从必然王国向自由王国飞跃的路径；马克思主义站在人民群众的立场探求人类自由解放的道路，为人类最终建立一个没有剥削和压迫、人人平等和自由的理想社会指明了方向。在人类历史上，从来没有一种思想理论像马克思主义那样对人类产生如此广泛而深刻的影响。①

马克思主义为中国革命、建设、改革提供了强大的思想武器。自 1840 年以来，独立的中国沦落为半殖民地半封建社会，中华民族深受帝国主义、封建主义和官僚资本主义的蹂躏，实现中华民族伟大复兴是近代以来中华民族最伟大的梦想。"十月革命"一声炮响，为中国送来了马克思列宁主义，给苦苦探寻救亡图存的中国人民指明了前进方向。毛泽东同志是马克思主义中国化的伟大开拓者。在新民主主义革命时期，以毛泽东同志为主要代表的中国共产党人，把马克思主义基本原理同中国革命和建设具体实践结合起来，形成了马克思主义中国化的重大理论成果——毛泽东思想。② 经过 28 年的浴血奋战，中国共产党人终于推翻了压在中国人民头上的"三座大山"，建立起了人民当家作主的社会主义国家。毛泽东让中国人民站起来了。

通过调研"毛泽东思想是马克思主义中国化带有奠基性的第一个重大理论成果"，旨在对学生进行中国共产党领导的人民革命与建国实践的理论教育，掌握毛泽东思想的活的灵魂及其指导意义，学习以毛泽东为代表的老一辈革命家的科学精神、创新精神、爱国精神与人格精神；明确毛泽东思想是被实践证明了的关于中国革命和建设的正确的理论原则和经验总结，是中国共产党集体智慧的结晶，是党必须长期坚持的指导思想；进而深刻理解近现代中国社会发展的规律，增强坚持中国共产党的领导和走社会主义道路的信心。

---

① 北京市习近平新时代中国特色社会主义思想研究中心. 马克思主义为什么"行"（原标题：马克思主义为中国革命、建设和改革提供了强大思想武器［EB/OL］. 光明日报，2019 - 05 - 27.

② 曲青山. 马克思主义与中国共产党［EB/OL］. 求是网，2016 - 07 - 04.

2. 活动组织实施

（1）活动组织

"概论"任课老师布置实践教学方案，全班根据人数，3－8人为一个小组，每个小组完成一篇调研报告。

（2）实践环节适合章节

"概论"课第一章"毛泽东思想及其历史地位"、第二章"新民主主义革命理论"、第三章"社会主义改造理论"、第四章"社会主义建设道路初步探索的理论成果"等章节。

（3）实践步骤

①确定组长，组长组织小组讨论并选定调查主题后报教师备案，同一个行政班级内不得出现相同调查主题。其中，甲小组确定调研主题"毛泽东思想是马克思主义中国化带有奠基性的第一个重大理论成果"。

②甲小组拟定调查方案（调查范围和对象、抽样方法、调查时间地点、样本数量、分工等）、设计调查内容、制作调查问卷和访谈方案。调查问卷和访谈方案应紧密结合以下内容来设计：青年大学生对"毛泽东思想的科学内涵"的理解；青年大学生对"毛泽东思想的形成发展"的了解；青年大学生对"毛泽东思想的科学体系及基本原理与基本观点"的掌握；青年大学生对"毛泽东思想的活的灵魂"的把握、青年大学生对"毛泽东思想的历史地位和指导作用"的掌握；青年大学生对"毛泽东思想与邓小平理论、'三个代表'重要思想、科学发展观、习近平新时代中国特色社会主义思想的联系"的把握等。

③调查方案和调查问卷、访谈方案经任课教师审核通过后，小组按照审定的调查方案开展社会调查。（要求调查问卷样本在50份以上，深度访谈样本量不少于5个。问卷对象与访谈对象不能重合，样本分布不能局限于1个系）。

④甲小组对调查结果进行统计分析，提交数据统计分析结果、调研照片、访谈录音等。

⑤甲小组在所得调研资料的基础上撰写调查报告（有分析、结论和对策建议）。要求字数在3000字左右。

⑥每位组员撰写个人实践总结，介绍自己承担的具体工作任务和完成情况，谈谈自己在实践中的收获和体会，如有不同于甲小组结论的个人思考，可适当加分。要求字数在500字左右。

⑦上交的调查报告及心得体会必须采用统一格式：正标题用二号黑体，副标题用三号宋体，副标题下面用四号宋体写班级、学号、姓名，正文用小四

宋体。

（4）考核方法

"概论"课任课教师根据学生设计的调查方案、调查问卷、访谈方案、调查数据统计分析结果、调研照片、访谈录音、调查报告、学生个人实践总结及其他相关材料，综合每位学生承担的工作任务和表现给出实践教学环节的成绩。

3. 主要成效

青年大学生通过调研"毛泽东思想是马克思主义中国化带有奠基性的第一个重大理论成果"，充分认识到"毛泽东思想是马克思主义活的灵魂，中国革命不能照抄照搬俄国十月革命的模式，要立足中国国情和本土文化，走'农村包围城市'的革命道路"；深刻把握了"毛泽东思想既是马克思主义在中国大地落地生根的产物，又对中国的革命和现代化建设发挥了重要指导作用"；深刻理解了"在马列主义和毛泽东思想指导下，中国人民站起来了，中华民族奔向光辉灿烂的未来"；认识与领会到"马克思列宁主义、毛泽东思想、邓小平理论、'三个代表'重要思想、科学发展观、习近平新时代中国特色社会主义思想是一脉相承的统一的科学体系"。

二、以"邓小平理论是中国特色社会主义理论体系的奠基之作"为主题开展调研

"概论"课中第五章从"邓小平理论的形成""邓小平理论的基本问题和主要内容""邓小平理论的历史地位"等三个方面重点阐释邓小平理论。"毛泽东思想"是中国化马克思主义带有奠基性的第一大理论成果。"中国特色社会主义理论体系"则是中国化马克思主义持续发展的第二大理论成果，它不仅是对马克思列宁主义的继承和发展，也是对毛泽东思想的继承和发展，是新时期中国特色社会主义事业的重要指导思想，它是中国共产党对其开创拓展的中国特色社会主义道路的系统解释和说明。邓小平理论是中国特色社会主义理论体系的奠基之作。① 在讲授完"邓小平理论"的基本内容后，要使学生准确把握邓小平理论研究的重点问题，深刻把握邓小平开创中国特色社会主义道路的历史贡献。

1. 活动目的

"立时代潮头，开改革之先。"邓小平开创了中国特色社会主义道路，是我

---

① 宋福范. 邓小平理论为什么是奠基之作［J］. 学习时报官网，2014 - 02 - 24.

国改革开放和社会主义现代化建设的总设计师，对邓小平理论的创立做出了历史性的重大贡献，邓小平理论是中国特色社会主义理论体系的奠基之作。

通过"邓小平理论是中国特色社会主义理论体系的奠基之作"的主体调研，旨在使学生深刻理解邓小平理论是马克思列宁主义、毛泽东思想的继承和发展，是改革开放和社会主义现代化建设的科学指南；通过实行改革开放，解放和发展生产力，提高人民群众的生活水平，是邓小平的一个伟大创造。①

2. 活动组织实施

（1）活动组织

"概论"任课老师布置实践教学方案，全班根据人数，3－8人为一个小组，每个小组完成一篇调研报告。

（2）实践环节适合章节

"概论"第五章第一节"邓小平理论的形成"、第二节"邓小平理论的基本问题和主要内容"、第三节"邓小平理论的历史地位"等章节。

（3）实践步骤

①确定组长，组长组织小组讨论并选定调查主题后报教师备案，同一个行政班级内不得出现相同调查主题。其中，乙小组确定调研主题"邓小平理论为何是中国特色社会主义理论体系的奠基之作"。

②乙小组拟定调查方案（调查范围和对象、抽样方法、调查时间地点、样本数量、分工等）、设计调查内容、制作调查问卷和访谈方案。调查问卷和访谈方案应紧密结合以下内容来设计：青年大学生对"邓小平开创中国特色社会主义道路的历史贡献"（包括'带领中国人民改革开放富起来'，'废除领导职务终身制，建设民主法制社会'，'实现祖国和平统一的科学构想和成功实践'，'创立中国特色社会主义理论'）的深刻把握；青年大学生对"科学技术是第一生产力理论、共同富裕理论、关于市场经济与社会主义制度结合起来的理论、小康社会理论"的深刻理解等。

③调查方案和调查问卷、访谈方案经任课教师审核通过后，小组按照审定的调查方案开展社会调查。（要求调查问卷样本在50份以上，深度访谈样本量不少于5个。问卷对象与访谈对象不能重合，样本分布不能局限于1个系）。

④乙小组对调查结果进行统计分析，提交数据统计分析结果、调研照片、

① 龙平平. 邓小平的历史贡献和深化邓小平理论研究的重点问题［J］. 人民网—中国共产党新闻网，2013－02－06.

访谈录音等。

　　⑤乙小组在所得调研资料的基础上撰写调查报告（有分析、结论和对策建议）。要求字数在 3000 字左右。

　　⑥每位组员撰写个人实践总结，介绍自己承担的具体工作任务和完成情况，谈谈自己在实践中的收获和体会，如有不同于乙小组结论的个人思考，可适当加分。要求字数在 500 字左右。

　　⑦上交的调查报告及心得体会必须采用统一格式：正标题用二号黑体，副标题用三号宋体，副标题下面用四号宋体写班级、学号、姓名，正文用小四宋体。

　　（4）考核方法

　　"概论"任课教师根据学生设计的调查方案、调查问卷、访谈方案、调查数据统计分析结果、调研照片、访谈录音、调查报告、学生个人实践总结及其他相关材料，综合每位学生承担的工作任务和表现给出实践教学环节的成绩。

　　3. 主要成效

　　青年大学生通过调研"邓小平理论是中国特色社会主义理论体系的奠基之作"，充分认识到"邓小平开创中国特色社会主义道路的历史贡献是前无古人的"，表现在：他完成了对改革开放的总体设计，带领中国人民改革开放富起来；他在改革开放之初就提出废除领导职务终身制，建设民主法制社会；以邓小平为核心的党的第二代中央领导集体创造性地提出了"一个国家，两种制度"的科学构想，推动实现祖国和平统一，并在香港成功实践；从 1978 年到 1992 年，邓小平创立了中国特色社会主义理论；深刻理解了"邓小平理论之所以成为中国特色社会主义理论体系的奠基之作，在于它是对我们党开创的中国特色社会主义道路所进行的系统解释和说明"；认识与领会到"中国特色社会主义道路随时代的发展不断拓展，中国特色社会主义理论体系必然由邓小平理论进一步发展到'三个代表'重要思想、科学发展观、习近平新时代中国特色社会主义思想"；深刻理解了"邓小平理论的意义不仅在于引导中国特色社会主义的繁荣发展，同时也为国际共产主义运动注入了生机与活力"，"邓小平理论及其在实践中的成功运用证明，马克思主义并没有失败，依然闪烁着真理的光芒"，从而更加坚定了共产主义远大理想和中国特色社会主义共同理想。

三、以"习近平新时代中国特色社会主义思想如何在青年学生心中扎根"为主题开展调研

在讲授完"概论"课程的基本内容后，要引导学生带着"问题""回归生活世界"，并运用理论教学所学理论深入分析社会现象与社会"问题"，从而使学生看清各种社会思潮，尤其是当代西方社会思潮的"本来面目"，进一步凸显中国化马克思主义理论的解释力、科学性和战斗力，通过比较与鉴别让学生真正学习领会并掌握当代中国马克思主义理论，尤其是习近平新时代中国特色社会主义思想的基本立场、观点与方法。

1. 活动目的

党的十九大做出中国特色社会主义进入新时代的重大政治判断，这是我国发展新的历史方位。习近平总书记指出，中国特色社会主义进入新时代，意味着近代以来久经磨难的中华民族迎来了从站起来、富起来到强起来的伟大飞跃，迎来了实现中华民族伟大复兴的光明前景。①

作为强国一代的青年大学生，理应担负起实现中华民族伟大复兴的历史重任。通过调研"马克思主义中国化两大理论成果尤其是习近平新时代中国特色社会主义思想如何在青年学生心中扎根"，使之成为观察社会现象、分析社会问题的方法论工具，同时直面"生活世界"多元化社会思潮的消极影响，与其展开正面交锋，使青年大学生在比较和鉴别中坚定"四个自信"。

2. 活动组织实施

（1）活动组织

"概论"课任课老师布置实践教学方案，全班根据人数，3 – 8 人为一个小组，每个小组完成一篇调研报告。

（2）实践环节适合章节

"概论"第八章"习近平新时代中国特色社会主义思想及其历史地位"、第九章"坚持和发展中国特色社会主义的总任务"、第十章"'五位一体'总体布局"、第十一章"'四个全面'战略布局"等章节。

（3）实践步骤

①确定组长，组长组织小组讨论并选定调查主题后报教师备案，同一个行政班级内不得出现相同调查主题。其中，丙小组确定调研主题"习近平新时代

---

① 十九大报告作出了"中国特色社会主义进入新时代"的重大判断［EB/OL］. 新华网，2017 – 10 – 19.

中国特色社会主义思想如何在青年学生心中扎根"。

②丙小组拟定调查方案（调查范围和对象、抽样方法、调查时间地点、样本数量、分工等）、设计调查内容、制作调查问卷和访谈方案。调查问卷和访谈方案应紧密结合以下内容来设计：青年大学生对"马克思主义中国化最新成果"的理解；青年大学生对"新时代的内涵和意义"的掌握；青年大学生对"社会主要矛盾的变化"的把握；青年大学生对"实现中华民族伟大复兴的中国梦"的理解；青年大学生对"五位一体总体布局、四个全面战略布局"的掌握等。

③调查方案和调查问卷、访谈方案经任课教师审核通过后，小组按照审定的调查方案开展社会调查。（要求调查问卷样本在 50 份以上，深度访谈样本量不少于 5 个。问卷对象与访谈对象不能重合，样本分布不能局限于 1 个系）。

④丙小组对调查结果进行统计分析，提交数据统计分析结果、调研照片、访谈录音等。

⑤丙小组在所得调研资料的基础上撰写调查报告（有分析、结论和对策建议）。要求字数在 3000 字左右。

⑥每位组员撰写个人实践总结，介绍自己承担的具体工作任务和完成情况，谈谈自己在实践中的收获和体会，如有不同于丙小组结论的个人思考，可适当加分。要求字数在 500 字左右。

⑦上交的调查报告及心得体会必须采用统一格式：正标题用二号黑体，副标题用三号宋体，副标题下面用四号宋体写班级、学号、姓名，正文用小四宋体。

（4）考核方法

"概论"课任课教师根据学生设计的调查方案、调查问卷、访谈方案、调查数据统计分析结果、调研照片、访谈录音、调查报告、学生个人实践总结及其他相关材料，综合每位学生承担的工作任务和表现给出实践教学环节的成绩。

3. 主要成效

"时代是思想之母，实践是理论之源。"青年大学生通过深入到学生中进行现场调研，对"习近平新时代中国特色社会主义思想是马克思主义中国化的最新成果"有了更加深入的认识和理解；充分认识到"改革开放 40 年来取得的伟大成就是中国特色社会主义进入了新时代的客观基础"；充分认识到"在新的历史条件下，我国社会的主要矛盾由过去的'人民日益增长的物质文化需要同落后的社会生产之间的矛盾'转化为'人民日益增长的美好生活需要和不平衡不充分的发展之间的矛盾'"；深刻把握了"中国梦的本质是国家富强、民族振兴、人民幸福";深刻理解了"经济建设、政治建设、文化建设、社会建设、生态文明建设'五位一体'总体布局"和"全面建成小康社会、全面深化改革、全面依法治国、全面从严治党'四个全面'战略布局";更加坚定了"四个自信",在实现中国梦的实践中放飞青春梦想!

第三节　校内志愿活动案例

青年大学生志愿者活动是雷锋精神在当今时代条件下一种新的表现形式,它以"奉献、友爱、互助、进步"为主旨,它的精神内涵与雷锋精神一脉相承,是雷锋精神的延伸和拓展。青年大学生志愿者作为校园文化建设的重要组成部分,致力于帮助他人、服务社会,传递爱心和传播文明,展现当代青年学子优秀的潜质、巨大的能量,为奔向全面小康生活,为建设社会主义现代化强国贡献自己的青春和力量。志愿者"奉献、友爱、互助、进步"的精神作为新时期校园文化建设新的生长点,可望被提升为一种自发的行为、流行的风尚、奉献的平台、浓郁的文化,对于构建和谐校园、强化校园德育文化建设、构筑良好学术氛围等校园文化建设方面具有重要意义。

一、学习践行十九大、十九届四中全会精神学生骨干志愿宣讲活动

选拔优秀学生骨干,对其进行培训,发挥其在学生中的理论宣讲作用,推进十九大精神和习近平新时代中国特色社会主义思想"进教材、进课堂、进学生头脑"。

1. 活动目的

为了准确领会党的十九大精神和习近平新时代中国特色社会主义思想的理论精髓、核心要义,切实加强思想政治理论课在大学生思想政治教育中发挥主渠道、主阵地作用,使习近平新时代中国特色社会主义思想"进教材、进课堂、进学生头脑",特成立学生骨干志愿宣讲团,宣讲党的十九大精神,展强国一代风貌。

2. 活动组织实施

(1) 活动组织

活动由承担思想政治理论课教学任务的马克思主义学院组织,借助理论社

团，成立学习践行十九大精神学生宣讲团。

（2）志愿宣讲形式

以小型讲座、社团例会的形式进行宣讲。

（3）志愿宣讲主题和内容

学生宣讲团主要围绕以下主题和内容进行：

①"平语近人"

主要宣讲习近平总书记一系列重要讲话、文章、谈话中所引用的古代典籍和经典名句，以此为切入点，推动习近平新时代中国特色社会主义思想广泛传播。

②"十九大，我想对你说"

通过大一新生说出十九大报告中印象最深的一句话的形式对十九大精神进行深入解读，结合自己和同学的变化，说说步入大学校园以来的新变化、新感受、新面貌。

③"新时代新青年"

梁启超在《少年中国说》中写道："今日之责任，不在他人，而全在我少年。"青年是推动社会变革的生力军，青年兴则国家兴，青年强则国家强。通过宣讲强国一代的责任与担当，提高青年大学生党员、团员的爱党爱国热情，充分了解到新时代赋予他们的新要求，更深刻地体会到社会责任感和历史使命。

④"中国特色社会主义制度和国家治理体系"

通过宣讲十九届四中全会公报的主要内容、中国特色社会主义制度和国家治理体系13个方面的显著优势、工作要求、总体目标和重大战略任务等内容，使学生深刻理解中国特色社会主义制度和国家治理体系的相关概念、内涵及重要性。

3. 主要成效

通过学生骨干志愿宣讲十九大及十九届四中全会精神，大学生理论水平得到大幅度提升，深刻领会了习近平新时代中国特色社会主义思想的精髓；深刻理解了中国特色社会主义制度是党和人民在长期实践探索中形成的科学制度体系，我国国家治理一切工作和活动都依照中国特色社会主义制度展开；国家治理体系和治理能力是中国特色社会主义制度及其执行能力的集中体现；增强了道路自信、理论自信、文化自信和制度自信；使大学生更加坚定理念信念，更加热爱我们伟大的祖国，为实现中华民族伟大复兴而奋发图强！

二、思想政治理论课"青椒论坛"志愿服务活动

"青椒论坛"是北京高校思政课高精尖创新中心面向思想政治青年教师打造的品牌栏目,自2017年9月起,至2019年12月,已成功举办17期。每期邀请多位优秀青年思政课教师围绕相关主题开展教学竞技,分享教学经验。"青椒论坛"面向全国进行网络直播(视频网址:http://qj.bjcipt.com/review.html),旨在为青年教师搭建沟通平台,帮助其交流教学心得、研讨教学技能、提升教学能力。

1. 活动目的

"青椒论坛"每期都有一个主题,主讲青年教师紧紧围绕这个主题进行讲课。如:第一期主题为"充分发挥思想政治理论课主渠道作用",共有三位青年教师参与讲课。清华大学冯务中老师主讲题目为"以教导学、化教为学":"概论"课程"导客为主"教学模式探索;北京大学张会峰老师主讲题目为"改造我们的课堂";中央财经大学谢玉进老师主讲题目为"谈思想政治理论课教学的几点思考"。第二期主题为"不断提升高校思想政治理论课的教学质量";第三期主题为"新时代高校思想政治理论课创新研究"等等。从这些主题可见,每期"青椒论坛"都是紧扣包括"概论"课在内的思想政治理论课教学任务和目标进行。为了切实加强思想政治理论课在大学生思想政治教育中发挥主渠道、主阵地作用,我们须为大学生多提供思想政治理论论坛、研讨、座谈和实践等平台,让大学生在切身感悟和身临其境中提升思想政治理论水平。

2. 活动组织实施

(1)活动组织

"青椒论坛"每期活动由承担思想政治理论课教学任务的全国各高校的马克思主义学院或思政课教学系、部承办。该活动是相关高校大学生进行志愿活动的一个平台。

(2)志愿服务团队

全国各高校的相关理论社团组织。

(3)志愿服务主要内容

①筹备会务。包括:撰写会务策划方案、安全预案、制作专家和主讲教师座签、打印复印会务资料等。

②论坛会场服务。包括：前台接待、专家来宾签到、座位引导、提问服务、中场休息引导、旁听论坛等。

③论坛后期服务。包括：整理会场、撰写新闻稿、推送公众号、会务资料归档等。

3. 主要成效

"青椒论坛"紧扣时代发展脉搏，对深入推进习近平新时代中国特色社会主义思想"进教材、进课堂、进学生头脑"工作和深化高校思想政治理论课教育教学改革具有重要意义。通过学生志愿参与思想政治理论课"青椒论坛"，大学生得到应有的锻炼，践行了志愿服务精神，提高了思想觉悟和理论水平。

例如：第十期"青椒论坛"在北京青年政治学院举办，主题为："高等职业院校思想政治的特质与实践"，这是学校举办的首届高职"青椒论坛"。该期论坛特邀北京大学马克思主义学院教授、博士生导师陈占安和清华大学资深教授、博士生导师吴潜涛担任评议专家。来自北京、天津、河北、江苏、湖南等高校的 100 多位思想政治理论课教师现场参加了论坛，全国高校思想政治理论课教师和很多大学生通过网络平台同步收看了论坛直播。① 该期论坛精彩纷呈，引起广泛关注，在线点播量突破 3 万人次，创"青椒论坛"举办以来的新高，反映了高职思想政治理论课专题研究的强烈诉求，主讲教师通过他们扎实有效的马克思主义理论教育，为大学生一生的成长奠定坚实的科学的思想基础。此次论坛中，北京青年政治学院理论社团学生志愿者全程参与了论坛的志愿服务活动，通过参与"青椒论坛"志愿服务，筑牢了青年大学生思想品德之基。

参考文献：

[1] 北京市习近平新时代中国特色社会主义思想研究中心. 马克思主义为什么"行"原题为：马克思主义为中国革命、建设、改革提供了强大思想武器 [N]. 光明日报, 2019 年 05 月 27 日第 6 版.

[2] 曲青山. 马克思主义与中国共产党 [EB/OL]. 求是, 2016 – 07 – 04.

[3] 宋福范. 邓小平理论为什么是奠基之作 [N]. 学习时报, 2014 年 02 月 24 日第 A3 版.

---

① 思想政治理论课青椒论坛 第 10 期 高等职业院校思想政治的特质与实践 [EB/OL]. 北京高校思想政治理论课高精尖创新中心官网, 2019 – 03 – 16.

［4］龙平平．邓小平的历史贡献和深化邓小平理论研究的重点问题［EB/OL］．人民网—中国共产党新闻网，2013 - 02 - 06.

［5］十九大报告作出了"中国特色社会主义进入新时代"的重大判断［EB/OL］．新华网，2017 - 10 - 19.

第三章

校外实践教学案例[*]

第一节 校外志愿活动案例

校外志愿服务在学生社会实践整个体系中地位和作用非常特别，它既不同于校园社会实践。与校园社会实践相比，校外志愿服务活动实践环境复杂、实践对象陌生，教师指导难度增大。校外志愿服务在组织过程中，安全生产压力很大。当然，在看到难度和压力的同时，我们同样要看到校外志愿服务活动在培养学生独立思考能力、独立判断能力、独立行动力方面起着不可替代的作用。教师在设计本环节的实践教学时，一方面，要特别关注当年所在城市政府举办的重要会议、重要赛事，以北京为例，作为全国的政治中心，每年北京市政府都会承办一系列重大会议和赛事，教师要主动关注政府网站本年度的重点工作安排，及时了解重要会议和赛事在本学校的志愿服务需求信息。另一方面，教师还要关注本学期重大的纪念节日、学校所在街道举办的各项各类活动，从而根据自身的需要，进行有针对性的志愿服务活动设计。

一、亚洲文明对话大会志愿活动

2019 年 5 月 15 日，亚洲文明对话大会在北京举行。中国国家主席习近平出席大会开幕式，发表了《深化文明交流互鉴 共建亚洲命运共同体》的主旨演讲，并出席有关活动。亚洲文明对话大会是北京继第二届"一带一路"高峰论坛之后，举办的又一主场外交活动，是促进亚洲文明交流互鉴、推动构建亚洲命运共同体的重大举措。该次大会目的是为了更好促进亚洲多边外交沟通和交

---

* 袁宏松，中央美术学院马克思主义学院（美育研究院）讲师。

流，会议具有规格高、规模大、与会人员多、国际影响大等特点。

（一）教学设计目的

为会议主办方提供高质量的志愿服务，协助顺利举办国际盛会。学生置身重大历史时刻，切身感受中国国际影响力和号召力。大学生积极参与亚洲文明对话大会志愿活动，做"中国青年形象"的维护者，成为传播中国文化使者。

（二）活动组织实施

1. 活动时间

2019 年 5 月 15 日。

2. 参与对象

根据上级下拨到学校的具体名额，在团学干部中择优录用。

3. 活动主题

亚洲文明对话大会志愿活动。

4. 活动内容

①论坛岗前培训。包括：根据主办方的要求接受任务分工、礼仪培训、会议场地熟悉、安全预案培训、打印复印会务资料、会场布置等。

②论坛会场服务。包括：前台接待、专家来宾签到、座位引导、提问服务、中场休息引导、为嘉宾提供个性化服务等。

③论坛后期服务。包括：整理会场、会务资料归档等。

（三）教学成效

我院志愿者与北京其他高校的大学生共同圆满完成志愿服务任务，充分展现了"奉献、友爱、互助、进步"的志愿精神，彰显了首都大学生的朝气蓬勃、团结有为的精神风貌。本次志愿活动开阔了学生视野，培养了学生主动精神和协作能力，锻炼学生参与能力，使学生在组织性和纪律性方面都有很大的提升。该志愿服务活动是一次将理论与实际结合，将社会主义核心价值观内化于心、外化于行的有益尝试，活动在同学们的成长成才过程中具有积极意义。

二、中华人民共和国成立 70 周年群众游行、群众欢庆活动

自 1949 年成立至 2019 年，中华人民共和国走过了 70 个春秋。70 年来，中华人民共和国和中国人民风雨兼程，缔造了很多人间奇迹，实现了很多重大飞跃，从站起来，富起来，再到强起来，值此 70 华诞之际，党中央和国务院对纪念庆典活动进行了统一部署，定于 2019 年 10 月 1 日在天安门广场开展大规模国庆阅兵和群众游行纪念活动。游行流程：游行以时间为轴线分为"建国创业""改革开放""伟大复兴"三个部分，由约 10 万名群众、70 组彩车组成的 36 个方阵和 3 个情境式行进，沿长安街由东向西通过天安门核心区，与人民一道共同回顾中华人民共和国成立、推进改革开放和中国特色社会主义事业、中国特色社会主义事业进入新时代的历史进程。大联欢活动布局：主题表演区东西两侧共设 10 个群众联欢区块，分别以"幸福生活""同心筑梦""时代风采""放飞梦想""鱼水情深""健康中国""砥砺奋进""绿水青美丽乡村""拥抱世界"为主题。70 周年国庆阅兵和群众游行纪念活动具有重大的政治意义，游行活动把国家这些年的发展向全国人民和世界人民进行了展示，讲述了一个大国崛起的生动故事。该次活动还具有重大组织意义，培养了组织人才，锻炼了群众队伍。纪念活动号召动员起诸多党政机关、基层干部、高校、大学生一起参与，就其本身来说，相当于一次小型军事调度，非常考验调度能力、组织能力，非常考验后勤保障、训练服务等方面的工作，组织活动本身就是一场大练兵。

（一）教学设计目的

青年学子代表学校、代表大学生、代表中国青年加入国庆游行队伍中，即是在完成一项崇高的政治任务，更是一次难得的思想政治理论课教育活动。没有什么学习能够比在经历中学习更加让人印象深刻。本次活动从动员到训练，再到游行，将近两个月时间，封闭训练锻炼学生身体素质，严守秘密锻炼学生政治素质，牺牲暑假休息时间考验学生牺牲精神，长时间、高强度的训练磨炼学生毅力意志。该项活动是一项全方位考验和锻炼学生各项素质和能力的项目，该项活动对于学生而言机会难得。

（二）活动组织实施

1. 活动时间

2019 年 8 月—9 月。

2. 参与对象

根据上级下拨到学校的具体名额，在团学干部中择优录用。

3. 活动主题

中华人民共和国成立 70 周年群众游行欢庆。

4. 活动内容

①体能训练

为了圆满完成国庆任务，同学们要过的首先是体能关。在昌平军训基地训练，老师一遍遍地讲解动作，同学们反反复复地练习，形成了"肌肉记忆"。

②方正队列训练。

方阵队列训练是日常训练的一项重要任务，按照国庆阅兵和群众游行指挥部的要求，方阵要整齐划一，要步调一致，要与其他方阵保持行进的连贯和默契等等，该项训练贯穿日常训练的全过程。

③训练感想

在训练之余，及参加完群众游行活动之后，要求同学们撰写训练日记、游行感想，真实记录自己的切身感受和成长历程。

④群众游行预彩排和正式彩排

按照国庆阅兵和群众游行指挥部的要求，规定时间，规定地点集合，与其他方阵进行与彩排和正式彩排。

⑤"育德树人"方阵游行

北京时间10月1日12：13分，北京青年政治学院300余名师生参加"立德树人"方阵，庆祝新中国成立70周年300余名师生与多所院校共同组成"立德树人"群众游行方阵，在新中国成立70周年盛典上向祖国深情表白。

⑥群众联欢活动

北京时间10月1日20：00，194名师生融入3650人中心表演联欢区，伴随着歌曲的旋律，表达对祖国母亲的祝福。

（三）教学成效

无论对于京内生源学生，还是对于京外生源学生，能够有机会参与到国庆70周年纪念活动中来，机会实在难得。在个体生命存在轨迹中，的确很难有一次这种与国家意志发生强有力、近距离共鸣的机会。正是机会的难得，因此收获也尤为巨大。首先，都被国家这种大型的庆祝活动宏达的阵势震撼到了，大家纷纷表示在天安门即将进行正式演出的时候，看着旁边的这些重型武器从身边行驶过去的场面，内心特别激动，有很多学生甚至激动得热泪盈眶。其次，感受到人民军队、人民警察和人民群众之间鱼水情深。在游行过程中，有很多感人的场景，比如游行队伍向解放军坦克挥舞旗帜，解放军在坦克里向游行队伍比心，比如警察同志把自己的矿泉水让给游行队伍里的同学喝等等。最后，大家一直认为，参加这次活动，特别在天安门游行时刻，强烈地感觉到自己和国家完全融为一体，民族自尊心和自豪感油然而生。这些都是通过理论学习达不到的效果。特别需要指出的是，学生在参加活动的过程中，思想和行为上都发生了很大的转变。在训练的过程中有很多的插曲：比如互相攀比情况，有同学说为什么自己学校训练强度比其他学校的训练强度大；比如抱怨的心态，有

58

同学说为什么训练总是很突然、很密集等等。这些负面心态和言论主要集中在训练初期。出现这种现象也是很容易理解的，毕竟还是一群孩子，都还只是一名普通的学生。但是随着训练的持续深入，负面的情绪和心态越来越少，一方面是带队教师思想工作到位，但更重要的是大家的使命感和担当精神逐步被激发了出来，最终学生把自己锻炼成为一名合格方阵成员，怀揣着一份责任感和使命感昂首阔步行走在天安门广场，行走在长安街，顺利完成党和国家交给的光荣任务。对于学生而言，这种思想和行为上的转变应该也是他们的收获之一。

三、社区志愿服务活动

2020 年 3 月，中共中央、国务院印发了《关于全面加强新时代大中小学劳动教育的意见》，就全面贯彻党的教育方针，加强大中小学劳动教育进行了系统设计和全面部署。社区志愿服务活动是思想政治理论课落实中央该精神的重要举措，社区志愿服务有利于学生培养马克思主义劳动观。另外，社区志愿服务活动也是实践教学走群众路线的重要体现。群众路线是我党的优良工作传统，是马克思主义唯物史观的重要体现，"人民，只有人民，才是创造世界历史的动力"。

（一）活动目的

走群众路线，不仅党和政府能够做一系列的大事，作为社会主义的建设者和接班人，大学生同样可以做一系列力所能及的事情。"一切为了群众，一切依靠群众，从群众中来，到群众中去"，不仅可以是作为思想政治理论的知识点，同样可以成为行动点，学生深入群众，接触群众，在全心全意为人民服务，能够建立起群众感情。

（二）活动组织实施

1. 活动时间

每个学期周三下午或周五下午，或其他学生无课时间。

2. 参与对象

每个学期《毛泽东思想和中国特色社会主义理论体系概论》课程全部开课班级。

3. 活动主题

"深入社区，深入群众，服务群众"主题服务活动。

4. 活动内容

（1）关爱老人服务。志愿者定期走进社区空巢老人家中，陪老人聊聊天，为老人做一些力所能及的事情，关爱老人的生活，为老人带去快乐。志愿者与社区居委会提前沟通，根据对方的志愿者人员需求，协助社区开展老年人集体活动。

（2）纪念日主题志愿服务活动。国际和国内设定了一系列纪念性的节日，如五一国际劳动节、世界环保日、六一儿童节、七一建党节、八一建军节等等，每一个节日都围绕一个主题展开，志愿服务活动在设计时，要紧密结合主题展开，讴歌正能量，倡导文明生活新风尚。

（3）自主设定志愿服务活动。任课教师可根据自己任课班级的专业特长，自主设计社区志愿服务活动，如学前教育专业的学生可以为社区居民提供幼儿教育方面的服务活动，心理咨询专业学生可以为社区居民提供心理咨询服务活动，法律专业的学生可以为居民提供法律咨询活动，老年服务专业学生可以为老年人提供护理类知识讲座等等，在学中用，在用中学，学生们在服务人民群众的同时，锻炼了自己的实践能力，增长社会阅历的同时，可以在现实生活之中寻找到学习的增长点。

（三）主要成效

通过开展社区志愿服务活动，学生有机会走出校园、接触社会，特别是接触最广大的基层群众，力所能及为他人服务，展现当代大学生的精神风貌，体现了大学生的社会担当，学生实现了自身的社会价值，陶冶了高尚的情操。通过开展社区志愿服务活动，社区居民获得较为优质的服务，收获了知识和快乐，后期居民调查显示，大量社区居民表示在享受服务的过程中，深刻认识到社会主义大学为人民服务的办学宗旨。在提供志愿服务的过程中，学校与社区居委会搭建了合作共赢的模式，推动了和谐社区建设，实现了共建、共赢、共享。根据良好的实践效果，系列社区志愿服务活动，可以作为常规性的育人品牌活动全校范围推广。社区志愿服务活动，特别是一些关注、关怀弱势群体的活动，既符合中华传统文化的价值理念，又符合社会主义大学的育人理念。

第二节　校外参观考察案例

"读万卷书，行万里路"，读书与行路是两种重要的学习方式。开卷有益，行路亦有益。课堂教学属于"读书"的范畴，听教师"传道、授业、解惑"，外出参观属于"行路"的范畴。把学生组织起来，走出校门，增长见识，开阔视野，在"行路"中去切身感悟和认识中国。在实践教学过程中，我们设计了三类参观考察对象：第一类，以爱国主义为主题教育的爱国主义教育基地参观活动；第二类，以革命史和党史为教育主题的革命圣地参观考察活动；第三类，以社会主义现代化建设为教育主题的新农村建设的考察活动。

一、参观红色博物馆

爱国主义是中国精神的重要组成部分，是中华民族的优良传统，是推动中国社会前进的巨大力量，是全国各族人民共同的精神支柱。爱国主义是中国人民勠力同心，勇往直前的重要精神纽带，同时也是提高全民族整体素质的基础性工程。加强爱国主义教育，继承和发扬爱国主义传统，对于培养社会主义"四有"新人具有重要意义。组织学生参观红色博物馆，培养学生的爱国主义精神。如中国国家博物馆、中国人民抗日战争纪念馆、中国人民革命军事博物馆、北京警察博物馆、北京新文化运动纪念馆、平西抗日战争纪念馆、平北抗日烈士纪念园等。

（一）教学设计目的

振奋民族精神，增强民族凝聚力，树立民族自尊心和自豪感，巩固最广泛的爱国统一战线，把学生引导和凝聚到建设有中国特色的社会主义伟大事业上来，引导和凝聚到为祖国统一、繁荣和富强上来。

（2）活动组织实施

1. 活动时间

原则上定于第四个教学周周三下午或周五下午开展。

2. 参与对象

大学一年级全体新生。

3. 活动主题

以"爱国主义教育"为主题。

4. 活动要求

（1）要求每位同学都提交观后感，要求真情实感，计分标准：参观爱国主义基地的活动赋分10分，该实践分值最终计入学生期末总成绩。参观纪念馆5分，不参观活动的记为0分。参观实践活动且抒发了真情实感（不少于500字）

的同学最高可获得满分 10 分，参观了纪念馆但没有抒发真情实感的同学酌情减分，从重惩罚抄袭行为（抄袭特别严重可直接扣为 0 分）。

（2）参加活动的同学签写安全责任书，活动期间统一行动，听从指挥。每车安排的带队学生要认真做好组织管理工作。学生要遵守纪律，树立时间观念。原则上，从学校出发的同学在活动结束后要回到学校，不允许中途请假。

（3）在未到达目的地时，实践指导教师要向学生强调参观纪律和计分标准，要求班车带队学生协助自己进行考勤。在目的地参观过程中，实践指导教师要注意留存参观影像，包括学生参观过程的影像、班级集体合影影像等。

5. 具体操作流程如下

第一环节（出发前一周），任课教师统计班级参观人数（上报教研室主任）并确定参观活动学生名单，填写分级点名册，活动中务必携带该名单，并要求签署并回收安全责任书。注意事项：每位同学必须签署安全责任书。教研室主任根据任课教师上报的名单，协调车辆租赁、学校报备等相关事宜。

第二环节，参观当天，任课教师及学生在指定时间、指定地点集合上车，任课教师或班级负责人考勤，考勤结束后，车辆出发，前往参观目的地。

第三环节，集体参观。任课教师规定参观时间及返回时间，参观结束后，要求学生到指定地点乘车返校。待学生参观结束上车后，任课教师点名考勤，并组织集体返回。

第四环节，活动结束。班车安全顺利返校，学生下车后，任课教师方可离开。

（三）主要成效

以抗日战争纪念馆为例，纪念馆有抗日战争历史综合馆、日军暴行馆、人民战争馆、抗日英烈馆等 6 个主馆展厅。同学们参观完，普遍对日军暴行馆和抗日英烈馆印象最为深刻，尤其是南京大屠杀展厅，通过大图片、大数据展示了日军当年对中国人民犯下的滔天罪行，参观后使同学们更加坚定了爱国主义信仰。同时，学生切身感受到了战争的惨烈，同时也被中国共产党及其领导的抗战军民勇往直前的牺牲精神和坚定不移的革命信念所深深震撼。同学们在参观的过程中都表示收获很大，认识到国家设立"中国人民抗日战争胜利纪念日"的重大意义，认识到一些历史虚无主义观点的险恶用心，能够比较深入地剖析游而不击论、狼牙山五壮士"真相"、国民党高级官员牺牲更多论、美国援助论等等错误论点的荒谬所在。

二、参观考察革命圣地

组织学生参观革命圣地，是坚定学生共产主义信仰、坚定马克思列宁主义指导思想、坚定走中国特色社会主义道路的重要社会实践活动。在我国的大江南北，都分散着许多革命圣地，典型革命圣地如江西省的井冈山、江西省南部的瑞金、贵州省的遵义、陕西省北部的延安、河北省平山县中部的西柏坡等，这些革命圣地都是我们开展红色教育宝贵的实践基地。

（一）教学设计目的

新民主主义革命时期，中国共产党人经过艰难困苦的斗争，最终带领中国人民成立了中华人民共和国，带领中华民族走向了复兴之路。在这个历程中，有一系列标志性的红色符号镶嵌在祖国的大江南北，时至今日，这些符号仍然静静的向人们讲述着那些峥嵘岁月。每一个革命圣地都凝聚了一种革命精神，都有许多动人的故事发生。历史从来不会走向我们，只有我们去走近历史。组织同学们参观这些红色圣地，目的就是让新一代的大学生去走近历史，去感受、体验和缅怀革命先辈和先烈曾经战斗过的地方，从而跨越时空的感知到今天的胜利果实来之不易，使同学们能够更加珍惜眼前生活，更加坚定地拥护中国共产党的领导，更加坚定理论自信、制度自信、道路自信、文化自信。

（二）活动组织实施

1. 活动时间

集中在暑期或开课学期的周六、日。以北京高校为例，离京较近的革命圣地，可以利用周六、日的时间开展活动，离京较远的红色圣地，专门挑选暑期期间的7—10天开展活动。

2. 参与对象

理论社团团员、团委团学干部、思政课成绩优秀的学生等。

3. 活动主题

以"走进革命圣地、回温峥嵘党史"为主题。

4. 活动内容

（1）现场革命精神的主题讲座。

（2）祭奠革命烈士活动，包括在烈士纪念碑或烈士纪念公园开展默哀、行礼、敬献花圈等活动。

（3）思政课教师现场教学。参与本次活动的思政课教师，每人准备一节现场课程，课程内容要与参观革命圣地相关。

（4）学生利用白天时间考察参观革命圣地，晚上学生以小组为单位，集中进行感想感受讨论。把当天所参观、学习到的知识或感想，在小组之间进行交流，并整理形成文字记录。

（5）记录整个的参观行程，形成新闻，发布到理论社团、团委、学生处等自媒体客户端，并选择优质新闻稿件发布到学校新闻网站。

（6）活动结束之后，组成宣讲团，由参观革命圣地的同学进行 PPT 的制作、主题内容的备课，最终回到课堂讲给其他同学，与其他同学共同分享。

（三）主要成效

身临其境学党史，教学方式更直观，更加新鲜，更能够调动学生的学习积极性，学习效果更佳。在参观过程中，同学们能够接触到很多珍贵的文物和历史场景，身临其境，更能感同身受，激活换位思考，更能使学生对共产党的艰辛奋斗产生共鸣。因为外出参观活动是团队活动，每一位同学都是团队的一员，组织的纪律性尤其重要。在考察过程之中，有些同学发生不遵守时间的情况，指导老师都进行了及时公开的批评，这样的经历，有利于学生培养团队意识，有利于学生今后步入社会之后，更好地适应团队生活。考察实践活动结束后，参加考察的同学组成义务宣讲团，在其他班级进行革命精神主题宣讲，总结了自己考察活动经历，扎实了自己的学习到的知识，锻炼了自己语言表达能力和心理素质，特别是实现了与未参加同学的成果分享，达到了朋辈教育良好效果。

三、北京市延庆县①新农村建设参观考察

党的十六届五中全会提出了"生产发展、生活宽裕、乡风文明、村容整洁、管理民主"的总体要求。这20个字描绘了自社会主义新农村的美好蓝图。这20个字也概括了社会主义新农村建设的内涵和任务，它表明社会主义新农村的经济建设、政治建设、文度化建设、社会建设和党的建设是一个有机的整体。

（一）教学设计目的

"小康不小康，关键看老乡"，农村、农民、农业三农问题解决是否到位，直接决定着我国全面小康社会建成得到不到位，建设新农村同样党和政府妥善处理人民日益增长的美好生活需要和不平衡不充分的发展之间矛盾的重要体现。

---

① 编者注：现称北京市延庆区，后同。

本次开展新农村建设考察活动，目的就是为了深入了解社会主义新农村的建设情况，学院的孩子、学生，大多数来自城市，对农村的状况相对陌生。该参观考察无疑是一次非常宝贵的学习机会，让同学们近距离地感受在现代化建设的过程之中，农民的生活状况，该考察对应"概论"课程"社会主义和谐社会建设""中国特色社会主义经济建设"等主题相关。

（二）活动组织实施

1. 活动时间

暑期期间或开课学期的周六、日。

2. 参与对象

理论社团团员、团委团学干部、思政课成绩优秀的学生等。

3. 活动主题

以"新农村建设考察"为主题。

4. 活动内容

（1）文体设施建设、使用和管理现状考察

农村文体设施经费投入情况，农村文体设施使用频率和人次状况，文体设施建设实现城乡差别状况，文体设施管理状况，农村文体设施惠民的成绩和不足。

（2）延庆县农村居民生活状况考察

收入支出状况，农村住房状况，城乡住房状况对比，农村教育状况，城乡教育状况对比，农村社会保障状况，城乡社会保障状况对比。

（3）延庆县农村失能老人长期照料存在的问题考察

延庆县政府惠老政策落实情况，延庆县政府对老年人精神关怀情况，延庆县农村老龄化程度及养老设施现状，农村失能老人长期照料资源状况。

（4）新农村建设思路创新

延庆农村因地制宜转变发展方式状况，新农村改造、棚户区改造中遇到的难题及解决方案，扭转经济困局真招、实招，外派镇干部担任村书记来管理的方式实施效果。

（三）主要成效

文体设施建设、使用和管理现状考察，调研团队在指导老师的带领下走访了相关单位与有代表性的社区和村庄共计六个，聆听了井庄镇镇政府工作人员、儒林街道办事处民防应急指挥宣教中心负责人、井庄镇东小营村益民书屋管理员对相关情况的介绍；延庆县农村居民生活状况考察。调研团队在指导老师的带队和指导下，于2012年6月中旬，先后在儒林街道永安社区和康安社区、温泉南区东里，井庄镇东小营村、三司村以及柳沟镇等地深入考察；延庆县农村失能老人长期照料存在的问题考察。调研团队在指导老师的带领下，走访了8户失能老人家庭，对大约二十五位失能老人照护者进行访谈。在延庆县宣传部、民政局相关领导的帮助下，调研团队与延庆县老龄委、社保所、一些村委会干部、大学生村官、养老院院长等大多数一线工作者进行座谈，大家积极踊跃提问，收获了许多有效的信息。特别是对一个农村养老院院长进行深度访谈，让我们了解到农村失能老人在机构照料方面的概况。

学生在考察过程中，切身感受到新农村建设大政方针的正确性，亲眼见到新农村建设给老百姓带来生活质量的提升，同时也体会到基层的工作中的重点和难点。大家一致认为，新农村建设是非常的具体和务实的建设，所涉及的范围非常广，包括收入、住房、教育、医疗、文化娱乐、社会保障、养老问题等方方面面。

学生们同时意识到，村委会领导集体只有充分地研究本村的具体情况，因地制宜地发挥自身优势，才能真正把新农村建设工作推向前进。

第三节 暑期社会调研案例

一、代际传承调查研究

代际传承是一个"自上而下"的概念，是指前后两代人之间，前一代人对后一代的影响，是后一代人对前一代人的思维方式、价值观念、心理行为等社会特征的继承。代际传承的完成是一个过程，需要一定的时间成本，这个过程往往很缓慢，甚至因为某些事件的发生打断这个进程。另外，代际之间的传承不是自然而然的过程，后一代人需要充分地发挥主观能动性，主动去发现、研究、总结，进而继承。在设计代际传承这个调研内容时，我们选择两个调研点，一个是中国共产党员优秀品质代际传承调查研究，一个是中国人民子弟兵革命精神品质代际传承研究，就《毛泽东思想和中国特色社会主义理论体系概论》的理论连接点而言，前者对应"坚持和加强党的领导"，后者对应"全面推进国防和军队现代化"。

（一）中国共产党员优秀品质代际传承调查研究

2016 年 7 月 1 日，习近平总书记在纪念建党 95 周年大会上号召全党同志"不忘初心，继续前进"，他指出："我们党已经走过了 95 年的历程，但我们要永远保持建党时中国共产党人的奋斗精神，永远保持对人民的赤子之心。一切向前走，都不能忘记走过的路；走得再远、走到再光辉的未来，也不能忘记走过的过去，不能忘记为什么出发。面向未来，面对挑战，全党同志一定要不忘初心、继续前进。"自 1921 年中国共产党成立以来，我们的政党经历了近百年的历史，在其历史发展过程中，一代又一代的共产党人前赴后继，薪火相传，客观上实现了后一代向前一代人的优秀品质学习和传承的任务。中国共产党人从革命党成为执政党，并不意味着一劳永逸的局面打开了，事实恰恰相反，执政时间越长，执政过程之中面临的风险和挑战也愈多。面对世情、国情和党情，如何才能够让自身永葆青春，这是全部中国共产党人所面临的重大课题。中国共产党优秀品质代际传承是一个非常具有针对性和现实意义的调研活动。

1. 教学设计目的

本次调研重心放在两个维度，即"优秀品质"维度和"代际传承"维度。老一辈中国共产党员身上具有哪些优秀品质，这是我们首先要调查研究的对象，在此特别需要强调的是，此处的"老一辈中国共产党员"不是革命先烈，而是健在的、建国之后入党的、在毛泽东时代生活过的党员同志。之所以定位这个群体，目的在于学生能够直接通过眼睛去看、通过耳朵去听，进而产生直接经验，而不是通过二手的资料获得间接经验。其次，作为后来人，新时代的共产党员，如何去传承这些优秀品质就需要一系列的方式和方法。这就要求学生探寻更为有效的思想政治教育模式、学习模式，为优秀品质能够真正得以传承献计献策。

2. 活动组织实施

（1）活动时间

前期准备：每学期期末；

开展调研：暑假期间；

调研报告撰写：暑假至当年"十一"国庆节之前。

（2）参与对象

对课程感兴趣，要求政治进步，文笔好，做事踏实的学生。

（3）活动主题

调研活动以"百年传承鉴初心，精神弘扬寄后世——中国共产党员优秀品质代际传承调查研究"为主题。

（4）活动内容要点

①调研问卷设计

访谈问题共 13 道，覆盖认知和评价两大类，设计内容包括：入党的初衷、年轻党员所肩负的使命或任务、党员的核心品质、坚持党员廉洁、党性修养提升、对年轻党员的希望与要求等七个方面的内容。

②访谈方案设计

深度访谈方案内容包括访谈时间、访谈地点、访谈对象、访谈分工、活动预算等。在分工环节，要求每位小组成员负责对应访谈 8 位校内外 30 年以上党龄的老党员，合计 40 - 80 位老党员。

③调研地地点选择

校内、养老院、干休所、光荣院、社区等。

④调研方法设计

实践活动研究主要采取直接访谈和间接访谈法，通过实地走访，与被采访对象进行"一对一""面对面"的交流，对于不便接受采访的优秀党员，采用间接访谈，通过采访与这些人物共同生活工作的人群，进而从侧面了解、掌握我们所需的信息。

（5）活动组织基本步骤

①遴选 5 - 10 名同学组成实践小组，制定访谈提纲和深度访谈方案。

②访谈方案经任课教师审核通过后，小组成员与访问对象联系，并提前搜集准备访谈对象的相关资料和设备，以保证访谈顺利进行。

③小组成员按约定的时间地点进行访问，并做好访谈记录（必须同时提交照片和录音等），访谈结束后针对每一位受访者整理出一篇人物访谈记录（问答式记录）。

④每个小组在综合提炼所有访谈记录的基础上提交一篇访谈报告，内容包括访问对象、访问主题、老一辈共产党员的优秀品质是什么，以及深入剖析这些品质形成的原因，最后提出对策，提出有效继承这些优秀品质的途径。总字数要求在 10000 字左右。

⑤每位组员撰写个人实践感受，介绍自己承担的具体工作任务，总结完成情况，谈谈自己在实践中的收获和体会，如有不同于小组结论的个人思考，可适当加分。要求字数在 500 字左右。

3. 教学成效

调研地跨北京和河南两个省份，北京地区包括：北京市军庄镇杨坨社区、北京市朝阳区花家地南里小区、北京青年政治学院、北京市诚和敬长者公馆亦庄项目、北京市厚乐居养老服务中心。河南地区包括：河南新乡刘庄村、南李唐庄、裴寨社区、回龙村宝泉电站、比干墓等地。调研历经两个多月的实地走访，对 85 位对不同职业、不同生活环境、不同年龄党员进行了分别访谈，北京地区 75 人，河南地区 10 人，访谈对象平均年龄 68.72 岁，平均党龄 40.33 岁，采访过程中为提高研究成果的信度和效度，在征得被采访对象的许可下，团队成员进行了全程的录音。

通过本次调研，学生耳濡目染，潜移默化地受到党性教育，对中国共产党人身上所具有的品质由衷赞美和崇敬，坚定中国共产党的领导核心的地位。总体来说，团队成员达成了三个基本共识：第一，深刻地认识到调研主题的价值和意义。调研过程之中，团队成员接触了大量的老党员，前所未有地感受到他们身上所具有的优秀品质、高尚情操，通过对比发现新一代共产党员有些方面亟须向老一辈党员学习。第二，调研团队一致认为，实现老一辈共产党员优秀品质的代际传承，调研本身就是一种很好的教育模式，是一堂生动的党课。近距离接触一个个鲜活的人物和一个个鲜活的故事，比理论说教更能给受众震撼。第三，通过本次调研，大家一致认为，要认真学习先进人物的先进事迹，继承和发扬老一辈精神，用老党员的精神鞭策鼓励自己，使自己学有榜样、赶有目标、见贤思齐，从老党员的优秀品质之中汲取养分、吸取力量精华，使高尚情操、崇高品质成为自身宝贵财富，身体力行地将中国共产党员的优秀品质进行弘扬和传播。

本次调研形成《百年传承鉴初心，精神弘扬寄后世——中国共产党员优秀品质代际传承调查研究》调研报告在 2016 年首都高校思想政治理论课学生社会实践优秀论文评选活动中荣获一等奖。

（二）中国人民子弟兵革命精神品质代际传承研究

2017 年 8 月 1 日，中共中央总书记、中共中央军事委员会主席习近平在"庆祝中国人民解放军建军 90 周年大会"上的讲话说："90 年来，人民军队历经硝烟战火，一路披荆斩棘，付出巨大牺牲，取得一个又一个辉煌胜利，为党和人民建立了伟大的历史功勋。——这个伟大的历史功勋就是，英雄的人民军队，在党领导的 22 年武装革命斗争中，以无往不胜的英雄气概、坚韧不拔的革命毅力、灵活机动的战略战术、英勇顽强的战斗作风，克服了各种难以想象的艰难困苦，打败了国内外异常凶恶的敌人，夺取了土地革命战争、抗日战争、解放战争的伟大胜利，推翻了压在中国人民头上的三座大山，以鲜血和生命为建立人民当家作主的新中国奠定了牢固根基，彻底扭转了中华民族近代以来落后挨打的被动局面。"

1. 教学设计目的

通过调研，学生深入挖掘老一辈和新时代人民子弟兵身上的革命精神，进而为这些革命精神进一步弘扬和传播献计献策。调研过程是一个学习的过程，同学们能够近距离地去感受军旅生活，进而为拥军、护军、参军奠定情感基础，调研过程同样是一个慰问的过程，特别是对一些老兵的采访过程尤其是慰问的过程。虽然军装褪去，虽然战火远去，虽然老兵老去，但是他们对做过贡献，我们牢牢地记在心间，并通过访谈活动，让他们重新回到我们的视野中，让他们感受到社会温暖。

2. 活动组织实施

（1）活动时间

前期准备：每学期期末；

开展调研：暑假期间；

调研报告撰写：暑假至当年十一之前。

（2）参与对象

对课程感兴趣，要求是政治进步、文笔好、做事踏实的学生。

（3）活动主题

调研活动以"国之干城忠诚在 薪火相传90年——中国人民子弟兵革命精神品质代际传承研究"为主题。

（4）活动内容要点

①调研问卷设计

访谈问题共12道，覆盖认知和评价两大类，设计内容包括：入伍的初衷，入伍后的收获，入伍后发生的故事，人民子弟兵应具有的核心品质，保持入伍积极性、提升思想道德修养，对年轻士兵的希望与要求等六个方面的内容。

②访谈方案设计

深度访谈方案内容包括访谈时间、访谈地点、访谈对象、访谈分工、活动预算等。

③调研地地点选择

养老院、干休所、光荣院等。

④调研方法设计

本研究主要采取直接访谈，通过实地走访进行"一对一""面对面"的交流。

（5）活动组织基本步骤

①遴选 5 - 10 名同学组成实践小组，制定访谈提纲和深度访谈方案。

②访谈方案经任课教师审核通过后，小组成员与访问对象联系，并提前搜集准备访谈对象的相关资料和设备，以保证访谈顺利进行。

③小组成员按约定的时间地点进行访问，并做好访谈记录（必须同时提交照片和录音等），访谈结束后针对每一位受访对象整理出一篇人物访谈记录（问答式记录）。

④每个小组在综合提炼所有访谈记录的基础上提交一篇访谈报告，内容包括访问对象、访问主题、人民子弟兵的革命精神包括哪些内容，深入剖析这些精神形成的原因，最后提出对策，提出有效继承这些革命精神的途径。总字数要求在 10000 字左右。

⑤每位组员撰写个人实践感受，介绍自己承担的具体工作任务，总结完成情况，谈谈自己在实践中的收获和体会，如有不同于小组结论的个人思考，可适当加分。要求字数在 500 字左右。

（三）教学成效

调研地跨北京、山西、内蒙古自治区三个省份和自治区，调研历经两个多月的实地走访，对 34 位对不同兵种、不同生活环境、不同年龄的人民子弟兵进行了分别访谈，其中，北京地区 26 人，山西地区 1 人，内蒙古地区 7 人。访谈对象整体上分为两个梯队：第一梯队，参加过抗日战争、解放战争、抗美援朝的老兵。受访对象主要集中在北京市延庆光荣院和临汾市襄汾县襄陵镇东院村，该梯队的老兵共 13 名，年龄结构从 83 - 94 岁，平均年龄 87.69 岁，平均党龄 68 岁。第二梯队受访对象主要集中在北京青年政治学院、北京市警官学院、内蒙古巴彦淖尔市、锡林郭勒盟多伦县。访谈对象主要是现役军人或退伍大学生士兵，平均年龄 29.94 岁，平均党龄 1.95 年。采访过程中，为提高研究成果的信度和效度，在征得被采访对象的许可下，团队成员进行了全程的录音。

通过本次调研，团队成员深刻感受到了人民子弟兵为"人民服务"的宗旨，深深地被老一辈人民子弟兵保家卫国的事迹打动，深刻感受到了人民子弟兵身上的革命精神，大家对我党锻造一支"听党指挥、能打胜仗、作风优良"的人民军队充满信心。大家一致认为，我们需要继续认真研究老一辈人民子弟兵和新时期人民子弟兵身上所具有的革命精神，善于发现规律，总结规律，并矢志不渝地将这些精神品格传承下来。

本次调研形成《国之干城忠诚在 薪火相传 90 年——中国人民子弟兵革命精神品质代际传承研究》调研报告在 2017 年首都高校思想政治理论课学生社会实践优秀论文评选活动中荣获二等奖。

二、社会负能量对城镇居民的影响调研

习近平总书记强调："网络空间是亿万民众的精神家园。网络空间天朗气清、生态良好，符合人民利益；网络空间乌烟瘴气、生态恶化，不符合人民利益。谁都不愿生活在一个充斥着虚假、诈骗、攻击、谩骂、恐怖、色情、暴力的空间。"

众所周知，网络生活已成为我们重要的生活方式，正能量与负能量共同交织成为网络生活的主要内容。在网络舆情上，经常出现一些大大小小的负能量，如官员贪污腐败信息、违法犯罪新闻、冲击道德底线的报道等等，这些负能量在何种程度上影响着居民生产生活，他们在城镇居民认知社会、架构自己的世界观时，到底是一种精神的瘟疫，摧残正确的世界观、价值观、人生观，还是被当作无关痛痒的负面信息而置之不理，不会产生任何影响，这正是我们要深入思考和探究的问题。

（一）教学设计目的

通过调研活动，深入了解社会负能量对于居民认知层面的影响。调查过程中，调查了如社会负能量会不会影响城镇居民对主流媒体（《光明日报》《人民日报》等）的信任、社会负能量会不会改变他们对某一个或某件事的看法或者态度、负面新闻是否会改变甚至冲击原有的世界观、人生观、价值观等问题。深入了解社会负能量对于城镇居民行为层面的影响。在调查社会负能量对认知层面的影响之后，继续研究这些认识是否会影响到他们的行为处事方式，以及在多大程度上造成影响。了解当前社会负能量对城镇居民认知、行为模式的影响，意义在于有的放矢地制定相应的对策，提高社区居民的心理素质，提升辨别分析舆论和独立思考问题能力，捍卫社会主义核心价值观阵地。

（二）活动组织实施

1. 活动时间

前期准备：每学期期末；

开展调研：暑假期间；

调研报告撰写：暑假至当年十一之前。

2. 参与对象

一些对主题感兴趣，团队意识强，有组织、有纪律的学生。

3. 活动主题

调研活动以"社会负能量对城镇居民的影响调研报告——基于对网络舆情中负面信息的研究"为主题。

4. 活动内容

（1）调研问卷设计

本调研采用问卷调研的方式。在实际开展调研中，考虑到社区居民的使用网络的能力差别，对于上年纪的居民开展纸质问卷调查，对于年轻人，能够较熟练使用手机的填写问卷的，开展电子问卷调查。调查问题一共设立 30 道题目，内容涉及社会负能量与主流媒体的关系，社会负能量与社区居民态度关系，负面新闻与社区居民世界观、人生观、价值观的关系，社区居民获取信息的主要途径，以及社区居民辨别分析舆论的能力等五个大的方面。具体社会负能量新闻可以涉及近三年经济、政治、社会、文化等领域。

（2）调研任务分工

每 5 - 10 名同学组成实践小组，策划调查方案和设计调查问卷。任课教师审核调查方案的可行性，审核调查问卷的质量，在教师指导基础上，实践小组成员进一步完善调查方案和调查问卷。以马克思主义学院的名义，任课教师或马克思主义学院的领导与社区提前沟通调查时间和地点，由社区居委会统一组织被调查活动，小组成员和任课教师负责在规定时间和地点发放回收问卷。

（3）撰写调研报告

每个小组在完成调查问卷的收集工作后，内部进行分工，分为主笔、副笔、图表制作者、数据分析员等等，最终形成一篇字数为 10000 字左右的调研报告。

（三）教学成效

通过本次调研，同学们锻炼了三个方面的能力，即提出问题、分析问题和解决问题的能力。在设计调查问卷过程中，指导教师只提供社会负能量的基本的定义，具体哪些是社会负能量案例，教师并不给出明确的指导，而是由学生根据基本定义自行去寻找典型案例。典型案例寻找的过程，实际上是一个开放思考的过程，本身就是对学生独立发现问题能力的一种培养。社会负能量性质都是负面的，但是类型却有很多种，比如阴谋论类、历史虚无主义类、享乐主义类、贪污腐败类等等，如何对这些内容进行有效归类是本调研的一个基础性工作。在实际操作过程中，学生观察问题的敏锐性很强，在教师的点拨下，很快就能够把问题进行归类，并进行高度概括，最后通过调查问题的形式总结出来，应用到调查中，这是实践活动取得的一个成效。调研活动结束之后，收集上来大量的数据。在处理这些数据时，首先要对这些数据效度和信度进行分辨，并且在去粗取精、去伪存真的基础上进行准确的分析，这些都是对学生分析能力的考验和锻炼，在指导教师指导下，学生逐步的掌握了问卷星、SPSS 等数据分析软件的使用办法，并能够独立运用其中的一些入门级的分析项目进行独立的数据分析。本次调研还培养了学生解决问题的能力。该项调研不是基础理论研究，而是对策策略类调研，调查本身不是目的，解决问题才是目的。因此，调研报告撰写过程中最后一个环节是根据存在的问题，提供对策和建议，从而更好地解决问题。在实际操作过程中，学生不仅能够根据自己在问题分析过程中的心得体会提出对策建议，还能够查阅同类相关文献资料找灵感，针对本调研主题的内容，学生们提出四条有针对性和建设性的意见和建议。

本次调研形成《社会负能量对城镇居民的影响调研报告——基于对网络舆情中负面信息的研究》调研报告在 2015 年首都高校思想政治理论课学生社会实践优秀论文评选活动中荣获二等奖。

第二篇 **02**

|教材内容配套案例|

第一章

毛泽东思想及其历史地位[*]

教学案例一

重温毛泽东与我国的卫生防疫事业

资料1

我国的卫生防疫事业是在毛泽东等老一辈革命家的领导下创建和发展起来的。毛泽东对关系人民群众生命和健康的卫生防疫事业极为关注，提出和制定了一系列关于卫生防疫事业的重要方针，为我国卫生防疫事业的发展奠定了坚实的基础。

毛泽东切身感受过旧中国疫病给人民生命安全和社会带来的巨大灾难和危害。在他看来，卫生防疫不仅是关系到群众生命攸关的事情，更是决定人心向背、体现党的性质宗旨、事关执政安危的大事。群众利益无小事。我们党要赢得人民群众的信任和支持，首先"应该深刻地注意群众生活的问题"，特别是"生疮害病"这样涉及人命的事。

1934年，毛泽东在《关心群众生活，注意工作方法》指出："一切群众的实际生活问题，都是我们应当注意的问题。"要解决群众的"穿衣问题，吃饭问题，住房问题，柴米油盐问题，疾病卫生问题，婚姻问题"。"假如我们对这些问题注意了，解决了，满足了群众的需要，我们就真正成了群众生活的组织者，群众就会真正围绕在我们的周围，热烈地拥护我们。"在《长冈乡调查》中，他调研了当地群众生活特别是医疗卫生情况，得出一个重要结论，即："发动广大群众的卫生运动，减少疾病以至消灭疾病，是每个乡苏维埃的责任。"把卫生防疫工作明确为党和政府的职责，这在人民卫生事业发展史上具有重要意义。

---

[*] 邱海燕，抚州职业技术学院讲师。

77

1949 年前后，我国人民群众的卫生状况十分恶劣，传染病大肆流行，寄生虫病分布广泛，危害严重。时任卫生部部长的李德全在 1950 年 9 月政务院第 49 次政务会议上的报告中指出 "我国全人口的发病数累计每年约一亿四千万人，死亡率在千分之三十以上，其中半数以上是死于可以预防的传染病上，如鼠疫、霍乱、麻疹、天花、伤寒、痢疾、斑疹伤寒、回归热等危害最大的疾病，而黑热病、日本住血吸虫病、疟疾、麻风、性病等，也大大侵害着人民的健康"。

1949 年 9 月 29 日，中国人民政治协商会议第一次全体会议通过的《中国人民政治协商会议共同纲领》第 48 条提出："提倡国民体育。推广卫生医药事业，并注意保护母亲、婴儿和儿童的健康。"

1949 年 10 月，为了及时总结革命根据地和解放区卫生防疫事业的丰富经验，中央军委卫生部在北京召开第一届全国卫生行政会议。会议讨论通过了卫生工作总方针，"卫生工作的重点应放在保证生产建设和国防建设方面，要面向农村、工矿，要依靠群众，要预防为主"，这就是后来我国面向工农兵、预防为主等卫生工作方针的雏形。

1950 年 8 月，第一届全国卫生会议召开。毛泽东为大会题词："团结新老中西各部分医药卫生人员，组成巩固的统一战线，为开展伟大的人民卫生工作而奋斗。"卫生部副部长贺诚在总结报告中提出了急需解决的三个问题：第一是卫生工作者的立场问题，即为人民大众服务首先是为工农兵服务的立场；第二是卫生工作的业务方针与工作方法问题，即以预防为主的方针；第三是卫生工作力量的组织与使用问题，其中特别是新老卫生干部的团结和中西医的团结。这三大问题，实际上概括了卫生工作的三条方针，即面向工农兵、预防为主、团结中西医。

1952 年 12 月，第二届全国卫生会议召开。毛泽东又为大会题词："动员起来，讲究卫生，减少疾病，提高健康水平，粉碎敌人的细菌战争。"根据毛泽东的号召，这次会议在周恩来的指示下，把 "卫生工作与群众运动相结合" 定为卫生工作方针之一，遂确立了我国卫生工作的四大方针。

1953 年 12 月，第三届全国卫生会议召开。会议结合卫生工作面向工农兵、预防为主、团结中西医、卫生工作与群众运动相结合的方针落实情况，总结了中华人民共和国成立以来卫生工作的成绩、经验和教训，要求更加努力地培养卫生工作干部，坚持不懈地把爱国卫生运动和预防流行性疾病的工作开展下去。

连续三届全国卫生会议的召开，以及关于卫生工作的四大方针的提出，为我国卫生防疫事业的发展奠定了基础。（学习强国（万建武. 重温毛泽东关于卫生防疫的重要论述［J］．求是，2020（6）．））

资料2

1958 年 6 月 30 日，《人民日报》以《第一面红旗——记江西余江县根本消灭血吸虫病的经过》为题，报道了当地消灭血吸虫病的消息。时年 65 岁的毛泽东得知这一消息后，激动不已，欣然命笔，写成了不朽的诗篇《送瘟神二首》，这两首诗最早发表在 1958 年 10 月 3 日《人民日报》上。

其一   其二

绿水青山枉自多，华佗无奈小虫何！   春风杨柳万千条，六亿神州尽舜尧。

千村薜荔人遗矢，万户萧疏鬼唱歌。   红雨随心翻作浪，青山着意化为桥。

坐地日行八万里，巡天遥看一千河。   天连五岭银锄落，地动三河铁臂摇。

牛郎欲问瘟神事，一样悲欢逐逝波。   借问瘟君欲何往，纸船明烛照天烧。

在《送瘟神》诗的后记中，毛泽东写道：就血吸虫所毁灭我们的生命而言，远强于过去打过我们的一个或者几个帝国主义。八国联军、抗日战争，就毁人一点来说，都不及血吸虫。除开历史上死掉的人以外，现在尚有一千万人患疫，一万万人受到疫情的威胁。是可忍，孰不可忍？然而今之华佗们在早几年大多数信心不足，近一二年干劲渐高，因而有了希望。主要是党抓起来了，群众大规模发动起来了。党组织、科学家、人民群众，三者结合起来，瘟神就只好走路了。（陈秉彦，刘光辉．第一面红旗——记江西余江县根本消灭血吸虫病的经过［J］．人民日报，1958 年 6 月 30 日第 7 版．）

一、思考讨论

1. 毛泽东关于卫生防疫的论述你知道哪些？

2. 如何理解疫病防控是重大的民生问题，更是重大的政治问题？

3. 结合新冠肺炎的疫情防控谈谈对毛泽东关于党组织、科学家、人民群众三结合的理解？

二、案例点评

新冠肺炎疫情，是中华人民共和国成立以来在我国发生的传播速度最快、感染范围最广、防控弄难度最大的一次重大突发公共卫生事件。面对这场严重疫情，全党全军全国各族人民坚决贯彻习近平总书记关于新冠肺炎疫情防控工作的一系列重要讲话和指示批示精神，正以必胜之心、责任之心、仁爱之心、谨慎之心，坚决打好、打赢这场艰巨的疫情防控人民战争、总体战、阻击战。

疫病防治是重大民生问题，更是重大政治问题。中华人民共和国成立后，毛泽东领导开展了全国范围的消灭血吸虫病、麻风病、疟疾、鼠疫、霍乱等传染性疾病的人民战争，取得疫病防治的历史性成就。旧社会"千村薜荔人遗矢，万户萧疏鬼唱歌"的景象，从此一去不复返！把卫生防疫工作明确为党和政府的职责，这在人民卫生事业发展史上具有重要意义。

疫病作为突发性公共卫生事业，危及人民生命健康，严重影响经济发展，极易造成社会恐慌和秩序混乱，应引起高度重视和密切关注。预防和控制传染性疾病，是一场持久战。习近平总书记指出：我国是一个有着14亿多人口的大国，防范化解重大疫情和重大突发公共卫生风险，始终是我们须臾不可放松的大事，新冠肺炎疫情，对我们来说，是一次危机也是一次大考。疫病防治是一场战争，这是毛泽东的重要观点，主要强调疫情造成的影响和损失十分巨大，既然是一场战争，那就必须按照打仗的方法认真对待，"用药如用兵、用医如用将、兵贵神速"。在疫病防控上，要积极协调和调动各方力量，要统筹协调，发动群众力量、科学组织，这充分检验着一个政党的组织能力、一个国家的医疗水平、一个民族的战斗凝聚力等等。

疫情防控具有特殊而重要的位置，不仅仅是群众关切、生命攸关的事情，更是决定人心向背、体现党的性质宗旨、事关执政安危的大事。疫情防控的特殊性，决定了这项工作的政治要求很高，必须坚持党性原则，坚持极端负责的精神，坚持全民参与原则。面对疫情防控这场输不起的战争，中国人民没有退路，只能迎难而上，坚决斗争，不获全胜不收兵。

三、教学建议

本案例适用于第一章第一节"毛泽东思想的形成和发展"或第二节"毛泽东思想的主要内容和活的灵魂"部分。重温毛泽东关于卫生防疫的重要论述，对于我们深刻认识毛泽东思想、深刻认识中国共产党为人民服务的宗旨、深刻认识社会主义制度的巨大优越性，具有重要启示意义。

教学案例二

再次走进毛泽东

1976 年元旦，毛泽东接见了一对特殊的年轻夫妇：艾森豪威尔的孙子和尼克松的女儿。小艾森豪威尔说："您的著作推动了一个民族，并改变了世界。"毛泽东对小艾森豪威尔的恭维并不领情，他转过头望着身旁的地球仪："地球那么大，大得像个西瓜，怎么改变得了？"

属于毛泽东的时代也许早已结束，但他对这个世界的影响却远未消失，他在中国人民心中的形象和地位一直存在！

他是诗人，又是革命家；他是战士，又是统帅；他指挥千军万马，自己不曾开过一枪；他缔造人民共和国，自己不当大元帅。大型文献纪录电影《走近毛泽东》是中央新闻纪录电影制片厂继 1983 年毛泽东诞辰 90 周年摄制的《毛泽东》、1993 年毛泽东诞辰 100 周年摄制的《中国出了个毛泽东》后，在毛泽东诞辰 110 周年之际，中央文献研究室、北京多种空间文化传播有限公司又联合摄制的一部纪念毛泽东的影片。在毛泽东诞辰 120 年之际，中央电视台、湖南省委宣传部等联合摄制了重大革命历史题材电视剧《毛泽东》。尽管多年来，在我国的影视屏幕和舞台上已有很多反映毛泽东题材的作品，但是关于毛泽东的影视作品却从未间断过。

如同外国人喜欢以拿破仑、巴顿将军为题材拍摄电影、电视剧一样，中国的影视工作者对毛泽东这位中华人民共和国的缔造者也情有独钟。曾拍摄电影《毛泽东与斯诺》的导演王学新在这位伟人诞辰 109 年纪念之际说，毛泽东的人格魅力和思想对中国人有巨大的感召力和深远的影响，因此拍摄有关他的影视作品是一件非常有意义、值得中国影视界不断做下去的事情。王学新导演说："虽然现在中国社会有了很大发展，但毛泽东对中国人的影响依旧不可替代。"他认为毛泽东一生还有许多事情、许多方面没有在影视作品中得到反映，只要能够深入挖掘材料和研究毛泽东的个性、真实反映这位伟人的生活和革命工作，肯定能拍出观众喜欢的影视作品来。

资料 1

49 集大型文献史诗片《毛泽东》由中共湖南省委与中央文献研究室、中央党史研究室等联合出品，该片为纪念毛泽东同志诞辰 120 周年，真实、客观地展现一代伟人的辉煌人生。该剧时间跨度从1901年到1949年，讲述了毛泽东从韶山出生、读书求学到参加革命，建立和治理国家的一生波澜壮阔、精彩的历史画卷，全剧总投资超过1.2亿元，于2013年12月13日首播于各大电视台。

该片再现了近代中国的苦难与动荡和多种政治势力的纵横激荡，揭示了中国共产党诞生和新中国成立的历史必然性，反映了毛泽东领导党和人民取得新民主主义革命胜利、建立新中国的伟大贡献，表现了毛泽东在民主革命时期的思想、品德、风范，塑造了毛泽东作为人民领袖、无产阶级革命家、军事家、战略家的形象。

资料2

20集大型电视文献片《独领风骚——诗人毛泽东》从一个独特的视角，让我们再次走近毛泽东。本片是为纪念毛泽东诞辰110周年而拍摄的。它以毛泽东的诗词创作为线索，形象地反映了毛泽东的生平业绩，生动地刻画了毛泽东作为政治家、军事家、思想家，以及伟大诗人的形象。

本片侧重展示了凡人毛泽东、诗人毛泽东的传奇般人生经历，让我们知晓毛泽东诗句背后，那些鲜为人知的动人故事。其间既展示了毛泽东"指点江山"的青春抱负，也记录了他作为"马背诗人"的丰姿和"数风流人物，还看今朝"的革命英雄主义气概。片子以形象的文学语言揭示了诗人毛泽东的内心世界，用精美的画面描绘出了毛泽东诗词的深远意境，以丰富的影像资料再现了毛泽东的风采。

资料3

为纪念中国人民解放军建军80周年，树立社会主义核心价值体系，激励全国各族人民爱国、爱党、爱军的热情，全面贯彻落实科学发展观，加快全面建设小康社会的步伐，实现中华民族的伟大复兴，八一电影制片厂、中国人民解放军军事科学院、求是影视中心和北京香泉山科技发展中心等单位联合摄制了20集大型战争艺术专题片——《毛主席用兵真如神》。

这是一部以电视片的形式反映毛泽东军事实践的正史。毛泽东是一位军事家，但他首先是人民领袖。他的用兵不是为少数人争地盘，称王称霸，而是为了人民大众的解放。毛泽东军事思想来自人民，是人民大众自己的军事思想。实践反复证明：以毛泽东为代表的一代伟人所创立的一整套高超的军事战略战术，过去是，现在仍然是，而且永远是中国人民及世界人民的宝贵精神财富。

资料来源：

1. 电视文献纪录片《独领风骚——诗人毛泽东》. 中央文献研究室，2013 - 11 - 11.

2. CCTV 节目官网：《毛泽东》《毛主席用兵真如神》.

3. 以毛泽东为题材的电影受到中国影视界关注［EB/OL］. 中国网，2002 - 12 - 27.

4. 佚名. 毛泽东身后的国际影响力：整整影响一代法国人［EB/OL］. 人民网，2013 - 12 - 27.

一、思考讨论

1. 关于毛泽东、毛泽东思想、毛泽东影视作品，你印象最深的是什么？

2. 寻找生活中毛泽东的影子，结合案例谈谈你对毛泽东的认识。

3. 毛泽东思想为何至今光芒四射？

二、案例点评

习近平总书记在纪念毛泽东同志诞辰 120 周年座谈会的讲话中说："毛泽东同志是伟大的马克思主义者，伟大的无产阶级革命家、战略家、理论家，是马克思主义中国化的伟大开拓者，是近代以来中国伟大的爱国者和民族英雄，是党的第一代中央领导集体的核心，是领导中国人民彻底改变自己命运和国家面貌的一代伟人。"

毛泽东影响了中国几代人，他的不少传世佳作依旧保留在中国的语文课本里。毛泽东的身影至今广泛流传于中国和世界，如毛泽东的足迹、毛泽东的笔记、毛泽东的身影、毛泽东的语录、毛泽东的纪念币等等，这些都在向我们诉说有关毛主席的故事。

为了纪念毛泽东这样的伟人和弘扬他的思想，中国每年都制作相关题材的影视作品。这并不是政府的指示，而是影视工作者自己的创作选择，因为现在中国的电影厂和电视制作部门都是独立核算成本的企业。中国人对毛泽东怀有很深的感情，拍摄相关题材的影视剧符合观众需求，很有观众市场，这也充分体现了毛泽东的个人魅力和毛泽东思想的价值。

关于毛泽东的认识途径、评价标准、评价方式，每代人都会有不同的认识，从 80 后、90 后开始，对毛泽东的认识大部分来自荧幕。这些荧幕作品，通过不同的方式，从不同的角度向我们展示了一个有血有肉的领袖人物。毛主席作为新中国第一位领袖已经离开了我们，但是他的思想却深深地扎根于中国这片红土地上。作为一个有血有肉的人，他是凡人，不是神仙，所以他也会说错话，也会犯错误，但这些并不是我们否定毛泽东丰功伟绩的理由。作为一个思想，毛泽东思想以毛泽东冠名，这离不开毛泽东的个人成就，但绝不是毛泽东一人的思想，而是以毛泽东为首的中国共产党人集体智慧的结晶。作为一个理论，毛泽东思想不是一个僵死的教条，是在实践中不断发展和完善的理论，是至今对实践具有指导意义的理论，这也毛泽东思想魅力所在。

三、教学建议

本案例可以用在第一章，"毛泽东思想的形成和发展"部分，也可以用于"毛泽东思想的主要内容"部分，还可以用于"毛泽东思想评价"和"毛泽东评价"部分。本案例旨在通过影视让同学高效了解毛泽东及其思想，借此让学生感受一代伟人的人格魅力及思想影响，并结合新时代深挖毛泽东思想的时代价值。

第二章

新民主主义革命理论[*]

教学案例一

由于中国民族资产阶级是殖民地半殖民地国家的资产阶级，是受帝国主义压迫的，所以，虽然处在帝国主义时代，他们也还是在一定时期中和一定程度上，保存着反对外国帝国主义和反对本国官僚军阀政府（这后者，例如在辛亥革命时期和北伐战争时期）的革命性，可以同无产阶级、小资产阶级联合起来，反对它们所愿意反对的敌人。这是中国资产阶级和旧俄帝国的资产阶级的不同之点。

在中国，因为它是殖民地半殖民地，是被人侵略的，所以中国民族资产阶级还有在一定时期中和一定程度上的革命性。在这里，无产阶级的任务，在于不忽视民族资产阶级的这种革命性，而和他们建立反帝国主义和反官僚军阀政府的统一战线。

但同时，也即是由于他们是殖民地半殖民地的资产阶级，他们在经济上和政治上是异常软弱的，他们又保存了另一种性质，即对于革命敌人的妥协性。中国的民族资产阶级，即使在革命时，也不愿意同帝国主义完全分裂，并且他们同农村中的地租剥削有密切联系，因此，他们就不愿意和不能彻底推翻帝国主义，更加不愿意和更加不能彻底推翻封建势力。这样，中国资产阶级民主革命的两个基本问题，两大基本任务，中国民族资产阶级都不能解决。

一方面——参加革命的可能性，又一方面——对革命敌人的妥协性，这就是中国资产阶级"一身而二任焉"的两面性。这种两面性，就是欧美历史上的资产阶级，也是同具的。大敌当前，他们要联合工农反对敌人；工农觉悟，他们又联合敌人反对工农。这是世界各国资产阶级的一般规律，不过中国资产阶级的这个特点更加突出罢了。（中央文献研究室编. 《毛泽东选集》（第2卷）

---

* 胡茜，首钢工学院副教授。

［M］．北京：人民出版社，1991：674．）

有些人怀疑中国共产党人不赞成发展个性，不赞成发展私人资本主义，不赞成保护私有财产，其实是不对的。民族压迫和封建压迫残酷地束缚着中国人民的个性发展，束缚着私人资本主义的发展和破坏着广大人民的财产。我们主张的新民主主义制度的任务，则正是接触这些束缚和停止这种破坏，保障广大人民能够自由发展其在共同生活中的个性，能够自由发展那些不是'操纵国民生计'而是有益于国民生计的私人资本主义经济，保障一切正当的私有财产。（中央文献研究室编．《毛泽东选集》第3卷［M］．北京：人民出版社，1991：1058－1059．）

拿资本主义的某种发展去替代外国帝国主义和本国封建主义的压迫，不但是一个进步，而且是一个不可避免的过程。它不但有利于资产阶级，同时也有利于无产阶级，或者说更有利于无产阶级。现在的中国是多了一个外国的帝国主义和一个本国的封建主义，而不是多了一个本国的资本主义，相反地，我们的资本主义是太少了。在中国的条件下，在新民主主义的国家制度下，除了国家资金的经济、劳动人民的个体经济和合作社经济之外，一定要让私人资本主义经济在不能操纵国民生计的范围内获得发展的便利，才能有益于社会的向前发展。（中央文献研究室编．《毛泽东选集》第3卷［M］．北京：人民出版社，1991：1060．）

一、思考讨论

1. 民族资产阶级的两面性是什么？

2. 民族资产阶级为何不能成为新民主主义革命的领导阶级？

3. "在新民主主义革命时期，只有当民族资产阶级拥护革命的时候，我们才要保护民族工商业。"这种说法为何不正确？

二、案例点评

半殖民地半封建社会的民族资产阶级是一个带有两面性的阶级。一方面，民族资产阶级既受帝国主义的压迫，又受封建主义的束缚，它同帝国主义和封建主义有矛盾，是革命的力量之一；另一方面，由于它在经济上和政治上与帝国主义和封建主义有着千丝万缕的联系，没有彻底的反帝反封建的勇气，在革命的关键时刻表现出明显的动摇性。民族资产阶级的这种两重性，决定了它在一定时期内和一定程度上能够参加反帝反封建的革命，而在另一时期，又有跟在官僚资产阶级后面反对革命的危险。这种两面性，决定了资产阶级不可能担负起领导中国革命的历史重任，这已经被历史所证明。以孙中山为领导的国民党，曾作为民族资产阶级的代表领导中国革命，但是由于其阶级的局限性，不能提出彻底反对帝国主义和封建主义的革命纲领，不愿也不能号召起广大人民群众进行彻底的民主革命，因此革命果实被北洋军阀袁世凯所窃取，辛亥革命最终遭到了失败。中国的大资产阶级，同帝国主义和封建势力相勾结，反对人民革命，在土地革命战争时期，以国民党为代表的大资产阶级就同帝国主义、封建势力结成同盟，镇压人民群众的革命。到了抗日战争时期，以汪精卫为代表的大资产阶级的一部分又投降了日本帝国主义，所以大资产阶级不但不能领导民主革命，而且他们是民主革命的敌人。历史已经证明，资产阶级既不可能充当革命的主要力量，更不可能是革命的领导力量，只有无产阶级才能领导中国革命走向胜利。

第一次大革命失败后，斯大林认为民族资产阶级和上层小资产阶级都叛变了革命，应该反对他们。共产国际根据苏联消灭资产阶级的做法，要求中国共产党反对资产阶级。因此王明等人把民族资产阶级也看作革命的敌人，而且是最危险的敌人，加以反对和打击，犯了"左"倾错误，孤立了自己。毛泽东总结两次胜利两次失败的经验教训，对民族资产阶级做出了科学分析，改变了过"左"的做法，从而争取和团结了民族资产阶级，使他们成为中国革命的动力之一。

新民主主义革命的对象是帝国主义、封建主义和官僚资本主义，它不是一般地消灭资本主义和资产阶级。由于中国半殖民地半封建经济十分落后，在新民主主义革命时期以及革命胜利后的一定时期，如果不保护民族工商业，不发展资本主义，人民日常生活用品的供给就会受到影响，工人就会受到失业的威胁，社会秩序就会陷入混乱。这既不利于国民经济的向前发展，也给无产阶级和人民群众造成不利影响。民族资本主义经济，是一种与新生产力相联系的先进的生产方式和经济成分，它对发展现代技术、发展社会生产力具有积极作用。因此，对民族资本主义工商业必须采取保护政策，这与民族资产阶级的革命态度没有关系。在新民主主义的国家制度下，让私人资本主义经济在不能操纵国计民生的范围内获得发展的便利，有益于社会向前发展，中国需要经过一段资本主义的发展才能走向社会主义。

三、教学建议

1. 本案例旨在引导学生了解为何共产党不但不怕资本主义，反而在一定的条件下提倡它的发展，并向学生讲明白这个资本主义特指的是民族资本主义。把资产阶级分为官僚资产阶级和民族资产阶级两部分，并指出民族资产阶级具有两面性，分别采取不同的政策，这是毛泽东思想中最精彩的内容之一，也是对马克思主义的重大发展。

2. 教师通过雨课堂等平台，把"思考讨论"的第 3 题设计成判断题。请学生阅读教材关于新民主主义的经济纲领的内容后，在手机端限时完成。通过学生的答题情况，请不同意见的同学发言说明原因，教师再引导学生学习该部分内容，得出正确答案。

教学案例二

如果认清了中国是一个许多帝国主义国家互相争夺的半殖民地，则一，就会明白全世界何以只有中国有这种统治阶级内部互相长期混战的怪事，而且何以混战一天激烈一天，一天扩大一天，何以始终不能有一个统一的政权。二，就会明白农民问题的严重性，因之，也就会明白农村起义何以有现在这样的全国规模的发展。三，就会明白工农民主政权这个口号的正确。四，就会明白相应于全世界只有中国有统治阶级内部长期混战的一件怪事而产生出来的另一件怪事，即红军和游击队的存在和发展，以及伴随着红军和游击队而来的，成长于四围白色政权中的小块红色区域的存在和发展（中国以外无此怪事）。五，也就会明白红军、游击队和红色区域的建立和发展，是半殖民地中国在无产阶级领导之下的农民斗争的最高形式，和半殖民地农民斗争发展的必然结果；并且无疑义的是促进全国革命高潮的最重要因素。六，也就会明白单纯的流动游击政策，不能完成促进全国革命高潮的任务，而朱德毛泽东式、方志敏式之有根据地的，有计划地建设政权的，深入土地革命的，扩大人民武装的路线是经由乡赤卫队、区赤卫大队、县赤卫总队、地方红军直至正规红军这样一套办法的，政权发展是波浪式地向前扩大的，等等的政策，无疑义地是正确的。必须这样，才能树立全国革命群众的信仰，如苏联之于全世界然。必须这样，才能给反动统治阶级以甚大的困难，动摇其基础而促进其内部的分解。也必须这样，才能真正地创造红军，成为将来大革命的主要工具。总而言之，必须这样，才能促进革命的高潮。（中央文献研究室编.《毛泽东选集》第 1 卷［M］. 北京：人民出版社，1991：98.）

一、思考讨论

1. 毛泽东提出以乡村为中心建立红色政权理论上的一个重要依据是什么？

2. 为什么文中说"单纯的流动游击政策，不能完成促进全国革命高潮的任务"？

二、案例点评

从社会性质来看，当时中国是一个半殖民地半封建国家，农民占全国总数的 80% 以上，农民是革命的主力军，因此，中国无产阶级要夺取全国革命的胜利，就必须派遣自己的先锋队，深入农村，发动农民，依靠农民，武装农民，开展土地革命，建立巩固的农村革命根据地。

以乡村为中心建立红色政权，理论上的一个重要依据就是在半殖民地半封建的中国经济政治发展是不平衡的，因此中国革命有利用敌人弱点在农村首先取得胜利的可能性。毛泽东根据自己做农民工作和军队工作的经验，提出了走农村包围城市，武装夺取政权，走中国特色的革命道路，走这条道路，即把革命工作中心和重心放到广大农村，以农村根据地作为革命的大本营和战略中心，逐步积蓄、壮大革命力量，努力推动革命高潮的到来，最终夺取全国胜利，建立统一的新的国家政权。由于中国是一个许多帝国主义国家互相争夺的半殖民地，中共领导的革命力量只能在夹缝中求生存，只有通过工农武装割据，党才能在这个过程中争取群众发展红军，壮大革命力量，从而促进革命高潮的到来。

毛泽东用文中这六个"就会明白"，指明了在中国这个许多帝国主义互相争夺的半殖民地，它的革命特点就是无产阶级领导的农民战争，具体途径是在农村建立根据地，实行工农武装割据。工农武装割据，是无产阶级领导农民斗争最高形式，它是促进革命高潮，是瓦解反动政权、争取革命胜利的最重要因素。

三、教学建议

此案例运用时，可以引导学生思考并查询资料，了解毛泽东撰写《星星之火，可以燎原》的背景。

教学案例三

1965年7月26日，毛泽东在中南海接见刚从海外归来的原国民党政府代总统李宗仁先生和夫人时，突然主动向李宗仁的机要秘书程思远发问："你知道我靠什么吃饭吗？"程一时茫然不知所对。毛泽东接着意味深长地说："我是靠总结经验吃饭的。以前我们人民解放军打仗，在每个战役后，总来一次总结经验，发扬优点，克服缺点，然后轻装上阵，乘胜前进，从胜利走向胜利，终于建立了中华人民共和国。"

毛泽东的这个说法完全符合他本人以及中国共产党所领导军队的实际情况。他有一段名言："读书是学习，使用也是学习，而且是更重要的学习。从战争中学习战争——这是我们的主要方法。"他还说："做一个真正能干的高级指挥员，不是初出茅庐或仅仅善于在纸上谈兵的角色所能办到的，必须在战争中学习才能办得到。"

针对党内的"左"倾教条主义者诬蔑他不懂战争，嘲讽他是从《三国演义》上学来的战法，毛泽东并不掩饰，他坦然地说："是的，我不懂得他们那种蠢猪式的打仗方法；我确实读过许多中国古代打仗的书，研究过《孙子兵法》之类的著作，也看过不少关于外国战争的书，但我的军事知识主要是从战争实践中得来的。"

毛泽东的过人之处，不仅在于善于总结成功经验，还在于善于吸取教训，从中寻找成功的先机。他说过："认识的盲目性和自由，总会是不断地交替和扩大其领域，永远是错误和正确并存……错误往往是正确的先导。"

1935年1月底，遵义会议后重掌红军指挥权的毛泽东在土城战役中失利，红军损失惨重。在扎西会议上，毛泽东总结出三条教训：一是敌情没有摸准，二是轻敌，三是分散了兵力。正是吸取了这一仗的教训，毛泽东以"四渡赤水"的神来之笔，留下了战争史上的"得意之作"。

因为重视利用错误教训，毛泽东在总结经验时，总是抓正反两个方面。他在1928年11月写的《井冈山的斗争》一文中，既讲到了湘赣边界割据的成功经验，又讲到4月和8月两次失败的教训；在1936年12月发表的《中国革命战争的战略问题》中，也是既总结了中央革命根据地前三次反"围剿"的成功经验，又总结了第五次反"围剿"的失败教训。他多次指出，"任何政党，任何个人，错误总是难免的"，"错误有两重性。错误一方面损害党，损害人民；另一方面是好教员，很好地教育了党，教育了人民，对革命有好处。失败是成功之母"。——（张珊珍．"我是靠总结经验吃饭的"——学习毛泽东的思想方法和工作方法［N］．学习时报，2017年02月27日第A5版）

一、思考讨论

1. 新民主主义革命理论的形成与总结中国革命实践经验之间的关系是什么？
2. 毛泽东有句名言："从战争中学习战争"，这条宝贵经验的现实意义是什么？

二、案例点评

新民主主义革命理论不是凭空产生的，而是适应新民主主义革命实践的需要，在不断认真总结中国革命经验教训的基础上形成的。中国共产党自成立起，就开始从事实际的革命斗争，并注意用马克思主义理论分析中国社会和革命的实际问题，总结革命斗争的实践经验，探索领导中国革命走向胜利的道路。毛泽东用"我是靠总结经验吃饭的"这句话，生动地说明了中国共产党的胜利是由于高度重视中国革命的经验和教训。新民主主义革命理论在近代中国革命的实践中应运而生，是在总结革命斗争正反两方面实践经验的基础上形成的。比如，通过总结两次国共合作的经验，形成了统一战线的理论；通过总结建立和巩固农村根据地的经验，形成了中国革命道路的理论；通过总结革命战争的经验，形成了建立人民军队和关于军事战略的理论；通过总结在领导中国新民主主义革命历程中，党由小到大、由弱到强的经验，形成了党的建设的理论。

"从战争中学习战争"，这条宝贵的经验也有十分重要的现实意义，比如中美贸易战，我们既不自夸自大，也不自怨自艾，不是准备好了再打，而是在实践当中学习。

三、教学建议

在使用此案例时，可以引导学生正确理解理论和实践之间的关系，把新民主主义革命理论的形成所经历的曲折的历史过程用思维导图的形式画出来；也可以用雨课堂等平台随机抽取一部分同学，在黑板上以"接龙"的方式，把这段历史过程展示出来。

第三章

社会主义改造理论*

教学案例一

现在我们能造什么？能造桌子椅子，能造茶碗茶壶，能种粮食，还能磨成面粉，还能造纸，但是，一辆汽车、一架飞机、一辆坦克、一辆拖拉机都不能造。(中共中央文献研究室编.《建国以来毛泽东文稿》第4册 [M]. 北京：中央文献出版社，1990：506.)

与资本主义最发达的美国和不发达的国家印度的比较更能够说明问题。在1949年，美国的原煤、原油、发电量、钢、生铁、水泥、硫酸、金属切割机床、纱、布、原盐的产量分别是中国的 13.63、2074.33、80.26、447.72、199.28、54.45、259.25、72.5、5.24、4.05 和 4.73 倍，印度的原煤、原油、发电量、钢、生铁、水泥、硫酸、纱、布、原盐的产量分别是中国的 1、2.08、1.14、8.67、6.56、2.82、2.5、1.88、1.83 和 0.68 倍。(任海波. 新中国工业经济史 (1949—1957) [M]. 北京：经济管理出版社，1994.)

一、思考讨论

如何认识我国实现社会主义工业化的必要性？

二、案例评析

列宁曾经说过："工业是社会主义和社会主义建设的基础、开端和终结，要建立国民经济的社会主义基础，必须有发达的工业。"毛泽东早在 1945 年发表的《论联合政府》中就指出了实现社会主义工业化的必要性和意义，他说："没有工业，便没有巩固的国防，便没有人民的福利，便没有国家的富强。"他还

---

* 胡茜，首钢工学院。

说："在新民主主义的政治条件获得之后，中国人民及其政府必须采取切实的步骤，在若干年逐步地建立重工业和轻工业，使中国由农业国变为工业国。"实现社会主义工业化，才能实现国家真正的独立和富强。工业化是传统的农业社会向现代化工业社会转变的必然过程，是经济发展和社会进步的必由之路。发展工业，改变中国作为农业国的贫穷落后的面貌，这是全国人民的共同要求，是摆在中国共产党和人民政府面前的严重任务。我国原有的工业基础非常薄弱，使得百余年来国弱民穷，受尽了资本列强的侵略压迫。经过三年国民经济恢复时期，现代化工业有了显著增长，国营工业在现代化工业中已占居优势，但我国国民经济的状况仍然还是落后的、贫穷的农业国，还是不能自己制造汽车、拖拉机、飞机，不能自己制造重型的和精密的机器，仍无现代国防工业。

与美国、印度在 1949 年重要工业产品产量上的对比表明，新中国成立时我国的工业生产水平根本无法与世界头号强国美国相比，即使与不发达的印度相比也有一定的距离。特别是经过抗美援朝战争后，改变我国工业落后状态的紧迫感尤为强烈。

三、教学建议

此案例建议用于第三章第一节"党在过渡时期的总路线"时使用。享受着改革开放成果成长下的新一代大学生，很难体会到新中国建国初期"一穷二白"的状况，可以引导学生把中国与美国、印度在 1949 年的主要工业产品产量情况做一个对比，深刻理解社会主义工业化的必要性。

教学案例二

企业的设备利用率和劳动生产率低，成本高，资金很多浪费，扩大再生产的能力很小或甚至没有，因而影响到工业产品在市场上供不应求，影响到国家计划受到破坏。如果不改变这种情况，这个广大部分的社会生产力就不可能获得充分的合理的发展以适应国计民生的需要，我国的社会主义工业化就不能全部实现。（中共中央文献研究室编.《建国以来重要文献选编》〔第四册〕[M].北京：中国文献出版社，2011：622.）

然而，随着市场情况的好转，一些不法资本家违背《共同纲领》，不满足于用正常方式获得的一般利润，力图摆脱国营经济的领导和人民政府的限制政策。

他们投机取巧唯利是图，用种种不法手段，破坏国家经济建设，破坏国防建设，破坏抗美援朝，破坏人民生活。许多私营工业企业在接受国家加工订货中，偷工减料，虚报成本。有的违反合同，私自压缩加量，减少工序，以次充好，掺杂掺假。在承办抗美援朝军需物资中，有的用变质肉制罐头食品，用发霉的面粉制饼干，用坏药、假药充当好药。上海两家私营橡胶厂，在承制国家加工订货中，用虚报成本的办法，两年内连续盗骗国家资财450余万元。有个五金商人盗骗集团，用各种卑劣手段盗骗国家资财100万元以上。有个资本家在承接白棕绳军需订货中，交的货表面是白洋棕，里面却是烂麻皮，致使解放军在解放舟山战斗中，因棕绳崩断，造成11只船沉没，80多人牺牲。在治淮水利工程中，有的资本家竟用破船上的烂钢板制造水闸闸门。从1949年6月到1951年底，市税务局查出偷税漏税案件有15.6万件金额达2600万元，查出的偷税手法有65种之多。一些依靠国家加工订货而发展起来的厂商，竟以种种手段逃避营业税和所得税，甚至不惜高价聘请 "会计专家" 来帮助他们逃税。（陈小津. 上海二十四年 [M]. 北京：中央文献出版社，2016：36.）

从王康年的罪行中，暴露出资产阶级的进攻是多么猖狂，多么恶毒。

据王康年自己的坦白，他曾经向25个机关单位、65个干部行贿，就在这些交易中盗窃了大批国家资财。

丧尽天良的王康年，对人人热爱的志愿军也进行盗骗勾当。他不依照志愿军的采购单配售药物，而把冷门货配去，志愿军在前线急需的药品，他不仅不设法购买，竟利用3亿元贷款作投机，职工向他催询时，他无耻地说："朝鲜路途遥远，没关系，这事我是拿得稳的。"

1950年3月王康年拉拢了皖北行署采购人员张振立，以贱价的药品冒充高价药品，骗取暴利，到现在还有价值3600余万元的药品未交。

他更以大批东西向苏北行署卫生处刘胜望行贿。接着就在苏北行署卫生处采购药品中进行盗骗，据计算到现在还有价值1亿3千万元左右的药品与器械没有交货。1951年9月，王康年以设立X光部的骗局又向华东人民制药公司、纺建医院和另外机构骗取了8亿元的贷款。

王康年给人民国家造成的危害的难以计算的。"五反"运动开始后，他又假装自杀，企图逃避，但这样罪恶透顶的奸商是逃不出人民法网的，在该店职工董渊等的检举及群众的愤怒下，人民政府于2月4日晚逮捕了这个不法奸商，并将依法严办。（谢泗春，王钱国忠. 共和国早期影像 高级摄影记者谢泗春新闻报道集 1950—1961 [M]. 上海：上海书店出版社，2015：86–87.）

一、思考讨论

1. 新民主主义时期，民族资产阶级的两面性表现在哪些方面？

2. 我国对资本主义工商业进行社会主义改造的必要性是什么？

二、案例点评

新中国成立后，国家没收了官僚资本，在此基础上建立的社会主义经济成为国民经济的主导成分。当时，民族资本主义经济在国民经济中还占有相当大的比重。和社会主义国营经济相比，它是落后的经济成分。新民主主义时期，民族资产阶级仍然是一个具有两面性的阶级：既有剥削工人的一面，又有接受工人阶级及其政党领导的一面。因此，民族资产阶级与工人阶级的矛盾也具有两重性，既有剥削者与被剥削者的阶级利益相互对立的对抗性的一面，又有相互合作、具有相同利益的非对抗性的一面。资本主义工商业有着有利于国计民生的一面，在建国初期恢复国民经济的事业中起了有益的作用。周恩来说过，民族资产阶级在"全国解放后，在三年来的合作中，是和我们共过患难的特别是在维持生产、医治战争创伤，改造旧的社会经济方面，尽过一定的力量，对国家建设也有一定贡献。"① 但是资本家唯利是图，随着国家大规模建设的开展，两种经济之间的矛盾日益暴露出来，资本主义企业内部工人与资本家的矛盾日益尖锐；资本主义生产的无政府状态和国家有计划的经济建设之间的矛盾日益加大，资本家中的不法分子唯利是图，什么赚钱就生产什么，不愿意执行国家计划。民族资本主义经济的消极作用显露出来了，这一切都表明对资本主义工商业进行社会主义改造的必要性。

三、教学建议：

本案例建议适用于第三章第一节"从新民主主义到社会主义的转变"和第二节"社会主义改造道路和历史经验"。推荐学生结合此案例，课后观看电视剧《换了人间》的第 40 集，使学生理解党在过渡时期的总路线，理解对资本主义工商业进行社会主义改造的必要性。

---

① 周恩来. 周恩来统一战线文选［M］. 北京：人民出版社，1984.

教学案例三

1950 年春，土改结束时，京郊农村共有农业人口 35 万多人，耕地近 110 万亩，人均占有耕地不足 3 亩。尽管当时人均占有耕地比现在多一倍，农民在土改中也分得了一些生产工具，可是由于刚刚解放，加上 1949 年雨涝成灾，广大农民在生活和生产上仍然困难重重。据统计，1949 年郊区粮田面积为 92.3 万亩，总产量为 8，416 斤，平均亩产仅 91 斤。贫农和雇农仍然面临饥寒交迫，许多农户不仅没有耕畜，而且缺乏种子，有了土地也难以耕种。（中共北京市委党史研究室、中共北京市委农村工作委员会、北京市档案馆编．北京农业社会主义改造资料［M］．中国社会出版社，1991：3.）

1952 年 11 月，市委决定在土地连片，适合机械耕种的南苑海子里（曾为皇家围猎场，后为军阀、地主占有，土改时收为国有）建立红星集体农庄。1953 年元宵节，红星集体农庄正式成立入户农民共 63 户，拥有耕地 1500 多亩，当年增产增收效果大大高于当地的互助组和单干户。……这一年试办的 64 个农业生产合作社，普遍获得好收成。据对其中 48 各合作社的统计，蔬菜平均亩产比上一年增加 49.8%，比当地互助组高 7.6%，比单干户高 19.5%。（中共北京市委党史研究室《中国共产常北京历史》〔第 2 卷〕1949—1978 ［M］．北京：北京出版社，2011：121 - 122.）

1954 年是京郊农业合作社由试办转向推广的一年，也是遭受严重自然灾害的一年。由于市委领导部门适时调整思路，纠正急躁冒进倾向，大发展后把工作重点转到经营管理上，……

合作社经受住了严重的自然灾害的考验。其优越性和生命力不仅对社员产生了凝聚力，同时对广大农民产生了吸引力。不仅贫农、下中农争相入社，而且有一批中农，甚至少数富裕中农也愿意入社。1954 年秋后，在郊区农村到处是人人议论"入不入社"，村村议论"办不办社"。扩社建社的热潮再次兴起。（中共北京市委党史研究室编．《中国共产党北京历史》第 2 卷 1949—1978 ［M］．北京：北京出版社，2011：122 - 123.）

一、思考讨论：

简述我国对个体农业进行社会主义改造的必要性。

二、案例点评

农业是国民经济的基础，农民占全国人口的80%以上。农村问题处理不好，对中国社会的发展有着举足轻重的影响。分散落后的小农经济在农业中占绝对优势，限制了农业生产力的进一步发展，不能满足人民和工业化对粮食和原料作物日益增长的需要。建立在个体私有制基础上的小农经济与国家计划经济建设之间的矛盾，随着工业化的进展而日益显露出来。而且，土改后，翻身解放的贫困农民虽然获得了土地，大大提高了积极性，生活有所改善。但是由于畜力不足，缺少生产资料，这样的个体经济抵挡不了天灾人祸。农村中产生了贫富分化现象，农村个体经济发展出现两极分化的可能性。因此必须对个体农业进行社会主义改造。资料中京郊农村在经历社会主义改造前的困境，和发展合作社的成功，说明了合作社的优越性以及对个体农业进行社会主义改造的必要性。

三、教学建议

本案例建议用于第三章第二节"社会主义改造道路和历史经验"中对个体农业进行社会主义改造部分的辅助教学。学生可能会比较困惑土地的"统"与"分"的问题。新中国成立之后，经过土地改革，广大贫苦农民分到了自己的土地，为何要进行社会主义改造让土地归集体所有？到了70年代末期，家庭联产承包责任制把土地让农户承包。随着改革开放的深入，近些年出现了土地流转。这几个问题是本节教学中的难点，老师应该把这些向学生讲清楚。1978年党的十一届三中全会之后，我国实行的联产承包责任制是在没有改变农村集体所有制的基础上，为适应中国农村社会生产力的发展，调动农民积极性的一种方式。当前深化农村土地制度改革，实行所有权、承包权、经营权"三权分置"，是继家庭承包制后农村改革的又一大制度创新。"三权分置"思想是农村土地改革方略的核心。2014年9月举行的中央全面深化改革领导小组第五次会议强调，要在坚持农村土地集体所有的前提下，促使承包权和经营权分离，形成所有权、承包权、经营权三权分置，经营权流转的格局。

第四章

社会主义建设道路初步探索的理论成果[*]

教学案例一

毛泽东对社会主义建设道路的探索

1956 年苏共二十大后，基于我们一直照搬和借鉴的苏联体制弊端已严重暴露，毛泽东果断提出"走自己的路"，强调独立自主地探索建设社会主义的道路。毛泽东的探索是从调查研究中国的实际情况开始的。从 1956 年 2 月开始，他用了一个半月的时间听取了工业、农业、商业、运输业等 34 个部委的工作汇报，在此基础上，于 1956 年 4 月 25 日中共中央政治局扩大会议上作了《论十大关系》的报告，其内容涉及到十个方面的重要问题，全面真实地反映了中国的实际情况。报告提出的一系列适合中国情况的社会主义建设的方针和政策，初步展示了我国社会主义建设的基本框架。1956 年 9 月，党的八大将正确处理这十大关系的思想作为指导方针，明确规定了党和国家的主要任务已经转移到社会主义建设上来，并围绕这一中心任务，进一步制定了具体的经济政策，健全法制的政治政策，发展科学和繁荣文化艺术的政策，加强执政党建设的政策等，都是对《论十大关系》正确思想的进一步发挥。此后，1957 年 2 月，毛泽东又发表了《关于正确处理人民内部矛盾的问题》的报告，系统论述了社会主义社会的矛盾学说，划分了两类不同性质的矛盾，论述了中国的工业化道路、农业合作化问题、工商业者问题、知识分子问题、节约问题，等等。这是继《论十大关系》的发表及党的八大所制定的正确的方针政策之后，毛泽东探索社会主义的又一光辉成果。总之，直到 1957 年"反右派斗争"扩大化开始，相关探索都是在正确的思想指导下进行的，而且取得了巨大的成就。但从 1958 年开

---

[*] 祝大勇，河北农业大学副教授。

始，随着"大跃进"的发动，"左"的错误开始严重泛滥，毛泽东逐步背离了实事求是的思想路线，虽然也曾多次努力扭转和纠正，但却始终未能摆脱"左"的思想的困扰。

毛泽东一直孜孜不倦地围绕着"什么是社会主义""怎样建设中国的社会主义"等问题苦苦探索，其探索的理论成就主要集中在《论十大关系》《关于正确处理人民内部矛盾的问题》及党的八大所制定的一系列正确的方针政策上，如提出了中国现代化的战略目标、步骤及实现现代化的基本方针、提出了中国的工业化道路问题、重视社会主义的经济管理体制改革、重视社会主义的所有制结构、生产和流通体制改革、重视商品经济、重视政治建设、重视文化建设，提出了社会主义社会的矛盾问题、社会主义的长期性和阶段性问题，等等。这些都成了学界研究毛泽东与社会主义命题的关注点。但有些学者的研究往往也就此为止，认为1957年"反右派斗争"扩大化以后的历史时期发生了像"大跃进""文化大革命"等严重失误和错误，所以毛泽东关于社会主义的探索也就停止了，对此笔者并不能苟同。虽然从1957年"反右派斗争"扩大化开始，毛泽东的探索无论在理论上还是实践上都有严重失误，但主观上讲，他仍在努力探索，只不过这一过程是在曲折中进行的。从1956年开始至1976年毛泽东逝世，这20年时间应该全部看作是毛泽东探索建设中国特色社会主义的历史时期，其大致经历了探索取得积极成果、探索的成功与失误并存及探索误入歧途三个阶段。而且我们不能将毛泽东在探索中所犯的失误、错误与整个探索时期等同起来，不能因为探索中的错误而将整个探索实践否定。正如邓小平所指出的："从许多方面来说，现在我们还是把毛泽东同志已经提出、但是没有做的事情做起来，把他反对错了的改正过来，把他没有做好的事情做好。今后相当长的时期，还是做这件事。当然，我们也有发展，而且还要继续发展。"（郭东敏．毛泽东对社会主义建设道路的探索［N］．光明日报，2013年7月29日第7版．）

一、思考讨论

1. 如何正确评价毛泽东对社会主义建设道路的探索？

2. 如何客观对待和正确评价改革开放前后两个不同历史时期的社会主义探索实践？

二、案例点评

虽然中国特色社会主义命题是在改革开放的历史新时期提出的，中国特色社会主义道路是在改革开放的历史新时期开创的，中国特色社会主义理论体系也是在改革开放的历史新时期形成的，但其基础和源头可以追溯到此前的历史时期，即以毛泽东同志为核心的党的第一代中央领导集体带领党和人民探索中国自己建设社会主义道路的时期。虽然没有正式提出中国特色社会主义的命题，但在建国之后的 27 年时间里，在完成了新民主主义革命，进行了社会主义改造，确立了社会主义制度的前提和基础上，毛泽东基于中国经济文化落后的基本现状，带领党和人民围绕"什么是社会主义""怎样建设中国的社会主义"等问题，对适合中国国情的社会主义建设道路进行了一系列开创性的探索。

三、教学建议

本案例适用于教材第四章第一节"初步探索的重要理论成果"。毛泽东探索建设中国特色社会主义无任何先例可循，完全是"摸着石头过河"，所以探索过程也是异常艰辛的。他在探索中提出的许多富有创造性的思想，尽管还存在不成熟的地方，甚至有的还不成系统，但却为改革开放后我们党重新探索中国特色社会主义道路，形成中国特色社会主义理论体系，完善中国特色社会主义制度提供了宝贵经验、理论准备、物质基础，这一点在党的十八大报告中已经作了充分肯定和高度评价。"前事不忘，后事之师"，毛泽东的探索无论是成功的经验还是失败的教训，都应当作为我们党的宝贵财富，也必然会为新时期的社会主义探索带来许多重要启示。

教学案例二

十年建设成就和探索中的两个发展趋向

从八大一次会议到"文化大革命"前夕这十年（1956—1966 年），是党领导我国社会主义建设中探索中曲折发展的十年。《关于建国以来党的若干历史问题的决议》对这一段历史作出过整体估价。认为：在这十年中，"我们虽然遭到过严重挫折，仍然取得了很大的成绩"。"我们现在赖以进行现代化建设的物质技术基础，很大一部分是这个期间建设起来的；全国经济文化建设等方面的骨干力量和他们的工作经验，大部分也是在这个期间培养和积累起来的。这是这个期间党的工作的主导方面。"①

　　1991 年，中共中央党史研究室著、胡绳主编的《中国共产党的七十年》出版。该书把从八大一次会议到"文化大革命"前夕这十年，看成是党领导我国社会主义建设在探索中曲折发展的十年。认为，十年大规模的社会主义建设，虽然遭到过严重挫折，仍然取得了很大的成就。这是这个期间党的工作的主导方面。在此基础上，书中提出了"两个发展趋向"的观点。指出："十年探索中，党的指导思想有两个发展趋向。一个发展趋向是正确的和比较正确的趋向，这就是党在探索中国自己的建设社会主义道路的过程中，形成的一些正确的和比较正确的理论观点和方针政策，积累的一些正确的和比较正确的实践经验。""另一个发展趋向是错误的趋向，这就是党在探索中国自己的建设社会主义道路的过程中，形成的一些错误的理论观点、政策思想和实践经验。"作者还认为："这十年探索中，正确的发展趋向和错误的发展趋向并不是截然分开的，许多时候都是相互渗透和交织的，不但共存于全党的共同探索过程中，而且往往共存于同一个人的认识发展过程中。在全党有时这种趋向比较占上风，有时那种趋向比较占上风，或者不同趋向在不同领域同时并存。"但"十年中'左'倾错误的积累和发展，到后来终于暂时压倒了正确的发展趋向，导致'文化大革命'的发动。"②（谢春涛．谈"文革"前十年党史研究．党史研究与教学，2003 年第 5 期，第 43 - 51 页。）

一、思考问题

　　1. 如何准确评价"文革"前十年社会主义建设所取得的建设成就？

　　2. 联系改革开放后中国特色社会主义道路的探索，怎么看待和评价改革前后两个历史时期？

二、案例点评

　　尽管在探索社会主义建设道路过程中，发生了"大跃进"和"文化大革命"这样的错误，但如果对这段历史做具体的、历史的分析，应该承认，中国

---

　　① 中共中央文献研究室编．三中全会以来重要文献选编［M］．北京：人民出版社 1982 年版，第 1113 ~ 1114 页。

　　② 中共中央党史研究室著、胡绳主编．中国共产党的七十年［M］．北京：中共党史出版社 1991 年版，第 405 ~ 406 页。

社会主义建设的各项事业仍然取得了举世公认的重要成就。

"大跃进"给工农业生产和建设造成了极大的破坏和浪费。然而，工业建设、科学研究和国防尖端技术的发展，以及农田水利建设和农业机械化、现代化发展的许多工作，都是在那些年代开始布局的。根据权威的 中共中央党史研究室著、胡绳主编的《中国共产党的七十年》提供的材料，从新中国建立到1964年，重工业各主要部门累计新建的大中型项目中，有三分之二以上是在三年"大跃进"期间开工的。这三年新增的炼钢能力占从1949年到1979年新增炼钢能力的36.2%，采煤能力占29.6%，棉纺锭能力占25.9%。经过调整、巩固、充实，提高，这些开工项目和新增能力获得了扎实的成果。

以毛泽东为核心的党的第一代中央领导集体带领党和人民进行的社会主义建设的初步探索，既有教训，必须吸取，以免重蹈覆辙，又要总结经验，正确认识是非功过。

三、教学建议

本案例适用于教材第四章第二节二框题"初步探索的经验教训"。引导大学生运用马克思主义一分为二的方法分析认识问题，通过案例阅读、讨论和总结点评，引导大学生正确认识我们取得的成绩，尤其是在探索中的正确思想指导下取得的成就，对于今天走好改革开放之路，走好民族复兴之路来说是巨大的鼓舞，也是我们坚定道路自信的基础。

第五章

邓小平理论[*]

教学案例一

邓小平三谈"傻子瓜子"

　　1992 年初，邓小平在南巡讲话中谈到："农村改革初期，安徽出了个'傻子瓜子'问题。当时许多人不舒服，说他赚了一百万，主张动他。我说不能动，一动人们就会说政策变了，得不偿失。"在 1980 年和 1984 年，邓小平也曾在重要场合提到"傻子瓜子"品牌创始人年广久。1980 年、1984 年、1992 年，是改革开放的三个重要转折点。年广九这个改革开放 30 多年来个私经济的代表人物，他的命运起伏，也暗合着我国个私经济的发展进程。

　　2013 年 11 月 17 日晚 9 点过，本报特派采访组一行抵达夜幕中的安徽芜湖。76 岁高龄的年广九，仍坚持在寒风中前来迎接。"我对小平的感激，一天也说不完。"见到来自小平家乡的我们，年广九话语之中流露出浓浓的真情。

　　第二天一早，采访组来到位于芜湖市中山路的一栋三层楼房。一楼是年广九的"傻子瓜子"专卖店，二楼仓库堆满了各式各样的炒货，三楼则是年广九的办公室和卧室。邓小平南巡讲话谈到"傻子瓜子"的内容，也被年广九印下来，店铺、卧室、名片上都能看到。这个皱纹深刻在眉头但仍然精神矍铄、声若洪钟的老人，用整整一天的时间，向我们讲述了那记忆最深处的往事。

瓜子炒出百万富翁

　　1937 年，年广九出生在淮河岸边的安徽省怀远县，抗战后的一次大水灾，父亲带着全家来到芜湖要饭。十几岁的年广九学会了在街头叫卖。1963 年，年广九因投机倒把罪被判处有期徒刑一年。出狱后，年广九想起了炒瓜子、卖瓜

---

　　* 祝大勇，河北农业大学副教授。

子。谁都没想到的是，这样一个小人物，成就了一个响当当的行业——徽派"炒货"。"当时炒的是葵花子，5 分钱一小纸包，经常到剧院门口或大街小巷叫卖。"年广九的瓜子比人家便宜，称好之后还要多送一把，在旁人眼里，年广九有点"傻"。这样日长天久，芜湖市民都知道，剧院门口有个傻子卖瓜子。后来他就干脆称自己卖的瓜子为"傻子瓜子"。

由于"傻子瓜子"味道好，价格低，很快就在芜湖市小有名气。有了名气，生意就好做了。那时，他白天摆摊，晚上在家数钱。年广九说，在"文化大革命"之前，他已经成了"万元户"。忙不过来的年广九就请起了雇工。党的十一届三中全会之后，年广九决定大干一场，他以灵活的经营手段，将产品迅速打进北京、上海、南京等大城市，成为中国最早的百万富翁之一。（邓小平"三谈""傻子瓜子"[N].广安日报，2017 年 1 月 23 日第 1 版。）

一、思考讨论

1. 邓小平为什么要三次谈及"傻子瓜子"，有什么政策含义？
2. 为什么说"傻子瓜子"是一个从计划经济向市场经济转变的时代故事？

二、案例点评

市场经济是一种通过市场需求强弱的变化来自然调整资源配置，实现推动和调节经济发展的经济模式。其基本特征是，通过市场供需强弱变化来影响商品价格和企业生产；它要求商品和投资市场是开放的、企业的生产和经营是自主的；企业之间的地位是平等的；企业的发展归宿是优胜劣汰。市场经济是资本主义出现后普遍采用并逐渐完善的经济模式，因此，长期以来被人们习惯性地冠以资本主义经济的别称。其实，只不过是资本主义较早地采用了它，这并不能成为资本主义经济的代名词，也不能成为资本主义国家的专利。实质上，它仅仅是一种经济手段。邓小平在关键时刻，为年广久表态说话，排除阻力，把握方向。先后到南方几个改革开放较成功的省份视察，围绕着社会主义的本质是什么、市场经济到底姓"资"还是姓"社"等问题发表了一系列重要讲话，在此基础上明确提出了要发展社会主义市场经济。

三、教学建议

本案例适用于教材第五章第二节"邓小平理论的主要内容"。"傻子瓜子"

是改革开放之初非常具有典型性的例子，可以说他是计划经济转向社会主义市场经济的见证。本案例旨在带领大学生重温这段历史，重温这个典型案例，让学生们能够感受到改革开放过程中邓小平理论的重要历史意义，通过改革如何惠及普通老百姓。社会主义市场经济搞活了市场、增加了就业、提升了人民生活水平，使同学们从衣食住行方方面面感受改革开放带来的巨变，引导广大青年学生积极投身于全面深化改革的进程之中。

教学案例二

小粮票"讲述"大变迁

　　早晨七点半，北京市东城区居民张海霞来到家附近的菜市场，采购家里一天的食材。蔬菜、馒头、水果……市场上的商品琳琅满目。买完水果，她付给商贩 12 元钱。

　　张海霞记忆犹新的是，20 年前，买粮食要起个大早，拿着粮票到商店门口排队。由于粮票紧缺，为了一家人都能填饱肚子，只能少买几样……

　　1993 年，被称为"中国第二货币"的粮票退出流通，实行了几十年的统销制度也成为历史。

20 年：从粮食短缺到粮食充裕

　　粮票消失的背后，是我国农业生产力的大发展和粮食保障能力的快速提升。

　　20 年前，我国的粮食生产还远远不能满足社会需求，粮食供给不足、物资短缺，成为很多人心中抹不去的记忆。

　　20 年后，我国农业产品产量跃居世界前列，商品和服务供给能力大为增强，实现了从短缺到充裕的巨大转变。

　　2013 年，我国粮食总产量达到 60194 万吨，实现新中国成立以来首次"十连增"，连续 7 年稳定在 5 亿吨以上水平。我国坚持以我为主、立足国内，不断加强对农业的支持保护，不断提升粮食综合生产能力，依靠自己解决了人口大国的吃饭问题，打破了中国不能养活自己的预言，把饭碗牢牢端在自己手中。

　　"上世纪 90 年代中期以来，我国粮食平均自给率达到 100.5%。"国家发展改革委产业经济与技术经济研究所研究员姜长云告诉记者，近几年，由于需求大幅增加，粮食自给率有所下降，但我国的粮食自给率仍保持在 95% 以上，这给经济社会稳定发展增添了足够的底气。

粮食产量稳步提升的背后，是上下联动的重农抓粮机制和不断完善的强农惠农富农政策。从2004年起，中央连续10年发布指导"三农"工作的一号文件，不断加大对"三农"的支持力度。今年农业"四补贴"达1700亿元，10年之间提高了11倍。目前，我国已初步形成了价格支持、直接补贴和一般服务支持等功能互补，综合补贴和专项补贴相结合的农业支持保护政策机制框架。

粮食产量稳步提升见证了农业科技的创新自觉和农业机械化的强大支撑。如今，耕种收机械化水平为57%，农业科技贡献率为54.5%，粮食作物良种覆盖率在96%以上，我国农业的土地产出率、劳动生产率、资源利用率显著提高。

20年：从统购统销到流通活跃

20多年前，我国还处于凭票购物的年代。粮票、布票、油票、肉票、蛋票，"凭票购买"见证了当时商品短缺的窘境。

1992年10月，党的十四大提出建立社会主义市场经济体制，确立社会主义市场经济体制的改革目标。此后，农产品流通市场化改革全面推开。到1993年底，全国95%以上的市县完成了放开粮价的改革，粮票、布票、肉票等各种票证退出历史舞台。

从统购统销到流通活跃，二十年来，我国经济迅速发展，市场活力竞相迸发，市场中流通的商品种类繁多，给人们购物带来了更多选择。

20年来，综合国力的增强带动城镇居民收入和消费水平明显提高。随着居民对肉、禽、蛋、水产品、蔬菜、水果等"菜篮子"产品的消费需求大幅度增长，一大批规模化、专业化、区域化的农区"菜篮子"生产基地迅速崛起，农产品运输、仓储、批发、零售、配送产业方兴未艾，农产品"大市场""大流通"格局逐步形成。

上世纪90年代中期提出推进"菜篮子"市场化进程以来，各地农产品批发市场建设和改造升级提速，目前全国共有农产品批发市场4300多家，其中亿元以上农产品批发市场超过1600家，通过批发市场交易的蔬菜等鲜活农产品的数量占全国商品总量的70%左右。

20年：从温饱不足到总体小康

每到双休日，吉林长春市民胡艳玲一家都会到大超市集中购买一次。"现在想吃什么都能买到，除了吃得好，现在住的也好，家里的收入比以前多了很多倍，日子过得越来越好了。"胡艳玲说。

粮食连年丰收让"米袋子"更充实，市场流通的活跃让"菜篮子"更丰富。20多年来，我国城乡居民收入水平显著提高，居民生活实现了从温饱不足到总体小康的跨越。

国家统计局发布的数据显示，2012年，我国城镇居民人均可支配收入为24565元，而1993年，这一数据仅为2577.4元；2012年，我国农村居民人均纯收入7917元，而1993年这一数据仅为921.6元。2012年，我国城镇居民人均可支配收入实际增长9.6%，农村居民人均纯收入实际增长10.7%，均高于全年7.8%的GDP增速。

20多年来，社会主义市场经济制度的确立，让生产力得到极大释放，不仅让经济实现了又好又快发展，更让城乡居民消费有了日新月异的变化。更为可喜的是，随着居民消费结构日趋多元，居民消费观念也从20年前的生存型温饱消费逐步转向享受型消费，服务性消费支出的比重逐步增加。1993年，我国城乡居民恩格尔系数分别为50.3%和58.1%，到2012年，二者分别下降为37.1%和40.8%，居民生活质量不断提升，物质和精神生活更加殷实。（李慧．小粮票"讲述"大变迁．光明日报，2013年12月25日第10版。）

一、思考讨论

1. 粮票的变迁反映了什么时代变化？
2. 青年大学生如何理解和记录改革开放以来物质和文化生活的发展变化？

二、案例点评

在计划经济时代，各地的商品票证通常分为"吃、穿、用"三大类，大多数商品都是凭票供应的。据不完全统计，我国从中央到基层发行粮票品种繁多，包括农村口粮粮票、工种粮票、补助粮票、知青回城粮票、光荣家属粮票、干部下乡粮票、军用粮票等等。1955年8月25日，中华人民共和国国务院总理周恩来签署国务院令，发布市镇粮食定量供应暂行办法。办法规定，居民口粮、工商行业用粮和牲畜饲料用粮，均按核定的供应数量发给供应凭证。1993年2月15日，国务院发出《关于加快粮食流通体制改革的通知》，指出要把握时机，在国家宏观调控下积极稳步地放开价格和经营，进一步向粮食商品化、经营市场化方向推进。1993年4月1日，上海市全面放开粮油购销价格，取消粮票、油票。1993年5月10日，北京市政府放开粮油购销价格，取消粮票、油票。1993年底，全国95%以上的市县完成了放开粮价的改革。一部粮票变迁的历史，说明了我们改革开放后生产能力不断提升、人民生活水平不断提升的过程。

三、教学建议

本案例适用于教材第五章第二节"邓小平理论的主要内容"。粮票的变迁沉浮，反映的是国家生产能力的提升、经济活力的增加和人民生活水平的提升。本案例旨在引导大学生中历史发展的长时段中，看到生活的变化，让学生们能够感受到改革开放深刻地改变了国家社会的面貌，惠及每一个普通老百姓。青年大学生应当珍惜美好生活来之不容易，对邓小平理论的深远意义获得更加真实的理解。思政课教师需要引导广大青年学生深刻理解改革坚持以人民为中心的发展理念，积极投身全面深化改革的进程之中。

第六章

"三个代表"重要思想*

教学案例一

美与中兴达成协议

资料1

美商务部与中兴达成协议

2018年6月7日，美国商务部长罗斯宣布与中国中兴通讯公司达成新和解协议。美国商务部当天发表声明说，罗斯当天宣布中兴通讯及其关联公司已同意支付罚款和采取合规措施来替代美国商务部此前针对该公司向美国供应商采购零部件执行的禁令。声明指出，根据新的和解协议，中兴公司支付10亿美元罚款，另外准备4亿美元交由第三方保管，然后美国商务部才会将中兴公司从禁令名单中撤除。

中兴事件始末梳理

在经历近两个月的交涉博弈后，中兴事件终于有了最新的结果。这个结果来之不易，值得各方深思和珍惜，现在我们来回顾一下中兴事件的始末。

起因

2018年4月16日，美国商务部单方面激活美国企业禁止向中兴通讯销售元器件的禁令，为期7年。

直接诱因，居然是因为中兴向违规雇员支付了年终奖金。而实际上，是中兴主动上报了相关消息，并采取了纠正措施。更早之前，中兴在2017年于合规上投入超过5000万美元，并计划在2018年增加投入。这个美国商务部工业和安全局（BIS）历史上最严厉的处罚，究其原因，可以说是非常明显的过度反

---

* 张国军，首都医科大学副教授。

应了。

随后中兴召开了发布会并发表了多封内部信。

5月4日，美国特使、财政部长姆努钦率团访华，进行中美贸易磋商。中兴和中美贸易再次占据了各大头条。

5月9日，中兴通讯发布公告表示，受美国商务部激活拒绝令影响，公司主要经营活动已无法进行。但公司现金充足，在合法合规的前提下坚守商业信用。

转机

5月13日，特朗普发布推特（Twitter）称，正和中国国家主席共同努力，为中兴通讯快速恢复业务提供途径，已下令商务部着手解决。

5月15日至19日，应美国政府邀请，中共中央政治局委员刘鹤赴美访问。刘鹤同美国财政部长姆努钦率领的美方经济团队继续就两国经贸问题进行磋商。

5月13日，特朗普发推特（Twitter）称：将为中兴提供一种很快恢复业务的途径。（中兴事件造成）中国很多工作岗位丢失了。（美国）商务部已被指示去完成这件事。

5月22日，有消息称，特朗普提出了一项计划，拟对中兴处以高额罚款，并对其管理层进行改组，作为美国政府撤回之前让中兴经营陷入困境的严厉惩罚措施的条件。

5月29日，中兴执行副总裁兼首席技术官徐慧俊，以及负责公司运营的黄达斌（Huang Dabin）被免职。在此之前，中兴首席合规官兼首席法务官程钢（Cheng Gang）已被免职，另外还有其他几名高管被解职后重新分配岗位。

告一段落

6月7日，美国商务部正式宣布与中国中兴通讯公司达成新和解协议。但中兴公司需要支付10亿美元罚款，另准备4亿美元交由第三方保管，此外美国选择合规团队进驻中兴，并要求中兴在30天内更换董事会和高管团队。

作为全球主要综合通信解决方案提供商之一，中兴通讯与众多美国供应商保持着良好的合作关系，为全美近13万个高科技就业岗位提供支持。专家指出，由于中兴通讯与不少美国企业合作密切，美国政府对中兴的出口管制措施将使高通、英特尔等这些中兴在美国的供应商也蒙受损失。（美与中兴达成协议 中兴事件始末反思华 [EB/OL]. 环球经济网, 2018 – 06 – 08.）

资料2

多年备胎一夜转"正"，今后要科技自立！
——华为海思总裁致员工的一封信

尊敬的海思全体同事们：

此刻，估计您已得知华为被列入美国商务部工业和安全局（BIS）的实体名单（entity list）。

多年前，还是云淡风轻的季节，公司做出了极限生存的假设，预计有一天，所有美国的先进芯片和技术将不可获得，而华为仍将持续为客户服务。为了这个以为永远不会发生的假设，数千海思儿女，走上了科技史上最为悲壮的长征，为公司的生存打造"备胎"。数千个日夜中，我们星夜兼程，艰苦前行。华为的产品领域是如此广阔，所用技术与器件是如此多元，面对数以千计的科技难题，我们无数次失败过，困惑过，但是从来没有放弃过。

后来的年头里，当我们逐步走出迷茫，看到希望，又难免有一丝丝失落和不甘，担心许多芯片永远不会被启用，成为一直压在保密柜里面的备胎。

今天，命运的年轮转到这个极限而黑暗的时刻，超级大国毫不留情地中断全球合作的技术与产业体系，做出了最疯狂的决定，在毫无依据的条件下，把华为公司放入了实体名单。

今天，是历史的选择，所有我们曾经打造的备胎，一夜之间全部"转正"！多年心血，在一夜之间兑现为公司对于客户持续服务的承诺。是的，这些努力，已经连成一片，挽狂澜于既倒，确保了公司大部分产品的战略安全，大部分产品的连续供应！今天，这个至暗的日子，是每一位海思的平凡儿女成为时代英雄的日子！

华为立志，将数字世界带给每个人、每个家庭、每个组织，构建万物互联的智能世界，我们仍将如此。今后，为实现这一理想，我们不仅要保持开放创新，更要实现科技自立！今后的路，不会再有另一个十年来打造备胎，然后再换胎了，缓冲区已经消失，每一个新产品一出生，将必须同步"科技自立"的方案。

前路更为艰辛，我们将以勇气、智慧和毅力，在极限施压下挺直脊梁，奋力前行！滔天巨浪方显英雄本色，艰难困苦铸造诺亚方舟。

何庭波 2019 年 5 月 17 日凌晨

（为海思总裁凌晨致信员工：多年备胎一夜转"正"，今后要科技自立！[EB/OL]．环球网，2019－05－17.）

一、思考讨论

1. 中兴与华为芯片事件说明了什么问题？
2. 为什么说"发展是硬道理"？

二、案例点评

"发展是硬道理，这是我们必须始终坚持的一个战略思想。"党要承担起推动中国社会进步的历史责任，必须始终紧紧抓住发展这个执政兴国的第一要务，把坚持党的先进性和发挥社会主义制度的优越性，落实到发展先进生产力、发展先进文化、实现最广大人民的根本利益上来，推动社会全面进步，促进人的全面发展。社会主义要强大，体现优越性，关键在发展。

华为公司敢叫板美国的根本原因在于，华为在核心技术上能够不受美国束缚！面对世界经济和科技前所未有的大发展和激烈的国际竞争，只有拥有强大的科技创新能力，拥有自主知识产权，紧紧依靠科技促进生产力发展，不断提高综合国力，才能在风云变幻的国际局势中处于主动地位，立于不败之地。正如习近平总书记所言："关键核心技术是国之重器，对推动我国经济高质量发展、保障国家安全都具有十分重要的意义，必须切实提高我国关键核心技术创新能力，把科技发展主动权牢牢掌握在自己手里，为我国发展提供有力科技保障。"

三、教学建议

本案例适用于教材第六章第二节"发展是党执政兴国的第一要务"。本章教学内容理论性强，教师在授课中需要结合学生关心的热点问题或学生日常生活实际，选择合适的教学案例，找到教材内容与学生之间的对接点，丰富授课内容，活跃课堂气氛。中兴和华为芯片事件牵动国人的心，备受关注，本案例教学旨在引导学生认识到发展科技、发展生产力对一个国家生存和发展的重大意义，引导学生学好本领，投身于创业创新中。

教学案例二

把党旗牢牢插在疫情防控第一线
——河南省基层党组织和党员干部坚决打赢疫情防控阻击战

疫情就是命令，防控就是责任。

新型冠状病毒感染的肺炎疫情发生以来，在以习近平同志为核心的党中央坚强领导下，我省广大基层党组织和党员干部认真落实中央和省委部署要求，把疫情防控作为当前最重要的工作来抓，广泛发动群众、紧紧依靠群众，坚决打赢疫情防控阻击战。

闻令而动，统一思想和行动

"各级党委和政府必须坚决服从党中央统一指挥、统一协调、统一调度，做到令行禁止……"习近平总书记的重要讲话，为打赢这场疫情防控阻击战指明努力方向、提供重要遵循。

疫情发生后，省委书记王国生多次主持召开省委常委会（扩大）会议、党建领导小组会议、疫情防控工作专题会议，深入学习贯彻习近平总书记重要指示精神和中央决策部署，研究部署全省疫情防控工作，深入一线督导疫情防控，以实际行动给全省各级党组织和广大党员干部作出表率。

1月25日，省委组织部发出通知，要求各基层党组织和广大党员深入贯彻习近平总书记重要指示精神，在"党政牵头、社区（村）动员，群防群控、稳防稳控"的工作格局中发挥作用。1月31日，省委组织部再次下发通知，要求各级组织部门深入贯彻习近平总书记重要指示精神，推动各领域基层党组织带领群众发挥好第一道防线作用。

召开会议专题研究组织部门更好发挥职能作用、服务保障打赢疫情防控阻击战的具体措施；紧急下拨2000万元党费支持基层党组织开展疫情防控工作；就广泛动员全省非公经济组织和社会组织党组织、驻村第一书记发挥作用等事项进行研究部署……省委组织部机关率先行动，深入贯彻落实中央和省委决策部署。

在各级党委的领导和组织部门的推动下，各地各单位纷纷成立以党委书记为政委的疫情防控指挥部，加强统一领导，明确分工职责，落细落实举措，带领群众打好疫情防控阻击战。

一个党组织就是一座堡垒，一名党员就是一面旗帜。全省各级党组织和防疫一线3600多个临时党支部及时传达学习习近平总书记重要指示精神和中央要求，将全省100多万名疫情防控第一线党员的思想和行动迅速统一到中央精神和省委部署上来，全力开展疫情防控。

发挥优势，织密织牢防线

这是一场没有硝烟的战争，众志成城、团结奋战，是赢得战役的硬核力量。

我省各基层党组织充分发挥政治优势、组织优势和密切联系群众优势，严格落实"外防输入、内防扩散"要求，共同构建起群防群控、稳防稳控的疫情防控工作格局。

广泛组织发动，织密日常监控网络——

新密市向4.9万名党员发倡议，并以村（社区）党员干部为主，吸纳村民组长、村医、包村民警等组建党群突击队，当好政策宣传、疫情监控、群众劝导、服务代理、心理疏导"五大员"。

镇平县织密以431个村（社区）党组织为核心的疫情防控网络，建立村组干部包片、网格化管理机制，2203名村干部分包5323个村民小组，把网格巡查等工作落到实处。

注重宣传引导，凝聚防控强大合力——

济源示范区在525个村、24个社区设置983个大喇叭、371台移动音响，通过广播、标语等多种方式，重复播放疫情防控知识，引导群众增强自我防护意识。

西峡县组织82名驻村第一书记坚守疫情防控一线，带领村"两委"班子和党员群众联防联控，发放防护知识手册3万余册。

强化服务保障，化解群众后顾之忧——

省委高校工委组织省内42所高校发挥高校学科和专业优势，为群众免费提供网络心理辅导服务。

舞阳县侯集镇组织村"两委"干部、党员、村级后备干部、入党积极分子等成立"快递小分队"，主动帮助群众购买、运输、分发各类生活物资。

哪里有危险，哪里就有党旗在飘扬。全省各级党组织切实担负起属地防控重要责任，积极做好各项工作，织密织牢群防群控防线。

火线建功，砥砺初心使命

自1月26日以来，郑州市交通运输系统每天都有3000余名党员奋战在疫情防控第一线，维护社会稳定和群众安全。

　　面对疫情，无数党员挺身而出、英勇奋斗、扎实工作，以实际行动践行初心使命，以新担当新作为为党旗增光添彩。

　　坚守，是一种精神。南阳市示范区白河街道党工委书记田红梅连续六天五夜奋战在疫情防控一线，累倒在工作岗位。荥阳市司法局社区矫正管理科科长郑凯、汝州市公安局基层大队大队长程建阳等人，更是用生命诠释了共产党员的责任和担当。

　　"逆行"，是一种勇气。郑州大学一附院、二附院、五附院，河南大学一附院等单位687名优秀医疗工作者迅速集结驰援武汉，成为"最美逆行者"。洛阳市支援湖北医疗队迅速成立临时党组织，在华中科技大学同济医院的中法新城院区参与救治确诊的危重症患者，打最硬的仗、啃"最硬的骨头"。

　　奉献，是一种力量。曾缴纳大额党费的新乡市98岁离休老党员申六兴，再次捐出5万元支持疫情防控。沈丘县白集镇田营村党支部书记王国辉得知武汉火神山医院蔬菜短缺的消息后，紧急组织村民采摘50吨的新鲜蔬菜，独自开车连夜送往武汉。

　　疫情防控既是没有硝烟的战场，也是检验党员、干部初心使命的考场。全省500多万名党员亮身份、迎浪头、作表率，构筑起疫情防控阻击战的"中原堡垒"。

创新方法，增强防控效果

　　疫情发展瞬息万变，防控工作十万火急。全省各地如何创新工作方式，推动疫情防控取得实实在在的效果？

　　延伸疫情防控臂膀。焦作市充分运用"焦作党建e家"视频会议系统，及时把任务直接安排到各村；沁阳市通过"学习强国"视频会议功能，第一时间传达疫情防控指挥部会议精神……各级党组织充分运用"互联网＋智慧党建"融平台的视频会议系统，直接高效地通过线上视频安排部署疫情防控工作。

　　提升疫情防控效能。疫情防控工作任务量大，涉及面广，各地坚持党建引领、部门协同、上下联动，积极有效开展工作。郑州市金水区成立临时党支部、设立党员先锋岗，组织党员、楼栋长等全天候把守辖区内各楼院入口，经八路街道党工委带领群众志愿者在楼院出入口设卡把守，为辖区233个楼院、3.7万余户居民织密"防火墙"。漯河市源汇区马路街街道党工委建立"社区吹哨、党员报到"机制，动员党员居民服从统一调度，参与疫情防控工作。

　　有效回应群众关切。各地牢牢掌握舆论的主动权，充分发挥党员教育信息化平台和各媒体平台优势，提升舆论引导效果。中牟县编排河南坠子《战"疫"

在中牟》、戏歌《防疫情，我先行》等群众喜闻乐见、容易接受的艺术节目，鼓励群众增强战"疫"信心。潢川县拍摄制作了 5 集防疫指南微视频，引导广大党员群众科学防"疫"、理智抗"疫"、同心战"疫"。

关键时刻，关键在党。在同时间赛跑、与疫魔较量中，全省基层党组织和党员干部众志成城、共克时艰，必将打赢疫情防控阻击战。（刘一宁. 把党旗牢牢插在疫情防控第一线——河南省基层党组织和党员干部坚决打赢疫情防控阻击战［EB/OL］. 中国共产党新闻网，2020－02－10.）

一、思考讨论

1. 为什么说"关键时刻，关键在党"？
2. 为什么要推动各领域基层党组织带领群众发挥好第一道防线作用？

二、案例点评

中国共产党是中国工人阶级的先锋队，同时是中国人民和中华民族的先锋队，是中国特色社会主义事业的领导核心。中国共产党的领导是中国特色社会主义最本质的特征，没有中国共产党的领导，就没有中国特色社会主义的产生与发展。中国共产党是中国特色社会主义制度的最大优势，没有中国共产党，也就没有中国特色社会主义制度，制度优势就无从谈起。坚持和加强党的领导是战胜艰难险阻，不断取得胜利的制胜法宝。党在疫情防控阻击战中发挥总揽全局，协调各方的作用。各级党委和政府必须坚决服从党中央统一指挥、统一协调、统一调度，做到令行禁止，广泛发动群众、紧紧依靠群众，坚决打赢疫情防控阻击战。

人民是我们国家的主人，是决定我国前途和命运的根本力量，是历史的真正创造者。一切为了群众，一切相信群众，一切依靠群众，我们党就能获得取之不尽的力量源泉。我们党的最大政治优势是密切联系群众，党执政后的最大危险是脱离群众。全心全意为人民服务，立党为公，执政为民。在任何时候任何情况下，与人民群众同呼吸共命运的立场不能变，全心全意为人民服务的宗旨不能忘，坚信群众是真正英雄的历史唯物主义观点不能丢。只有在党的领导下，充分发挥群众的力量，才能打赢疫情防控阻击战。

三、教学建议

抗击新冠肺炎疫情是党和全国人民面临的一次大考，每一个人都身处其中。本案例旨在加深学生对加强党的领导以及党始终代表最广大人民的根本利益的理解。这次抗疫战是一部史诗级的鲜活教材，教师可以从中挖掘教学素材，结合理论进行讲解。

第七章

科学发展观*

教学案例一

"非典"警示与警惕"拉美陷阱"

"非典"警示

2020 年的新冠疫情，不难使人想起 2003 年那场"非典"。"非典"就是非典型性肺炎的简称，特指在中国 2003 年流行的非典型性肺炎（SARS）。2003 年 4 月 16 日，世界卫生组织根据包括中国内地和香港地区，加拿大、美国在内的 11 个国家和地区的 13 个实验室通力合作研究的结果，仅仅 8 天就确定了病原体，并宣布重症急性呼吸综合征的病因是一种新型的冠状病毒，称为 SARS 冠状病毒。

2003 年"非典"在 30 余个国家和地区发生，是全球众多国家和地区面临的一场疫病危机，其中中国内地是重灾区。根据世界卫生组织的统计，日内瓦时间 2002 年 11 月 1 日至 2003 年 6 月 9 日下午 2 时，席卷 30 余个国家和地区的 SARS 疫情，已经导致全球累计临床报告病例 8421 例，其中中国内地 5328 例，占 63%；全球死亡病例 784 例，其中中国内地 340 例，占 44%。"非典"自 2002 年 11 月在我国内地出现病例并开始大范围流行，大致可以分为两个阶段：2002 年 11 月至 2003 年 3 月，疫情主要发生在粤港两地；2003 年 3 月以后，疫情向全国扩散，其中尤以北京为烈。2004 年 6 月 24 日，世界卫生组织（WHO）宣布解除对北京的旅游禁令，表明中国内地抗击"非典"取得胜利。（世界卫生组织发出 SARS 全球警报［EB/OL］. 天极网，2003 – 03 – 12.）

---

* 孙志方，北京工业职业技术学院副教授。

警惕"拉美陷阱"

20世纪80年代拉美地区GDP年均增长率仅为1.2%，人均GDP则是负增长0.9%，被称为"失去的10年"，出现了世界经济的"拉美陷阱"。

大部分拉美国家工业化起步较早。从20世纪50年代中期起，拉美许多国家全面推进工业化和城市化进程，工业发展战略纷纷由初级产品出口为主转向进口替代工业化为主；各国政府集中资源和要素，重点和优先发展与工业化和城市化相关的基础设施，并且巨额投资制造业。这期间他们实施了牺牲"三农"利益、扶持"幼稚工业"的产业倾斜政策，和一系列吸引外国资本向制造业投资的优惠政策。工业年均增长8%以上，国民经济年均增长6.5%。到20世纪60年代，拉美国家经济全面"起飞"，除个别国家外，拉美主要国家人均GDP一举突破1000美元大关，有的国家人均GDP达到1500美元左右。在短短的十多年内，拉美国家依托工业化和城市化的强大动力，促进了经济的快速增长，使人均GDP从400多美元一下提升到1000多美元，创造了被人们普遍赞誉的"拉美奇迹"。然而，"拉美奇迹"背后，存在着严重的问题。最突出的是经济与社会的畸形发展，城乡二元矛盾突出；分配不公，社会两极分化严重，大量的城市贫民和失去土地的农村移民陷入严峻的生存困境之中；从而导致社会动荡和政局动荡，以及严重的经济危机和外债危机，使拉美国家经济增长速度急速下滑，进入80年代出现了持续的衰退。20世纪70年代中期到90年代，拉美各国政府先后进行了两轮经济改革。第一轮主要是改进进口替代工业化。其政策导向是从一般消费品进口替代为主转向耐用消费品和相关资本品进口替代为主，从吸纳外资直接投资为主转向吸纳外资信用贷款为主，从政府直接干预经济运行为主转向自由化市场调节为主，从本地区内部开放为主转向地区外世界性开放为主。第二轮改革的重点是以"后进口替代工业化"取代以往的进口替代工业化。所谓"后进口替代"就是以国外市场为导向的进口和出口相协调、外贸和内贸相协调、外向和内向相协调。其主要内容是以制成品加工为中心的对外贸易自由化、国民经济外向化和经济体制市场化。这些改革在一定程度上缓和了经济社会发展的矛盾，对经济增长和社会稳定起了积极的作用。然而这些改革并没有从根本上改变或超越拉美国家经济增长型的传统发展观念、道路、模式和战略，使拉美国家经济发展与社会进步、人与资源和环境、城乡以及区域发展、国内发展与国外发展等影响经济社会持续发展的全局性矛盾，非但没有破解反而不断扩大和激化。90年代后期，拉美地区经济严重恶化，无论是GDP还是人均GDP的增速双双下跌。整个90年代，拉美国家GDP和人均GDP

虽然略高于 80 年代，但远远低于 50 年代中期到 60 年代"奇迹"时期，以致使人们认为是"难以跳出的拉美陷阱"。（资料来源：警惕"拉美陷阱"［EB/OL］．豆丁网，2006 – 11 – 12.）

一、思考讨论

1. "非典"给我国发展的重要启示是什么？
2. "拉美陷阱"给我国社会主义现代化建设的启示是什么？

二、案例评析

2003 年"非典"在 30 余个国家和地区发生，是全球众多国家和地区面临的一场疫病危机，其中中国内地是重灾区，这起码说明了我国在以往的发展中肯定是有问题的。反思我国过去发展的深层次原因不难发现，我国在过去的社会主义现代化发展中，尤其是经济的发展与社会的发展出现了不协调，即经济发展得快，而社会发展滞后，没有跟上经济的发展。"非典"给我的重要启示，是我们在总结非典疫情的发生和防治非典的经验和教训中得到的启示。

"拉美陷阱"，是指 20 世纪六七十年代以来，拉美等国家经济高速增长以后，由于经济社会的畸形发展，不恰当的收入分配结构以及畸形的消费结构，导致社会出现"有增长、无发展"，一边是现代化，而另一边却是大多数人享受不到现代化成果的严峻现实，从而影响经济社会持续增长的一种现象。"拉美陷阱"值得我国在经济社会发展中深省。我们在现代化建设中，必须坚持科学的发展观，以人为本，统筹经济社会全面、协调和可持续发展，从根本上转变、完善和创新经济增长和社会发展的观念、道路、模式、战略，构建和谐社会，才能跳出经济社会现代化发展的"拉美陷阱"。

"非典"与"拉美陷阱"是两件风马牛不相及的事情，但它们对我国的发展却起到了同样重要的启示作用，为我国提出科学发展观提供了最重要最直接的内外部经验教训。"非典"是我国提出科学发展观的最重要最直接的动因。正如胡锦涛同志指出：科学发展观"概括了战胜非典疫情给我们的重要启示"。总结我国非典疫情的发生和我们防治非典的经验和教训，无疑是科学发展观形成的一个重要契机，直接促成了科学发展观的提出。"在某种意义上说，科学发展观就是以发展的内涵为突破口，开始探索实现什么样的发展、怎样发展的进程的。""在某种意义上说，科学发展观的提出，是以解决我国发展不平衡，特别是经济社会、城乡、区域协调发展问题为出发点的。"拉美陷阱"是我国提出科学发展观的外部经验。常言道：他山之石，可以攻玉。胡锦涛指出："科学发展观，凝结着我们几代共产党人带领人民群众建设中国特色社会主义的心血，也反映了多年来世界各国发展的经验教训。"科学发展观的提出，不仅总结了我国发展实践，还借鉴了国外发展经验，反映了当代世界最新的发展理念。①

三、教学建议

本教学案例可以应用于第七章第一节"提出科学发展观的依据和原因"的教学中。"非典"是我国提出科学发展观的最重要最直接的动因。总结我国非典疫情的发生和我们防治非典的经验和教训，无疑是科学发展观形成的一个重要契机，直接促成了科学发展观的提出。除了对非典的总结，我国还对近年来我国的宏观调控实践进行了总结，对"十个结合"的基本经验进行了总结。科学发展观就是在综合了这三个总结的基础上提出来的。他们合起来就是我国提出科学发展观的国内的实践经验和教训。他山之石，可以攻玉。"拉美陷阱"是我国提出科学发展观的最重要最直接的外国发展的经验教训。对我国提出科学发展观作用巨大、意义非凡。

教学案例二

坚持"以人为本"执政理念

家住梅林一村的黄太对记者说，她在梅林一村住了好些年了，周围环境干净整洁，文体设施齐全，每天都开开心心、乐乐呵呵的，身子骨越来越硬朗。在深圳，像梅林一村这样温馨舒适、深受老百姓喜爱的社区还有许多座。这是深圳市委、市政府坚持"以人为本"的执政理念，以"建设和谐深圳"为目标，着力为老百姓营造和谐温馨的居住家园。

温馨之家：让外来工都能享受到家的温暖

深圳是座移民城市，外来人口多。目前在深圳居住的1000多万人口中，户

---

① 陈理. 科学发展观是怎么提出来的［EB/OL］. 中国网，2011 – 06 – 21.

籍人口仅 146 万，其他都是劳务工和外来流动人口。劳务工的权益是否有保障，对建成"和谐深圳"至关重要。深圳市委市政府本着"权为民所用、情为民所系、利为民所谋"的执政理念，对数百万劳务工给予了特别的关爱。外出打工人最怕就是生病。为了从根本上解决劳务工看病难、看不起病的问题，深圳市初出台了《深圳市劳务工合作医疗试点办法》，规定每名劳务工每月只需缴纳不到 10 元钱，就可以享受从门诊到住院的医疗保障。合作医疗试点一旦全面铺开，将使 600 万在深劳务工受益。

友爱之家：让党的关怀渗透到城市每个角落

社会治安好不好，关系到每个居住生活在深圳的人是否有安全感。深圳市委主要领导多次说："社会治安搞不好，其他环境再好也等于零。人们没有安全感，谁还愿意来深圳居住，谁还敢来深圳发展？"为了给市民营造一个平安的"家"，尽管深圳对政府人员编制一减再减，但市委市政府还是作出决策：增加警察 3000 名。对没钱在深圳打官司的，深圳有关部门会提供免费的法律援助。几年来，深圳的各级法律援助机构共义务接待群众来访和解答法律咨询计 24 万人次；组织办理法律援助案件逾万宗。2004 年，全市受理法律援助案件达 3978 宗。对没有工作的，给予再就业援助。深圳多年来一直在大力实施再就业工程，并通过多层次的技能培训，提高失业人员的就业竞争能力。2004 年，又推出了"关爱·自立"行动，并为不同年龄阶段、不同就业需求和不同类型的失业人群量身定制援助方案。2004 年和 2005 年，每年安排再就业资金 7000 万元。对生活有困难的，深圳能够提供保障的就尽量给予保障。为此，全市还开展了对于低保家庭的普查，建立了低保困难家庭的数据库。2004 年全市共发放低保救济金 2427.4 万元。

和谐之家：让每个人都享受到深圳的发展成果

为了让市民有一个温馨的生活环境，2004 年，深圳共安排 12.02 亿元用于市政配套项目建设，用于基础设施和公共事业的投资达 120 亿元，是历年来最高的。深圳市城管局下属有 13 家市政公园，其中 12 家公园全部免费开放，深圳的各个公园成了市民最爱去的休闲场所。为了给市民保障提供最基本的健康权，深圳这些年还逐年加大了对医院建设的投入。2003 年，深圳投资 4 亿元兴建了市疾病预防控制中心。为加强疫情的信息化管理，投入 2000 万元建立与国际接轨的疫情报告、分析视听化网络。同时，引入外资和民营资本建立大型医院，让外来劳务工感受尤深的，是子女就读问题。深圳外来劳务工子女有近 40 万人，并以每年 20%—30% 的速度递增。深圳各界为解决外来劳务工子女上学问题出谋划策，比如一般情况下小学一年级五六月份报名，9 月份上学就可以了，但是深圳为了更好地摸清外来劳务工子女读书的情况，每年的3月份就开始报名了。40万外来劳务工子女都能享受9年义务教育，50%的人就近进入公办学校。2004年全市各项教育的投入达49亿元。（安安可．深圳有个"亚洲第一村"，很多人往了10几年都不知道［EB/OL］．光明网，2018－05－21.）

一、思考讨论

1. 什么是"以人为本"？
2. 构建社会主义和谐社会，为什么必须坚持"以人为本"？

二、案例点评

坚持以人为本，是要以实现人的全面发展为目标，从人民群众的根本利益出发谋发展、促发展，不断满足人民群众日益增长的物质文化需要，切实保障人民群众的经济、政治和文化权益，让发展的成果惠及全体人民。

构建社会主义和谐社会必须坚持以人为本，努力做好关系群众切身利益的突出问题。在构建社会主义和谐社会的过程中，我们首先要全面贯彻尊重劳动、尊重知识、尊重人才、尊重创造的方针，努力营造鼓励人们干事业、支持人们干成事业的社会环境；其次要妥善协调各方面利益关系，反映不同阶层不同方面的不同呼声，让更广大的人民群众都能够享受到改革与发展的成果；第三要健全社会利益的沟通渠道和协调机制，充分满足不同利益集团合理的利益诉求；第四要建立健全社会预警体系，提高保障公共安全和处置突发事件的能力；最后要完善正确处理人民内部矛盾的工作机制健全信访工作责任制，努力做好群众工作。

三、教学建议

本案例可用于第七章第二节"科学发展观的科学内涵和主要内容"的教学方面。"以人为本"是科学发展观的核心立场，集中体现了马克思主义历史唯物论的基本原理，体现了我们党全心全意为人民服务的根本宗旨和推动经济社会发展的根本目的。以人为本，就是以最广大人民的根本利益为本；就要坚持发展为了人民，始终把最广大人民的根本利益放在第一位；就要坚持发展依靠人民，从人民群众的伟大创造中汲取智慧和力量；就要坚持发展成果由人民共享，着力提高人民物质文化生活水平；最终是为了实现人的全面发展。

第八章

习近平新时代中国特色社会主义思想及其历史地位[*]

教学案例一

一文看懂新中国70年经济史

1949 年 7 月，新中国正式成立前夕，美国国务卿艾奇逊给时任美国总统杜鲁门写了一封信，"人民的吃饭问题是每个中国政府必然碰到的第一个问题。一直到现在没有一个政府使这个问题得到了解决"。言下之意就是，新中国当然也解决不了人民的吃饭问题。

艾奇逊的悲观当然不是没有理由。连年战火之后，当时的中国已是满目疮痍，农村几千万灾民，城镇数亿失业人口，而通货膨胀更是已经涨上天际。如何让老百姓活下去，的确成为新中国的巨大挑战。

但事实证明，中国人民不仅活了下来，而且人均国民收入已经接近 1 万美元，成为中高收入国家，而中国的经济实力已经在 2010 年超过日本，成为全球第二大经济体。在人类发展史上，这当然是一个巨大的奇迹。从当初担心吃饭问题到今天的人类奇迹，中国在 70 年里到底是怎么做到的？

新中国成立之初，当时人们对共产党的普遍评价是"军事内行，经济外行"。常年驰骋在战场上，从农村走向城市的共产党，在经济上的确算不上内行，但可贵之处在于，当时的共产党具有极强的学习能力，以及自我调整和自我改革的勇气，所以，虽然新中国成立以来虽然走过不少弯路，但是最终总能拨开云雾，重新回到正确的道路上来。

1978 年 12 月，中共中央召开十一届三中全会。三中全会提出了停止使用"以阶级斗争为纲"的口号，做出了把工作重点转移到社会主义现代化建设上来

---

* 韩凤荣，北京青年政治学院教授。

的战略决策。中国浩浩荡荡的改革开放由此启航。家庭联产承包责任制开始推行，乡镇企业如雨后春笋般兴起，成为中国经济最富活力的象征。1992 年召开的十四大首次明确提出了建立社会主义市场经济体制，1993 年的十四届三中全会，明确提出要在 20 世纪末建立起新的市场经济体制。市场经济终于将中国带上了正确的道路，中国的高速增长从此一发而不可收。在推动内部经济改革的同时，中国也开始打开国门对外开放。

2001 年 12 月，中国正式加入 WTO，成为 WTO 组织的第 143 个成员国。随着中国加入世界贸易组织，中国和世界的关系开始发生更深刻的变化。加入 WTO 之后，中国商品以价廉物美的优势迅速赢得了全球市场的欢迎，大规模的出口为中国经济增加了新的增长引擎。在内外需两大引擎的共同作用下，中国经济实现了高速增长，从 2003 年到 2007 年，中国 GDP 连续 5 年的增速都在 10% 以上。随着经济实力的快速增长，中国在全球范围内的国际地位也不断提升。

2008 年，无论对于全球还是中国，都是一个刻骨铭心的年份。这一年，美国的次贷危机全面爆发，杀伤力之大堪比上世纪 30 年代的大萧条，雄踞全球霸主几十年之后，美国模式开始受到前所未有的质疑，美国的全球影响力开始不可避免的下降。在次贷危机进入高潮之际，中国成功举办了第 29 届夏季奥运会，让全球看到了中国的崛起。

国际上开始出现越来越多的声音，希望中国承担起更多的全球领导责任，G2 的概念也正是在当时横空出世。在次贷危机导致全球经济遭受重创的背景下，如何拯救美国甚至全球经济，当时美国的主流学者提出了 G2 的想法，认为美国应该和中国分享全球经济的领导地位。也正是从次贷危机之后，全球开始形成共识，在解决全球性矛盾面前，中国已经是不可或缺的重要角色。到了 2010 年，中国 GDP 超越日本，成为全球第二大经济体，中国经济的复兴又迎来一个历史性时刻。（一文看懂新中国 70 年经济史，三联生活周刊，2019 – 09 – 24.）

一、思考讨论

1. 从本文理解站起来、富起来、强起来的曲折历史和成就，理解新时代全方位的历史变革。

2. 结合教材并自己查找资料，总结十八大以来我国取得了哪些历史成就。

二、案例点评

新中国 70 年的历史，概括起来，就是中华民族从站起来、富起来到强起来的历史。从 1953 年党和政府提出"一化三改"过渡时期总路线，到 1956 年完成对农业、手工业和资本主义工商业的社会主义改造，中国人民走上了社会主义道路。这是我国历史上从未有过的最深刻最伟大的社会变革，是后来我国一切发展成就的政治前提和根本制度基础。党的十一届三中全会以来的改革开放政策，给我国经济、政治、文化、社会、人民生活带来了空前深刻的变化。改革首先从农村实行家庭联产承包责任制开始，逐步向城市经济体制综合改革推进，先后制定了加快农业发展、经济体制改革等一系列重要决策。按照党的十三大提出的社会主义初级阶段理论和"三步走"发展战略，经济建设从"七五"计划到"十二五"规划如期完成；同时兴办经济特区，开放东南沿海城市，加入世界贸易组织，"走出去"和"请进来"相结合，对外开放取得重大突破；香港、澳门按照"一国两制"方针回归祖国。从 1978 年到 2017 年，我国国内生产总值增长 33.5 倍，年均增长 9.5%，远高于世界经济同期年均 2.9% 的增速，经济规模从 1978 年世界第 11 位到 2010 年跃居世界第 2 位，中国人民从温饱迈向全面小康。我国 40 多年的改革开放，走完了发达国家几百年走过的工业化进程，实现了中国人民千百年来梦寐以求的脱贫夙愿。

新中国刚刚成立时，美国国务卿艾奇逊认为中国解决不了人民的吃饭问题，如何让老百姓活下去，是新中国的巨大挑战。但事实证明，中国人民不仅活了下来，而且人均国民收入已经接近 1 万美元，而中国的经济实力已经在 2010 年超过日本，成为全球第二大经济体。中国正在接近世界舞台的中央，在国际上发挥引领作用，将在 21 世纪中叶实现中华民族的伟大复兴。在人类发展史上，这当然是一个巨大的奇迹。

经济建设取得重大成就：坚定不移贯彻新发展理念，坚决端正发展观念，转变发展方式，发展质量和效益不断提升。经济保持中高速增长，在世界主要国家中名列前茅，国内生产总值稳居世界第二，对世界经济增长贡献率超过百分之三十，供给侧结构性改革深入推进，经济结构不断优化。创新驱动经济增长不断进深。

全面深化改革取得重大突破：稳推进全面深化改革，坚决破除各方面体制机制弊端。改革全面发力、多点突破、纵深推进，推出一千五百多项改革举措，重要领域和关键环节改革取得突破性进展，主要领域改革文体框架基本确立。

法治建设迈出重大步伐：积极发展社会主义民主法治，推进全面依法治国，党的领导、人民当家作主、依法治国有机统一的制度建设全面加强，党的领导体制机制不断完善，社会主义民主不断发展，党内民主更加广泛，社会主义协商民主全面展开。中国特色社会主义法治体系日益完善，全社会法治观念明显增强。国家监察体制改革试点取得实效。

思想文化建设取得重大进展：加强党对意识形态工作的领导，党的理论创新全面推进，马克思主义在意识形态领域的指导地位更加鲜明，中国特色社会主义和中国梦深入人心，社会主义核心价值观和中华优秀传统文化广泛弘扬。

人民生活不断改善，脱攻坚成效卓著：一大批惠民举措落地实施，人民获得感显著增强，六千多万贫困人口稳定脱贫，贫困发生率从 10.2% 下降到 4% 以下。中西部和农村教育明显加强。覆盖城乡居民的社会保障体系基本建立，人民健康和医疗卫生水平大幅提高，保障性住房建设稳步推进。社会治理体系更加完善，治理体系治理能力不断现代化。

生态文明建设成效显著：在习近平主席的"两山"理论指导下，建设美丽中国、建设美丽乡村工作有序展开。全党全国贯彻绿色发展理念的自觉性和主动性显著增强，忽视生态环境保护的状况明显改变。

三、教学建议

阅读资料，主题研讨。

此次实践活动依据以上提供实践教学案例，教师引导阅读的方式，结合同学自己动手查找资料，学生组成实践小组，通过阅读资料、小组讨论，理解从站起来、富起来到强起来的艰难跨越，历史对比，增强四个自信。制作PPT，小组代表为讲授，教师点评。

教学案例二

中国改革开放的伟大创造和中国智慧

中国特色社会主义进入新时代，"前所未有地靠近世界舞台中心"；"前所未有地接近实现中华民族伟大复兴的目标";"前所未有地具有实现这个目标的能力和信心"。靠的是中国特色社会主义。何为中国特色？所谓"中国特色"不是说与他国不同的地方就是中国特色，而是不照搬别国经验，研究本国条件，根据本国情况设计自己的发展方向和路线。中国改革特色：渐进式改革，逐步释放发展能量，将改革、发展、稳定有机结合，创造世界上最长的繁荣发展期。开放的特色是吸引外商直接投资。发展的特色是强有力的有效政府在经济发展中起到关键作用。所有这些适合中国国情的改革开放特色和伟大创造，是中国改革开放40多年取得巨大经济成就的原因所在。伟大创造带来伟大革命，伟大革命带来伟大飞跃。

一、中国改革特色：渐进式改革

在世界上各国经济转型或者说改革有两条道路：渐进式改革道路和激进式改革道路即"休克疗法"。从20世纪80年代开始，中国开始了自己的市场化进程，中国的经济体制改革采取的是渐进式改革，它不同苏联等东欧国家的"大爆炸式"的激进式改革。激进式改革是一种整体的、全面的、根本的和快速的制度变革。中国渐进式改革的根本特点是它是在社会主义制度的基础上进行的。在经济制度上坚持了公有制的主体地位。逐步改革中国传统的经济体制、引入非公有制经济，在经济改革和经济发展过程中稳定推进其他方面的改革和民主化等做法。

在不触动原有体制情况下，较快地发展起一批经济上具有活力的企业和地区，使人民群众从切身利益中直接感受到改革的成效，起到极大的示范效应。中国是一个有十三亿多人口的大国，加之"文革"时期左的思想对人们的禁锢较深，任何激进的、彻底的改革不仅难以实行，更会引起相当大的社会动荡。随着渐进式改革的推进，当时流传着"搞原子弹的不如卖茶鸡蛋的"。这引起体制内的人对改革的积极向往，极大减少了改革的阻力。同时，日益活跃起来的非国有经济是吸收改革中不可避免的经济震荡、保持经济繁荣和政治稳定支撑力量。通过示范效应和竞争压力，促进了国有部门的改革。直至1992年提出建立社会主义市场经济。

二、中国开放特色：利用劳动力优势，吸引外国直接投资，促使中国经济多年保持每年10%的长期持续增长。

中国和其他发展中国家一样在改革开放的初期最缺乏的就是资金。中国通过采取优惠政策吸引外商投资，再通过出口拉动经济增长，形成中国经济中独特的"三资"企业经济成分。"三资"企业的发展带来了资金的同时，带来了技术、管理经验和就业机会。巴西企业家、外交家和教授马科斯·特罗伊霍谈到"中国奇迹"和"中国模式"时认同了这种独特性的积极作用。他认为：30年前中国在国际贸易格局中尚处于微不足道的地位，并且缺乏能够导致扩大国内积累的内部机制。为了促进经济增长，中国政府采取了独特的战略和富有竞争力的政策，如低汇率、低收入、优先出口和吸引外国直接投资等。正是这种战略促使中国经济保持每年10%的长期持续增长。

他比较巴西与中国：在30年前两国面临同样的问题，都缺乏能够促成国内积累的内部机制，但巴西却走了一条不同道路，即靠当时成本还算较为便宜的国际信贷来弥补国内储蓄的不足，但随后接踵而至的美元利率持续攀升使巴西经济陷入灾难。后来，为了渡过经济危机，巴西接受了被称为"华盛顿共识"的药方，即开放资本账户、允许游资无限制进入以寻求稳定汇率、利率等。依赖于资本账户外资的大量快速流入，而这些资本是短期资本，非常不稳定。巴西经济并没有因此而走向持续增长，而是经过几年的增长之后陷入停滞。

中国选择外商直接投资积累资金政策非常符合中国国情。中国人口众多，劳动力的廉价，中国人肯于吃苦，这也是外商投资愿意在中国投资的关键原因。中国政府抓住这一机会，制定并实施吸引国外直接投资优惠政策，极大拉动了经济的增长。（陈占安、梁家峰．"毛泽东思想和中国特色社会主义理论体系概论"课学生辅学读本（高职高专版）[M]．北京：高教出版社，2017年版．）

一、思考讨论

1. 中国改革为什么能成功？蕴含着怎样的中国智慧？

2. 中国开放政策与巴西相比什么不同？这种开放政策怎样结合了中国实际？

3. 总结从站起来、富起来到强起来的中国智慧和中国经验。

二、案例点评

中国采取了渐进式改革的道路。渐进式改革有利于经济在稳定的环境下快速增长，适合13亿人口大国的实际。渐进式改革的好处在于：渐进式改革会使新旧体制交替过程中产生的摩擦、社会震荡与混乱减少。亿万中国老百姓在稳定的环境下每天看到自己生活的变化，追赶着先富起来的人们，增强了改革的信心和对改革的期待与支持。

巴西选择在国际市场借债。当时美元利息低，但后来走高，陷入债务危机，失去发展机会。中国选择外商直接投资积累资金政策非常符合中国国情。中国人口众多，劳动力低廉，中国人肯于吃苦，这也是外商投资愿意在中国投资的关键原因。

所谓"中国特色"不是说与他国不同的地方就是中国特色，而是不照搬别国经验，研究本国条件，根据本国情况设计自己的发展方向和路线。中国改革特色：渐进式改革，逐步释放发展能量，将改革、发展、稳定有机结合，创造世界上最长的繁荣发展期。开放的特色是吸引外商直接投资。发展的特色是强有力的有效政府在经济发展中起到关键作用。所有这些适合中国国情的改革开放特色和伟大创造，是中国改革开放40多年取得巨大经济成就的原因所在。伟大创造带来伟大革命，伟大革命带来伟大飞跃。中国特色社会主义进入新时代。

三、教学建议

阅读资料，主题研讨。

此次实践活动依据以上提供实践教学案例，教师引导阅读。要求教师将思考题给学生，让学生在案例中找到答案。

学生组成实践小组，通过阅读资料、小组讨论，制作 PPT，小组代表为同学讲授，教师点评。

第九章

坚持和发展中国特色社会主义的总任务*

教学案例一

港珠澳大桥

港珠澳大桥于 2009 年 12 月 15 日动工建造，2018 年 10 月 24 日，港珠澳大桥正式通车。建造了大约 9 年左右，耗资 1269 亿元。

海洋中的巨龙——珠港澳大桥。举世瞩目的港珠澳大桥，被英国《卫报》称为"现代世界七大奇迹"之一，其建设创下多项世界之最。

最长的跨海大桥。全长 55 公里，是世界上最长的跨海大桥；设计使用寿命 120 年，打破了世界上同类型桥梁的"百年惯例"。

最长的钢结构桥梁。港珠澳大桥仅主梁钢用量就达到 42 万吨，相当于 10 座鸟巢或者 60 座埃菲尔铁塔的重量。

最长的海底沉管隧道。海底隧道深埋部分长 5664 米，由 33 节钢筋混凝土结构的沉管对接而成，是世界上最长的海底沉管隧道。

最大断面的公路隧道。港珠澳大桥珠海连接线的核心控制性工程——拱北隧道是世界上最大断面的公路隧道；采用双向六车道设计，全长 2741 米，由海域人工岛明挖段、口岸暗挖段以及陆域明挖段三种不同结构的隧道连接而成。

最大节沉管。每个标准沉管长 180 米，宽 37.95 米，高 11.4 米，重约 80000 吨，是迄今为止世界最大体量的沉管；沉管浮在水中的时候，每个标准管节的排水量约 75000 吨，而辽宁号航母满载时的排水量也只有 67500 吨。重量相当于 33 艘中型航母。

最精准"深海之吻"。数万吨沉管在海平面以下 13 米至 44 米不等的水深处无人对接，对接误差控制在 2 厘米以内，被喻为"海底穿针"。

---

* 李红梅，北京交通运输职业学院副教授。

超级工程背后的超级创新。港珠澳大桥主体工程集桥、岛、隧于一体，面临诸多世界级技术挑战，包括海中快速成岛、隧道基础处理与沉降控制、隧道管节沉放对接、大规模工厂化制造、海上埋置式承台施工、水下结构止水、超长钢桥面铺装、交通工程系统集成等。在九年的建设期间，全国各地的建设精英云集伶仃洋，不忘初心、牢记使命，历经艰苦卓绝的奋斗，用智慧和汗水浇注了这一举世瞩目的超级工程，在浩瀚伶仃洋上创造了中国桥梁建设的崭新诗篇。

200 多天建成两座 10 万平方米人工岛。从 2011 年 5 月 15 日在西人工岛打下第一个钢圆筒，到 2011 年 12 月 7 日东人工岛第 120 个钢圆筒施工完成，最终 200 多天内，两个 10 万平方米的离岸人工岛横卧在伶仃洋面上，以这么快的速度在海中开敞水域筑成两个 10 万平方米的人工岛，在世界上也属罕见，堪称奇迹。

连通两岸三地。港珠澳大桥把香港、珠海和澳门连接起来，极大缩短三地间的时空距离。由香港驱车开往珠海和澳门，可将原本 5 小时的路程缩短为 30 分钟。

有英国网友为中国人的执行力点赞："中国人总能想到办法。中国制造业领军世界不是没有理由的，看看你家里有多少东西是中国制造的吧！""在中国，如果一件事儿需要解决，那么就一定会解决。"（港珠澳大桥今天正式通车它创下多项世界第一铸就世界工程奇迹［N］.广州日报，2018 年 10 月 24 日.）

一、思考讨论

1. 当您看到珠港澳大桥，想到了什么？
2. 100 年前，中国能否建造这样一座大桥？
3. 为什么现在能建设这样的大桥？
4. 在海中建设这样的桥梁，需要什么能力和条件？
5. 联系中国梦的内涵和途径，说一说你心中的中国梦是什么？

二、案例点评

港珠澳大桥是中国现代化发展进程中一项重大交通工程。交通基础设施是经济社会发展的先行官和基础工程，属于第三产业。发达的交通基础设施能够为当地经济社会发展插上腾飞的翅膀，促进商品运输、人员交往、文化交流、信息传播，进而促进经济社会发展。落后的交通状况，阻塞了商品运输、社会交往和信息交流，使得具有地方特色的经济资源和自然人文景观无法成为"金山银山"，转化为市场回报和经济受益。港珠澳大桥连接香港、珠江、澳门三地，缩短了三地的时空距离，促进了三地互联互通式大发展，为粤港澳大湾区的发展搭建了腾飞的平台，有利于"一国两制"、祖国和平统一，有利于相关地区人民生活水平和生活质量的提高。

港珠澳大桥是交通强国的标志性工程。任何一项重大工程都是国力、人力、科技实力的综合体现。100 年前没有这样的财力、物力和人力，没有今天这样和平统一的国内国际环境，没有这样一支强大的工程师队伍。今天的中国繁荣富强，国富民安，经济总量、产业发展、科技水平、科技人员、工程师、劳动者队伍等各个方面都能支撑这样巨大的工程。

港珠澳大桥凝聚了开拓进取的时代精神。港珠澳大桥的建设创造了无数个世界第一，创造了奇迹。港珠澳大桥的成功建设是领导决策层、工程技术人员、工人齐心协力共同奋斗的结果，也是社会主义集中力量办大事的体现。在建设过程中的攻坚克难，体现了工程人员强大的工程建设能力，科技创新能力，责任心和使命感，想象力和勇气，顽强拼搏的实干精神，团结奋斗的集体主义精神。

港珠澳大桥是中国梦的微观缩影。一滴水折射太阳的光辉，港珠澳大桥的建设正是千千万万中国人民在中国共产党的领导下，齐心协力建设社会主义现代化强国，实现国家富强、民族振兴、人民幸福的缩影。

三、教学建议

本案例可以用在中国梦的教学上，中国梦的本质是国家富强、民族振兴、人民幸福，港珠澳大桥连接港珠澳三地，促进了粤港澳大湾区的发展，增进了三个城市人民的幸福指数，推动了"一国两制"的成功实践。港珠澳大桥的成功建设是领导决策层、工程技术人员、工人齐心协力共同奋斗的结果，也是社会主义集中力量办大事的体现。因此，中国梦的实现途径是弘扬中国精神，发挥中国力量，坚持中国道路。

教学案例二

新中国 70 年成就

1. 扶贫攻坚。以当时的农村贫困标准衡量，我国农村贫困人口从 1978 年末的 2.5 亿人减少到 1985 年末的 1.25 亿人；农村贫困发生率从 1978 年末的 30.7% 下降到 1985 年末的 14.8%。若以现行农村贫困标准衡量，农村贫困人口从 1978 年末的 7.7 亿人减少到 1985 年末的 6.6 亿人，农村贫困发生率从 1978 年末的 97.5% 下降到 1985 年末的 78.3%。2012 年末我国农村贫困人口 9899 万人，比 1985 年末减少 5.6 亿多人，下降了 85.0%；农村贫困发生率下降到 10.2%，比 1985 年末下降了 68.1 个百分点。按现行农村贫困标准，2013 – 2018 年我国农村减贫人数分别为 1650 万人、1232 万人、1442 万人、1240 万人、1289 万人、1386 万人，每年减贫人数均保持在 1000 万以上。六年来，农村已累计减贫 8239 万人。（扶贫开发持续强力推进　脱贫攻坚取得历史性重大成就——新中国成立 70 周年经济社会发展成就系列报告之十五 [EB/OL]. 国家统计局官网.）

2. 1949 年，全国公共图书馆仅有 55 个，文化馆站 896 个，博物馆 21 个。2018 年底，全国共有公共图书馆 3176 个，为 1949 年的 57.7 倍，为 1978 年的 2.6 倍；文化馆站 44464 个，为 1949 年的 49.6 倍，为 1978 年的 9.7 倍；博物馆 4918 个，为 1949 年的 234.2 倍，为 1978 年的 14.1 倍。（文化事业繁荣兴盛　文化产业快速发展——新中国成立 70 周年经济社会发展成就系列报告之八，国家统计局官网.）

3. 新中国成立之初，交通运输面貌十分落后。全国铁路总里程仅 2.2 万公里。公路里程仅 8.1 万公里，没有一条高速公路。到 1978 年末，我国铁路营业里程增至 5.2 万公里，全国公路通车里程达 89.0 万公里，是新中国成立初期的 11.0 倍。到 2018 年末，全国铁路营业总里程达到 13.2 万公里，全国公路总里程达到 485 万公里。（交通运输铺就强国枢纽通途　邮电通信助力创新经济航船——新中国成立 70 周年经济社会发展成就系列报告之十六 [EB/OL]. 国家统计局官网.）

（注：当时的农村贫困标准指按 1984 年价格确定的每人每年 200 元的贫困标准，是较低水平的生存标准。现行农村贫困标准：指按 2010 年价格确定的每

人每年 2300 元的贫困标准，是与小康社会相适应的稳定温饱标准。）

一、思考讨论

1. 提问学生，简述祖父母、父母、自己三代人的生活状况。
2. 新中国 70 周年的发展历程和家族发展的对比。
3. 新中国 70 年发展的理论指南和战略步骤。
4. 畅想 20 年、50 年后自己的生活状况。

二、案例点评

国家发展历程与一个家族的发展历程在宏观与微观层面上是相互印证的。以学生实际生活经历入手，以小见大，透视国家发展战略和发展步骤在一个家族不同代人身上留下的时代烙印。

人民幸福是国家富强、民族振兴的落脚点。国家的富强最终体现在人民身上，尤其是最贫困群体的生活提升和改善状况，体现了一个国家的发展速度、发展成效和发展价值指向。新中国成立 70 多年来，国家综合经济实力快速增长，2010 年成为经济总量第二大国，科技实力、企业国际竞争力与日俱增，人民生活水平迅速提升，从温饱、总体小康，向全面建成小康社会全面迈进。人民生活水平的提升体现在每个家庭身上，祖辈的贫困和饥饿，父辈的温饱和小康，90 后、00 后的富裕。

发展的目的是提高人民生活水平。中国共产党致力于带动全体人民共同富裕，每一届领导人，都致力于扶贫减贫，提高人民生活水平。70 多年来，贫困人口大幅度减少，党的十八大以来，习近平总书记提出"精准扶贫"思想，瞄准"老、少、边、穷"地区，因地制宜、精准发力，实施交通扶贫、产业扶贫、教育扶贫、旅游扶贫等各种扶贫措施，大幅度减少贫困人口，很多地区脱掉贫困帽子，真正实现了"全面建成小康社会的路上，一个也不落下"。

社会主义发展是一代一代领导人带领人民接续奋斗的结果。从毛泽东时代提出"四个现代化"战略，邓小平提出"三步走"发展战略，江泽民提出"新三步走"发展战略，胡锦涛提出"两个一百年"，到习近平提出在 2020 年全面建成小康社会的基础上，社会主义现代化强国"两步走"战略。中国的发展正是在中国人民一步一步地持续奋斗中，各个领域的发展取了巨大的成绩，人民的生活水平也逐代、逐年提高，社会面貌也发生了翻天覆地的变化。

三、教学建议

1. 本案例可以用在第九章第一节"实现中华民族伟大复兴的中国梦"，中国梦的科学内涵，中国梦的本质是国家富强、民族振兴、人民幸福，国家富强、民族振兴是人民幸福的基础和保障，人民幸福是国家富强、民族振兴的根本出发点和落脚点。

2. 本案例也可以用在第九章第二节"建成社会主义现代化强国的战略安排"，新中国 70 周年是一代一代中国共产党人带领人民接力奋斗的结果。

教学案例三

中国制造的名片——中国高铁

1978 年，邓小平同志访问日本，乘坐新干线铁路上的高速列车，新干线运营时速达到 240 公里，而彼时中国铁路平均时速仅有 43 公里，邓小平："我就感觉到快，有催人跑的意思"；至此，高速铁路正式进入中国大众视野。

1991 年，《中长期科学技术发展纲要》发布，设计"八五"和"九五"科技攻关课题，独立研发中国高速铁路关键技术；12 月 28 日，广深铁路启动准高速化改造，成为中国第一条准高速铁路工程；同一时期，原中国铁道部组织专家完成《京沪高速铁路线路方案构想报告》，中国首次正式提出兴建高速铁路。

1998 年 8 月 28 日，广深铁路营运列车最高行驶速度 200 千米/小时，成为中国第一条达到高速指标的铁路，1999 年 4 月 23 日，广深铁路 200 千米/小时电气化新技术通过原中国铁道部鉴定；2003 年 10 月 11 日，秦沈客运专线全线建成通车，设计速度 250 千米/小时，为中国第一条高速国铁线路。

2004 年 1 月 21 日，中国国务院审议通过《中长期铁路网规划》，规划建设"四横四纵"客运专线，设计速度指标 200 千米/小时以上。

2007 年 1 月 5 日，台湾高速铁路通车试营运，成为中国第一条投用的设计速度 300 千米/小时级别高速铁路；4 月 18 日，中国铁路第六次大面积提速启动，部分路段列车最高运营速度 250 千米/小时，中国首次在全国局部地区初具规模开行运营速度 200 千米/小时动车组列车，中国铁路开始迈入高速时代。

2008 年 8 月 1 日，中国第一条设计时速 350 公里的高铁线路—京津城际高铁正式运营，中国企业已经熟练掌握了国际四大高铁巨头的先进技术了。

2009 年 12 月 26 日，京广高速铁路武广段开通运营，列车最高运营速度 350 千米/小时，成为中国正式进入高铁时代标志。

2017 年 6 月 26 日上午，两列"复兴号"从京沪两地同时对开首发，这是中国标准动车组的正式亮相。中国标准少不了"中国芯"——大功率 IGBT（绝缘栅双极型晶体管，俗称电力电子装置的"CPU"）技术，这项技术被誉为"皇冠上的明珠"，被德国、日本等国把控了 30 年，如今实现了自主国产化，在轨道交通、智能电网、航空航天、电动汽车与新能源装备等领域应用极广。

截至 2019 年，中国高铁运营里程超过 2.9 万公里，占世界高铁总里程的三分之二。复兴号的问世，标志着中国高铁事业拥有了完全自主研发最先进平台的能力，中国高铁不仅是世界高铁产业的领头羊，还是中国制造的最好名片。

中国高铁是中国中车出品。中国中车在 2019 年《财富》世界 500 强排行榜上，位列第 359 位。从 20 世纪 60 年代开始，中车株洲所就掌握了双极器件技术（一种集成电路技术），2013 年 12 月 27 日，中株所自主研制成功第一款国内最大电压等级、最高功率密度的 6500 伏高压 IGBT 芯片，技术总体处于国际领先水平，实现了中国在高端 IGBT 技术领域与国际先进水平接轨。2015 年，中国自主研发的高功率 IGBT 芯片首次走出国门，出口印度。

2018 年，习近平总书记两次点赞"复兴号"，"复兴号奔驰在祖国广袤的大地上""复兴号高速列车迈出从追赶到领跑的关键一步"。2019 年 5 月 23 日，我国时速 600 公里高速磁浮试验样车在青岛下线，标志着我国在高速磁浮技术领域实现重大突破。

中国中车深入实施人才强企战略。大力培养世界级的科技领军人才、专业学科带头人和院士后备人才，具有国际化视野、通晓国际化规则的国际化人才，具有全球眼光、市场开发意识、管理创新能力和社会责任感的职业经理人，技艺精湛、掌握绝技绝活的"大国工匠"，为实现"双打造一培育"目标提供坚强的人才保证和智力支持。全集团已形成由 14 名中车科学家和 130 余名集团级首席专家担纲、12000 余名各类专家协力奋斗的核心人才队伍（中车核心人才荣誉等级体系见图 1），培养造就了 500 人的中车企业家队伍和近 9000 人的国际化人才队伍，有 8 人成为"中华技能大奖"获得者、121 人成为"全国技术能手"、19 名技能人才成为近两届全国劳模、7 名技能人才当选党的十八大、十九大代表。

资料来源：

1. 李建兴，田晓明，李有军，杨俊峰. 如何"智造"一颗跃动的"中国芯"？人民日报海外版探访株洲寻找答案［EB/OL］. 搜狐网，2017－08－17.

2. 中国高铁的诞生：自主研发与技术引进该如何平衡？［EB/OL］. 搜狐网，2019－02－15.

3. 国资委研究中心. 深入贯彻落实习近平总书记重要指示精神 奋发有为早日实现"双打造一培育"目标，2019－12－05。

4. 胡小亮，洪克非. 中国高铁跃动"中国芯"［N］. 中国青年报，2017年6月30日第2版.

5. 我国高铁总里程占世界总量66.3%"四纵四横"高铁网基本形成［EB/OL］. 新华网，2018－02－14.

一、思考讨论

1. 提问学生，出门旅行一般乘坐什么交通工具？某一个城市，比如乘火车去上海，乘坐慢车、快车、动车和高铁分别用多长时间？

3. 高铁网的形成对城市发展与国家区域经济发展的作用是什么？

4. "复兴号"反映了中国人的什么精神？

二、案例点评

透过中国高铁的发展历程，理解国家发展战略和发展步骤的时代烙印。高铁的发展历程见证了中国从贫弱到富强的过程。中国铁路从绿车皮时代到高铁时代，从时速43公里到350公里，见证了中国交通的发展，见证了中国制造的进步，还见证了中国经济和中国实力的跃升。

高铁成功的经验揭示了中国成功的密码。发展是一个各行业各领域各层次人才协同创新的结果，也是一代代中国人民驰而不息奋斗的结果。高铁成功的背后是强大的人才团队，包括院士、科学家、工程师、职业经理人、大国工匠、技术能手、大量高素质的劳动者。高铁的成功是因为教育事业培养了大批的人才，科研部门能够研发出关键技术，制造部门能够制造出高科技含量的产品。这样的一批人团结一致，为了交通强国、为了国家富强这一共同目标，夜以继日，共同奋斗，才创造了"中国高铁"的辉煌。

实干兴邦，强国目标的实现是一代一代人奋斗的结果。近代以来的屈辱历史让每个中国人心中有一个梦想：国家富强、民族复兴、人民幸福。梦想的实现过程是一代一代中国人民在中国共产党领导下持续奋斗的过程。这个实现过程体现在各个领域、各个行业、各个群体中国人的艰苦奋斗中，正是交通强国、经济强国、科技强国、海洋强国、教育强国、体育强国、航空强国等各领域事业的大发展，才带来了国家的强大和民族振兴。中国人民在中国共产党的领导下，一步一步按照发展战略的安排，通过一个一个五年规划的实施，有条不紊地实现社会主义现代化强国的发展目标，实现中华民族的复兴梦想。

三、教学建议

1. 本案例可以用在第九章第一节"实现中华民族伟大复兴的中国梦"，中国梦的科学内涵，也可以用在第二节"建成社会主义现代化强国的战略安排"。

第十章

"五位一体"总体布局*

教学案例一

新基建 正当时

在江苏,航天云网与苏州协同创新中心签订工业互联网标识解析二级节点建设合同,几个月时间,为逾百万台产品和设备颁发工业互联网入网"身份证"。

在山西,阳煤集团新元煤矿建成全国首个井下 5G 网络,5G 基站深入地下 500 多米,实现井上井下高清音视频通话、数据快速传输、设备远程智能控制等功能。

在重庆,总投资 45 亿元的腾讯西部云计算数据中心二期即将启动,建成后将具备 20 万台服务器的运算存储能力,为数百家企业提供云服务。

近年来,5G、工业互联网、数据中心等广受追捧,新型基础设施建设迎来"风口"。《政府工作报告》要求加强新型基础设施建设,发展新一代信息网络,拓展 5G 应用,建设数据中心。那么,新基建究竟"新"在何处、有何价值、如何加快推进?记者就此进行了采访。

新基建,新方向

新型基础设施主要包括信息基础设施、融合基础设施、创新基础设施等三方面

"目前正在小列车集控室,进风巷工作面情况正常。"一通视频电话"搭乘" 5G 网络从地下 534 米处打来;井上调度中心里,巨大的电子屏实时显示着矿工采煤场景,井下瓦斯浓度和温湿度等指标一览无余。在山西阳煤集团新元煤矿,5G 与工业互联网的联袂"出演",让这座传统煤矿实现了智能化嬗变。

---

* 张国军,首都医科大学副教授。

相比地面基站，煤矿井下条件复杂，无法使用卫星定位系统精确授时。中国移动山西公司董事长魏春辉说，通过与华为等公司共同研发，实现井下基站数据上传、下行峰值速率分别达到1100兆/秒、300兆/秒，传输时延小于20纳秒，井下景象如同地面。截至目前，中国移动已建设开通14万个5G基站，力争提前完成年末累计达到30万个的目标。

作为新基建的重要组成部分，5G、工业互联网等新一代信息技术正加快铺开。那么，新基建是什么，究竟"新"在何处呢？

前不久，国家发改委明确新型基础设施的范围，提出"新基建"是以新发展理念为引领，以技术创新为驱动，以信息网络为基础，面向高质量发展需要，提供数字转型、智能升级、融合创新等服务的基础设施体系。国家发改委创新司司长伍浩表示，"与传统基建相比，新型基础设施主要包括信息基础设施、融合基础设施、创新基础设施等三方面。"

新基建新在信息。"依托5G、人工智能、工业互联网等新一代信息技术演化生成的基础设施构成信息基础设施。"中国工业经济联合会会长李毅中认为，新型基础设施是新产业发展的重要支撑。

新基建重在融合。"将大数据、人工智能等技术，深度应用于传统基础设施转型升级，进而形成融合基础设施。"国家工业信息安全发展研究中心工业经济所副所长冯媛举例说，目前不少地区正在建设"智慧高速公路"，通过架设5G通信技术设备支持自动驾驶，从而加速了传统产业的数字化。

新基建突出创新。在冯媛看来，新型基础设施还包括支撑科学研究、技术开发、产品研制的具有公益属性的基础设施，其突出特征为创新性，而且更加偏向基础科技领域，有利于为经济发展、产业转型升级持续提供澎湃动能。

新基建，新价值

助力企业降本增效，有利于稳投资增就业、推动高质量发展

远程办公方兴未艾，云上服务便利生活，在线教育如火如荼……新业态新模式的蓬勃发展，离不开新型基础设施建设的支撑。

"与传统基建相比，新基建同样具有拉动投资、稳定增长的作用，但它的增量空间和辐射带动效应会更强。"中国工经联工业经济研究中心综合室主任周忠峰说。

加强新基建，将助力企业降本增效。

4月20日，云计算服务商阿里云宣布，未来3年将再投入2000亿元，用于云操作系统、服务器、芯片等重大技术研发攻坚和面向未来的数据中心建设。

"再度加码云计算，源自其为企业带来的数据处理能力提高和成本降低。"阿里巴巴集团副总裁刘松以一组数据做出解释，在云计算之前，采用传统小型机，不仅价格高昂，还要外加一大笔维护费，"而借助飞天大数据平台，去年'双11'峰值时，处理量达到每秒钟54.4万笔交易，同时运力成本降低20%。"

加强新基建，能加速产业优化升级。

5月，航天云网在贵州建设的区域工业互联平台开展了新一轮功能迭代，通过构建并完善产业地图使政府部门及时了解全省重点工业品的分布和产业链配套关系，同时便于企业一站式获得可靠的产品来源。如今，平台已入驻企业近3000家，涵盖产品超7000件。

"截至目前，已为19个省份建设了区域工业互联网主平台，为航空航天、汽车、能源等行业提供了2000余个智能化项目及服务，有效助力产业数字化转型。"航天云网科技发展有限责任公司董事长於亮说。

加强新基建，还能为经济增长注入新动能。

短期看，新基建将起到稳投资、促消费、稳就业的作用。中国信息通信研究院院长刘多介绍，以5G为例，根据测算，到2025年，我国5G网络建设投资将达到1.2万亿元，创造约300万个就业岗位，预计到2030年，5G带动的直接产出和间接产出分别为6.3万亿元和10.6万亿元。

有统计显示，5G、人工智能、工业互联网等新一代信息技术的投资拉动乘数效应高达6倍左右。预计到2025年，新基建将给我国信息消费创造8.3万亿元产业规模。

长期看，加快新基建契合了经济高质量发展的要求。"理解新基建，不仅要看短期能拉动多少经济增长，更要着眼于新一轮科技革命和产业变革这一新机遇。"在周忠峰看来，新基建更加注重调结构、促创新和补短板的长期效应，"一旦我们在新一轮全球科技革命和产业变革中拥有先发优势，将有利于增强产业发展主动权。"

新基建，新思路
加快数据共享、引入多元投资、强化技术创新

当前，新基建尚处于起步阶段，如何才能让它驶入发展"快车道"？

让数据价值亮起来——加快数据共享，赋能转型升级。

"中国已经是全球数据资源最丰富的国家之一，数据对提升各行各业生产效率的作用不断凸显。"刘松认为，加快新基建，应强化数据作为生产要素的观念，提升新基建数据要素价值。於亮建议，一方面要围绕数据采集、传输、存

储、分析、利用等环节，推广安全可靠的数据解决方案，加快形成工业大数据的技术链和产业链；另一方面应加快数据依法依规公开共享，利用大数据助力制造业转型升级、政府部门提升治理能力。

让资金来源多起来——加大政府部门投入，引入社会资本。

新基建项目一般具有投资强度较大、回报周期较长的特点。中国宏观经济研究院综合运输研究所副研究员李玉涛认为，虽然新型基础设施具有较强的公共产品特性，但核心仍是技术创新，需要社会力量积极参与，"在做好政策引导、以财税金融政策稳定建设资金来源的同时，要更多向社会资本开放，激发民间投资积极性，形成多元化投融资体系。"

让创新力量强起来——重视人才培养，强化技术创新。

加强新基建，须着眼长远、久久为功。於亮认为，应加快培育新基建所需的复合型产业人才，更好发挥人才对新产业发展的促进作用。周忠峰认为，目前我国原始创新相对较弱，下一步应支持企业加大研发投入强度，鼓励企业积极拓展5G、人工智能和大数据等下游应用领域，包括车联网、智能制造、远程办公、智慧城市等，抓住产业发展机遇做大做强。

加强新基建，在规划上也须科学有序，避免"一窝蜂""一阵风"。不少专家建议，当前应加快出台新基建实施细则，形成全国"一盘棋"，要根据不同区域的实际情况和不同行业技术发展的成熟度来分类施策，避免出现重复建设、高端产业低端发展等问题。（王政、韩鑫．新基建 正当时．人民日报，2020年6月10日第18版．）

一、思考讨论

1. 为什么说新基建就是践行新发展理念？
2. 我国为何按下新基建"快进键"？

二、案例点评

党的十八届五中全会坚持以人民为中心的发展思想，鲜明提出了创新、协调、绿色、开放、共享的新发展理念。新发展理念是中国共产党关于发展理论的重大升华，是习近平新时代中国特色社会主义经济思想的主要内容。创新、协调、绿色、开放、共享的新发展理念，相互贯通，相互促进，是具有内在联系的集合体。创新注重的是解决发展动力问题，协调注重的是解决发展不平衡问题，绿色注重的是解决人与自然和谐问题，开放注重的是解决发展内外联动问题，共享注重的是解决社会公平正义问题。

依据国家发改委官方解释，新基建是以新发展理念为引领，以技术创新为驱动，以信息网络为基础，面向高质量发展需要，提供数字转型、智能升级、融合创新等服务的基础设施体系。新型基础设施主要包括三个方面内容：一是信息基础设施。主要是指基于新一代信息技术演化生成的基础设施，比如，以5G、物联网、工业互联网、卫星互联网为代表的通信网络基础设施，以人工智能、云计算、区块链等为代表的新技术基础设施，以数据中心、智能计算中心为代表的算力基础设施等。二是融合基础设施。主要是指深度应用互联网、大数据、人工智能等技术，支撑传统基础设施转型升级，进而形成的融合基础设施，比如，智能交通基础设施、智慧能源基础设施等。三是创新基础设施。主要是指支撑科学研究、技术开发、产品研制的具有公益属性的基础设施，比如，重大科技基础设施、科教基础设施、产业技术创新基础设施等。新基建既符合稳增长的要求，也是践行新发展理念，它不是简单的大水漫灌，而是通过新型基础建设促进新经济的发展和数字经济发展。

推动新基建能够带来诸多利好。新基建涉及诸多产业线，搞好新基建，扩大有效投资，带动相关产业发展，为民众提供更多就业机会；推动新基建，为打造高端产业夯实基础，促进我国产业结构优化升级；我国的铁路、高速公路、桥梁等等基础设施建设相对饱和，进一步发展空间不大。在当前经济下行压力比较大的背景下，新基建为推动经济发展注入新动力。

三、教学建议

本案例适用于教材第十章第一节"建设现代化经济体系"。新基建是我国应对经济下行压力的客观需要，更是我国在深刻洞察和把握世界科技与产业变迁大趋势基础上作出的战略抉择。本案例旨在把"新发展理念"这一知识点与"新基建"这一当下经济社会热点问题结合起来，引导学生运用所学理论分析热点问题，提升认识问题、分析问题和解决问题的能力。

教学案例二

"免、减、缓、返、补"组合拳，成效看得见

新冠肺炎疫情让企业经营者受到了一些冲击，产生了一些影响。2020年《政府工作报告》指出，保障就业和民生必须稳住上亿市场主体。人社部坚决贯彻落实党中央、国务院决策部署，积极会同有关方面，采取了一系列措施，在减负、稳岗、扩就业方面打出了"免、减、缓、返、补"这些具体措施。

那么，成效如何呢？一起来看看。

01 "免、减"

是指阶段性地减免企业养老、失业、工伤三项社保的单位缴费部分，包括有雇工的个体工商户也可以享受这项政策。

其中中小微企业免征5个月，大型企业减半征收3个月，湖北省各类参保企业免征5个月。

减免社保费政策实施以来，受到社会广泛好评截至4月底，一共减免三项社保单位缴费3402亿元，其中中小微企业被减免的额度是2696亿元，占整个受益面的80%。预计上半年总共减免额度将超6000亿元。

这些政策都是真金白银，可以实实在在减轻企业负担，特别是中小微企业的负担，帮助他们渡过难关。

02 "缓"

是指允许受疫情影响生产经营出现严重困难的企业缓缴社保费，缓缴期间免收滞纳金，并放宽社保缴费时限要求。

到4月底

已经阶段性缓缴社会保险费约354亿元。

03 "返"

是指加大失业保险稳岗返还的力度，对暂时生产经营困难且恢复有望、坚持不裁员或少裁员的参保企业，放宽认定标准，将返还标准最高提至企业及其职工上年度缴纳失业保险费的100%。

截至4月底

已经为345万户企业发放稳岗返还补贴465亿元，惠及超9000万的职工，对企业的惠及面已经超过去年的3倍。

04 "补"

是指用好用足培训补贴、求职创业补贴、吸纳就业补贴等政策，扩大以工代训的范围，支持劳动者提高技能、就业创业，鼓励企业开展培训，吸纳就业。

仅一季度

发放了就业补助金近100亿元，向困难毕业生发放求职创业补贴12.8亿元。（人力资源和社会保障部."免、减、缓、返、补"组合拳，成效看得见.人力资源和社会保障部官网，2020年6月10日.）

一、思考讨论

1 我国在疫情防控期间采取措施减负、稳岗、扩就业，说明了什么？
2. 如何理解人民是"抗疫"的主体？

二、案例点评

习近平总书记2020年全国两会期间在参加内蒙古代表团审议时强调："坚持以人民为中心的发展思想，体现了党的理想信念、性质宗旨、初心使命，也是对党的奋斗历程和实践经验的深刻总结。必须坚持人民至上、紧紧依靠人民、不断造福人民、牢牢植根人民，并落实到各项决策部署和实际工作之中，落实到做好统筹疫情防控和经济社会发展工作中去。"

面对突如其来的新冠肺炎疫情，党始终把人民生命安全和身体健康放在第一位，统筹全局、沉着应对，果断采取一系列防控和救治举措，有效控制了疫情。党坚持人民至上、生命至上，调集全国最优秀的医生、最先进的设备、最急需的资源，全力以赴投入疫病救治，救治费用全部由国家承担，最大程度提高检测率、治愈率，最大程度降低感染率、病亡率。救治新冠肺炎患者不计成本、不惜代价，坚持应收尽收、应治尽治，做到不漏一户、不漏一人。

2020年4月17日，习近平总书记主持召开中央政治局会议，强调稳是大局，必须确保疫情不反弹，稳住经济基本盘，兜住民生底线。民生稳，人心就稳，社会就稳。必须把保障和改善民生紧紧抓在手上，切实托住这个底，扎实办好民生实事。切实保障和改善民生，亟须加快恢复发展经济。受疫情影响，我国经济发展特别是产业链的恢复遇到严重困难和挑战。党采取各种有效措施，帮助企业解决复工复产达产面临的实际困难。推动新基建，为经济发展注入活力，力争把疫情造成的损失降到最低。抓紧落实各项保障和改善民生的政策措施，有针对性地解除群众后顾之忧；更好满足人民群众消费升级需要，适应个性化、多样化消费趋势，着力提高消费品有效供给能力和水平。

人民群众是抗疫的主体，是推动战疫胜利的决定力量。坚持以人民为中心，就是要正视人民主体地位和深刻认识人民是推动社会发展的根本动力，并将尊重人民主体地位与发挥人民力量有机统一起来，充分调动人民参与国家治理现代化的积极性、主动性与创新性。在这场疫情防控阻击战中，人民群众既是党和政府的保护对象，同时也是党和政府领导下抗击疫情的主体力量。人民群众这个战"疫"主体是打赢这场疫情防控人民战争、总体战、阻击战的重要保障。

三、教学建议

本案例适用于教材第十章第四节"坚持在发展中保障和改善民生"。我国抗疫实践彰显了人民为中心的发展思想的显著制度优势。习近平总书记强调，越是发生疫情，越要注意做好保障民生、改善民生工作。民生是为政之要，必须时刻放在心头、扛在肩上。广大师生共同参与到疫情防控之中，运用抗疫中的生动案例和实践阐释教材内容，更容易引起学生共鸣，激发学生学习兴趣。

第十一章

"四个全面"战略布局*

教学案例一

精准扶贫　全面小康

　　党的十八大提出了到 2020 年全面建成小康社会的奋斗目标。全面建成小康社会，更重要、更难做到的是"全面"。精准扶贫是实现全面小康的重要前提，是实现全面小康的"助推器"，不论是从全国来讲，还是从各地来看，精准扶贫做不好，实现全面小康就是一句空话。党的十八大以来，各地各部门按照党中央国务院精准扶贫精准脱贫的要求，全力推进扶贫开发工作，创造出了很多好的经验和做法。典型案例如下：

　　1. 扶贫小额信贷

　　2014 年底，国务院扶贫办、财政部、人民银行、银监会和保监会印发《关于创新发展扶贫小额信贷的指导意见》，为建档立卡贫困人口量身定制一款信贷产品。这种扶贫小额信贷的特点是"5 万元以下、3 年期以内、免抵押免担保、基准利率放贷、扶贫资金贴息、县级建立风险补偿金"，探索出有效解决贫困户贷款难贷款贵等问题的新途径。

　　到 2016 年底，全国累计发放扶贫小额信贷 2833 亿元，贫困户获贷率由 2014 年的 2% 提高到 2016 年底的 26.7%。全国共有 740 万贫困户受益。

　　2. 电商扶贫

　　陇南市是甘肃省乃至全国最为贫困的地区之一。这里有丰富的特色优质农产品，但因交通不便、信息闭塞，难以转化为群众收入。2015 年初，陇南市经批准成为全国电商扶贫首个试点市。两年来，该市加大行政推动力度，通过网店带动、电商产业带动、电商创业带动、电商就业带动和电商入股带动，促进

---

　　* 杨春桃，北京青年政治学院副教授。

电商和精准扶贫深度融合。到 2016 年底，全市共发展网店超万家，两年网络销售农产品 64 亿元，718 万人实现就业。其中，750 个电商扶贫试点贫困村开办网店 980 家，带动 15 万贫困人口增收。

3. 光伏扶贫

2015 年起，国家能源局、国务院扶贫办联合在河北、安徽、山西等 6 省的 30 个县开展光伏扶贫试点，共探索出光伏发电扶贫的四种类型。2016 年，在总结试点经验的基础上，将村级光伏电站确定为光伏扶贫的主推方式。

甘肃省渭源县是 2016 年光伏扶贫项目县，田家河乡元古堆村在 2016 年 5 月投资 240 万元建成了全县第一个村级 300 千瓦光伏电站，并于当年 6 月 16 日并网发电。截至 2016 年 12 月底，该电站运行 198 天，发电收益为 21.2 万元，当年已分配给村集体 11 万元。

4. 贫困村创业致富带头人培训

2014 年 10 月，国务院扶贫办和福建、宁夏、甘肃三省（区）启动了贫困村创业致富带头人"闽甘宁"培育工程试点，从甘、宁两地贫困村选送有创业条件、有带动贫困户增收意愿的培养对象，到福建省南安市蓉中村学习培训。

这一培训将现场学习和跟踪指导服务有机结合，以实用管用为原则，以创业为导向。培训期为一年。三年来，先后聘请创业导师 500 余人，培训学员 7 期 997 人。截至 2017 年初，学员创业成功率达到 50.6%，每人带动建档立卡贫困户 5－10 户不等，最多的已带动上百户，累计带动两千多个建档立卡贫困户参与创业行动。

5. 十八洞村的变化

十八洞村是湖南省湘西土家族苗族自治州花垣县排碧乡的一个纯苗族村。2013 年，有 225 户、939 人，人均耕地仅有 8 分。人均纯收入仅为全县平均水平 4903 元的 41%。有建档立卡贫困户 136 户、贫困人口 542 人，贫困发生率高达百分之 57.7%。没有村级集体经济，村民收入主要靠外出打工。全村 35 岁以上光棍汉就有 40 个。

2013 年 11 月 3 日，习近平总书记考察十八洞村，在这里首次提出了"精准扶贫"的重要思想，作出了"实事求是、因地制宜、分类指导、精准扶贫"重要指示，并提出十八洞村"不能搞特殊化，但不能没有变化"的要求。十八洞村进入了精准扶贫精准脱贫的快车道。

三年时间，十八洞村发生了可喜变化。全村人均纯收入由 2013 年的 1668 元增加到 2016 年的 8313 元，年均增加 2208 元，年均增长 130%。十八洞村全部贫困户实现脱贫，贫困村摘帽。20 名光棍汉成了家，新娘都是外村人。

（国务院扶贫办．国务院扶贫办精选 12 则精准扶贫典型案例［J］．中国扶贫，2017 年第 5 期．）

一、思考讨论

1. 全面建成小康社会的科学内涵是什么？全面建成小康社会的目标要求是什么？

2. 决胜全面建成小康社会，你认为都有哪些重要举措？

3. 为什么说精准扶贫是实现全面小康的重要前提？

4. 你知道哪些精准扶贫的事例？你认为精准扶贫的手段有哪些？

二、案例点评

精准扶贫是实现全面小康的重要前提，是实现全面小康的"加速器"，通过选择国务院扶贫办精选的来自基层并接受过实践检验的 12 则典型案例，使同学们牢牢把握全面建成小康社会的内涵和目标要求，深刻理解坚决打好精准脱贫攻坚战，坚持专项扶贫、行业扶贫、社会扶贫"三位一体"大扶贫格局，同时清醒地认识到，精准扶贫是全面小康的重要基础，只有把这个基础打牢了，全面小康才可能实现。

贫困问题是实现全面小康的"拦路虎"。要全面建成小康社会，就必须啃下"硬骨头"！贫困是一种社会现象，致贫原因多种多样。扶贫攻坚，不仅仅是帮助贫困人口解决温饱问题，更重要的是帮助他们达到共同富裕、同步小康的目的。

三、教学建议

本案例，可以用在第十一章第一节"全面建成小康社会"，也可以用在第二节"全面深化改革"。

教学案例二

《中华人民共和国宪法修正案》

　　宪法是我国的根本大法，代表我国的最高行为准则和法律效力，依法保障我国公民的权利与义务。时代赋予了宪法新的内容，新修改了宪法。2018 年 3 月 11 日，第十三届全国人民代表大会第一次会议通过《中华人民共和国宪法修正案》，这是我国第五次修改宪法。2018 年宪法修正案全文修改了如下内容：

　　1. 宪法序言的修改包括第七自然段、第十自然段、第十一自然段、第十二自然段中的相关内容。（从略）

　　2. 宪法第 1 条第二款后增写一句"中国共产党领导是中国特色社会主义最本质的特征。"

　　3. 宪法第 3 条第三款修改为："国家行政机关、监察机关、审判机关、检察机关都由人民代表大会产生，对它负责，受它监督。"

　　4. 宪法第 4 条第一款中修改为"国家保障各少数民族的合法的权利和利益，维护和发展各民族的平等团结互助和谐关系。"

　　5. 宪法第 24 条第二款中修改为"国家倡导社会主义核心价值观，提倡爱祖国、爱人民、爱劳动、爱科学、爱社会主义的公德"。

　　6. 宪法第 27 条增加一款，作为第三款。

　　7. 宪法第 62 条"全国人民代表大会行使下列职权"中增加一项，作为第七项（七）。

　　8. 宪法第 63 条"全国人民代表大会有权罢免下列人员"中增加一项，作为第四项（四）。

　　9. 宪法第 65 条第四款修改为"全国人民代表大会常务委员会的组成人员不得担任国家行政机关、监察机关、审判机关和检察机关的职务。"

　　10. 宪法第 67 条"全国人民代表大会常务委员会行使下列职权"中第六项（六）修改为"（六）监督国务院、中央军事委员会、国家监察委员会、最高人民法院和最高人民检察院的工作"；增加一项，作为第十一项（十一）。

　　11. 宪法第 79 条第三款修改为"中华人民共和国主席、副主席每届任期同全国人民代表大会每届任期相同。"

　　12. 宪法第 89 条"国务院行使下列职权"中第六项修改为"（六）领导和

管理经济工作和城乡建设、生态文明建设";第八项修改为"（八）领导和管理民政、公安、司法行政等工作"。

13. 宪法第100条增加一款，作为第二款。

14. 宪法第101条第二款中修改为"县级以上的地方各级人民代表大会选举并且有权罢免本级监察委员会主任、本级人民法院院长和本级人民检察院检察长。"

15. 宪法第103条第三款修改为"县级以上的地方各级人民代表大会常务委员会的组成人员不得担任国家行政机关、监察机关、审判机关和检察机关的职务。"

16. 宪法第104条中修改为"监督本级人民政府、监察委员会、人民法院和人民检察院的工作"。

17. 宪法第107条第一款修改为"县级以上地方各级人民政府依照法律规定的权限，管理本行政区域内的经济、教育、科学、文化、卫生、体育事业、城乡建设事业和财政、民政、公安、民族事务、司法行政、计划生育等行政工作，发布决定和命令，任免、培训、考核和奖惩行政工作人员。"

综上得出，2018年宪法修正案全文修改了哪些内容？分别有：一，对国家机关的职权更加的细分，二，"三个代表"思想内涵随时代变化，三，更加肯定中国共产党的地位等等。2018年宪法修正案全文修改的内容也不止这些，都体现出国家与时俱进的精神。

资料来源：中华人民共和国第十三届全国人民代表大会第一次会议主席团. 中华人民共和国宪法修正案［J］. 中华人民共和国全国人民代表大会常务委员会公报，2018（S1）：77－84.

一、思考讨论

1. 新中国成立以来，我国一共通过了几部宪法？目前施行的是哪一部宪法？
2. 1982年宪法历经了几次修改？分别于哪年进行修改？修改内容都有哪些？
3. 2018年，为何要修改宪法？2018年宪法修正案的主要修改内容都有哪些？

二、案例点评

通过国家法制发展历程和宪法发展历程，以小见大，透视中国特色社会主义法治体系建设，深刻把握全面依法治国方略的形成发展历程。

自 1954 年首部宪法通过，我国宪法一直处在探索实践和不断完善过程中。1982 年宪法公布实施后，根据我国改革开放和社会主义现代化建设的实践与发展，分别于 1988 年、1993 年、1999 年、2004 年和 2018 年进行了 5 次修改。

新中国成立后，国家是比较注意法制建设的。不仅制定了 1954 年宪法和一系列法律法规、命令，还要求全党和全国人民都遵守宪法法律，依法办事。

三、教学建议

本案例，可以用在第十一章第二节"全面深化改革"，也可以用在第三节"全面依法治国"。

第十二章

全面推进国防和军队现代化*

教学案例一

组建 50 周年的中国战略导弹部队，7 月 1 日将迎来又一历史性时刻：大江南北的火箭军将士全部换上属于自己军种的新式服装。这支人民解放军序列里最年轻的军种，以崭新形象亮相，标志着我军各军种都有了自己的军种服装，折射出人民军队革命化现代化正规化建设的可喜成就。

在 6 月 30 日下午举行的火箭军军种服装换装仪式上，一名名身着墨绿色礼服的官兵身姿挺拔、军容严整、精神抖擞。从 7 月 1 日起，从军委、战区机关到偏僻连队哨所，从军事院校、科研院所到每个导弹旅团，火箭军官兵将全部换上新式军种服装。

作为中央军委直接掌握的战略力量，战略导弹部队履行特殊的使命任务，一直蒙着神秘的"面纱"。直到 1984 年的国庆 35 周年首都阅兵式上，这支部队才公开亮相，第一次接受祖国和人民检阅。受阅导弹方队隆隆驶过长安街，成为阅兵庆典的焦点。

这支中国战略力量的每次亮相，都受到格外关注。在历次举行的阅兵中，巨龙方阵威风凛凛，尽显大国风范。2015 年的胜利日大阅兵中，战略导弹部队以 6 个导弹方队、7 种导弹型号、上百枚大国长剑的空前规模亮相长安街，让人们进一步认识了这支发挥"核心力量""战略支撑""重要基石"作用的英雄部队。

1966 年 7 月 1 日，第二炮兵正式组建，经历了从无到有、不断发展壮大的艰辛历程，如今已经成为国家重要的战略力量。2015 年 12 月 31 日，第二炮兵更名为火箭军，实现由兵变军历史性跨越，开启中国战略导弹部队新的伟大征程。（张选杰、李兵峰. 我最新军种火箭军以崭新形象亮相［EB/OL］. 中国军网，2016 年 6 月 30 日.）

风浩荡，雷霆万钧。庆祝建军 90 周年阅兵场，360 名官兵组成的火箭军部

---

* 胡茜，首钢工学院副教授。

队方队一出现，一抹抹的"导弹绿"瞬间点亮了整个阅兵场。

火箭军这个由第二炮兵更名的新军种，是我国战略威慑的"核心力量"、大国地位的"战略支撑"、维护国家安全的"重要基石"。

受阅方阵中，一名名火箭军将士精神抖擞，他们身后紧随的是一个个威武雄壮的大国"剑阵"。

"'导弹听我话，我听党的话'是我们每个火箭兵的底色。"受阅官兵、上等兵兰文辉说。他和受阅官兵、上等兵尹自虎，是火箭军砺剑精神的新传人。一年多前，这两名来自裕固族同一个村的大学生，一起参军入伍；如今，他们站在同一辆受阅车上，光荣地接受检阅。

受阅当天，朱日和联合训练基地铁流滚滚、宣示和平，壮阔的受阅导弹方阵引而待发。

这个方队的360名受阅官兵，具有大专以上学历的占到40%。去年刚刚毕业的硕士研究生郑润东，昂首站立在受阅战车上，身姿挺拔、表情刚毅。曾获得全国大学生电子设计竞赛一等奖的他，正在尽快融入导弹部队信息化建设大潮之中。（走进庆祝建军90周年火箭军部队方队，新华网，2017年07月31日）

横看成线，纵看成线，斜看亦成线。

行进通过天安门的队列里，火箭军方队甫一亮相就吸引了人们的目光。现场观礼的人们有的热情鼓掌，有的不停拍照……执掌大国长剑的"剑士"们走上阅兵场，英姿飒爽，表现完美。

方队官兵全部来自驻地偏远、环境艰苦的一线作战部队，从事着高技术专业岗位，大多为工匠型、专家型、复合型人才。"精心铸剑、潜心砺剑、善于亮剑"是他们共同的战斗宣言；"随时能战、准时发射、有效毁伤"是他们共同的职责使命。

方队队员、来自火箭军某导弹旅的导弹号手赵一奔，曾作为装备方队载员参加了抗战胜利日大阅兵和建军90周年沙场阅兵。此次受阅，被选拔为火箭军方队成员，他坚持用一流标准专攻精练每一个动作。他说，训练场就是战场，任何训练都得按照打仗的标准去完成。

从"固定发射"到"机动发射"、从"择机发射"到"随机发射"，这些年来，火箭军部队实战化训练步步深入推进。作为"车轮上的部队"，部队常年转战南北，机动距离延伸到数千公里，作战地域覆盖"全疆域"。

那一年，"巡航导弹第一旅"6发齐射打出"满堂彩"，现场见证这一壮观场景的刘祎瑛，至今心潮澎湃。

如今担任方队中队长的刘祎瑛,经常以那次发射任务鞭策自己和队员。方队队员豪情满怀地表示,火箭军是大国的象征、民族的尊严,不仅要在阅兵场上争当一流,在训练场上也要不断将实战化训练求实向深推进,砥砺能打胜仗的过硬本领。

(王卫东等,长缨在手,书写新传奇[N].解放军报,2019年10月2日第15版.)

一、思考讨论

1. 谈谈中国人民解放军火箭军命名的由来。

2. 成立中国人民解放军火箭军的意义是什么?

3. 为什么强国必须强军兴军?

二、案例点评

2015年12月31日中国人民解放军火箭军正式成立,由第二炮兵更名而来,从一个兵种变成了一支新军种。第二炮兵组建于1966年,是周总理亲自确定的名称,它是中国的战略导弹部队,第二炮兵是中国战略威慑的核心力量,担负着遏制他国对中国使用核武器、遂行核反击和常规导弹精确打击任务,肩负着保障中华民族根本生存利益的重任,是中华民族屹立于世界民族之林的重要基础。之所以叫"第二炮兵",是因为当初的保密需要,而不是因为还有"第一炮兵"。

2015年中国人民解放军火箭军正式成立时指出:"成立火箭军是党中央和重要军委着眼实现中国梦强军梦作为的重大决策,是构建中国特色现代军事力量体系的战略举措。"中国人民解放军火箭军作为高科技战略军种,既包括原来的战略导弹部队,而且还有众多先进的战术常规导弹部队,极大提高了中国整体战略威慑能力,有句流行语叫"东风快递、使命必达",说的就是火箭军。2019年中国的国防白皮书:火箭军在维护国家主权、安全中具有至关重要的地位和作用。2016年9月26日习近平总书记在火箭机关视察时强调:"火箭军是我国战略威慑的核心力量,是我国大国地位的战略支撑,是维护国家安全的重要基石。""火箭军部队在遏制战争威胁、维护全球战略平衡与稳定方面起到了不可替代的重大作用。"火箭军是我国战略威慑的核心力量,是我国大国地位的战略支撑,是维护国家安全的"王牌""底牌"。

2017年7月30日,庆祝中国人民解放军建军90周年阅兵中,"压轴"的战略打击群里首个接受检阅的是火箭军部队方队。2019 年 10 月 1 日，第二炮兵更名为火箭军后，火箭军部队首次以战略军种的名义参加了国庆 70 周年阅兵。

强国必先强军，军强才能国安。近代中国在与西方列强的历次较量中，屡弱的军事力量让中国人懂得了落后就要挨打，历史告诉我们，军队是否能打仗、打胜仗，与国家和民族的命运休戚相关。中国现在正处于由大向强、将强未强之际，面临的压力和阻力也越来越大，国家安全的风险也随之加大，国防和军队建设是国家安全的坚强后盾，军事手段是实现伟大梦想的保底手段。加快全面建成世界一流军队，才能确保中华民族的伟大复兴进程不被打断，为实现"两个一百年"奋斗目标、实现中华民族伟大复兴提供坚强保障和战略支撑。

三、教学建议

本案例可用于第十二章《全面推进国防和军队现代化》的第一节"建设世界一流军队"部分。此案例可以配合中国人民解放军建军 90 周年阅兵和 2019 年国庆 70 周年阅兵中有关中国人民解放军火箭军的视频引导学生讨论。鼓励学生课余时间阅读《大国重器—中国火箭军的前世今生》、观看《建国大业》和《建军大业》。

教学案例二

连日来，海军第 35 批护航编队特战分队贴近护航使命强化武力营救被劫持船舶训练。亚丁湾，俨然成了他们实打实磨砺、全方位锻炼的练兵场。

炎炎烈日，特战队员在高温甲板上开展远程狙杀、擒拿格斗等战斗科目训练，磨砺意志品质，练就一剑封喉、一招毙敌的硬功夫。在擒拿格斗现场，特战队员个个虎虎生威，侧踹、顶膝、锁喉，每个动作都精准狠。

反复研练，只为闻令而动。隐蔽接近、快速登船、武力营救等特种训练相继展开。只见，空中猎鹰盘旋警戒，海上小艇协同机动，舰面狙击手火力掩护……特战队员经过警戒、攀爬、掩护等一系列动作后，迅速登上"被劫持商船"。随即，他们进行舱室搜索、捆绑押解、解救人质等实战演练，环环相扣。现场，特战队员破门、出枪、缴械、拿捕等战术动作一气呵成，以迅雷之势果断突击，成功解救"被劫持商船"。

晚霞染海天，国旗迎风扬。特战队员紧握钢枪，警惕注视着海面，用忠诚和热血守护着这片海的安宁。"克敌制胜,离不开千锤百炼。"特战分队队长郑成文说,经过亚丁湾风浪洗礼,经受护航实战考验,有效提高特战队员观察警戒、快速反应和协同配合能力,也增强了完成下一阶段护航任务的能力与信心。(江山、张峻生. 亚丁湾:"蛟龙"出击 [EB/OL]. 海军新闻网,2020–08–06.)

我的书柜上有个金色相框,镶着一大一小两张照片。小的照片是二丫头周岁时一家四口的留影,我穿着白色帅气的军装,她们穿着白色的小猪佩奇亲子装。大的那张照片也有4个人,一名荷枪实弹的特战队员小心警戒,三名身披中国国旗的叙利亚籍船员比着"胜利"的手势。

其实,这张照片只讲了故事的一半,在镜头之外,3名海盗正由6名中国海军特战队员看押着。在此之前,这几个海盗在这艘图瓦卢籍OS35号商船上持枪扫射,纵火作恶……

那是2017年4月8日傍晚,平静的亚丁湾再掀恶浪。天空被烧得格外红,压得太阳早早坠落海面。

时任玉林舰实习舰长的我,突然接到消息:一艘商船在离索科特拉岛西北133海里处遭劫持,数名海盗正在放火,船员躲进安全舱……

我立即向预备指挥所指挥员赵朗报告情况,并在编队指挥所批准后,启动4台主机全速奔向事发海域。

朦胧月色中,一艘仅开了2盏桅灯的商船渐渐浮现在我们面前。舱面余火燃尽,但被烧得焦黑的艏楼,无声地控诉着海盗的暴行。虽然没看到海盗的踪影,但我们感觉他们就躲在附近。

"武力营救!"我脑海中第一时间蹦出这个词,但随后就想到这4个字背后的难度与危险:世界海军护航史上的成功营救行动不过寥寥几起,某国海军虽然最终制伏了海盗,却以人质的生命为代价……

然而,随处可见的子弹壳、烧得漆黑的船体和船员们渐渐微弱的呼救声,都让我们坚定决心:作为护航官兵,维护的是中国海军护航编队的金字招牌,展现的是维护世界和平的大国担当。

预备指挥所指挥员赵朗带着我们和特战队员利用现场拍摄的多角度商船图片,综合雷达、光电等信息,开始研究制订武力营救OS35号商船的方案。

4月9日早上不到6点,亚丁湾天已大亮,我站在驾驶室,看到巴基斯坦、意大利、印度、美国4国海军的5艘军舰陆续抵达附近。我们武力营救的一举一动都将被世界海军同行看在眼里。

玉林舰立即行动!6时10分,随着指挥所一声令下,2艘载着特战队员的小艇如离弦之箭冲向商船，加装重机枪的直升机腾空而起，狙击手赵阳趴在最高点拉开枪栓，翻译项良潇向四国军舰通报我开始营救，我操纵舰艇保持对商船的最佳攻击阵位……

挂梯登船、破障突击、协同警戒，特战队员动作迅猛干练。13 分钟后，他们抵达驾驶室、占领商船制高点。随后，他们迅速向安全舱推进，解救了已受困 20 多个小时的 19 名船员。

地毯式搜索随即拉开，特战队员、本舰火力支援组和摄录像取证人员组成突击队，由商船轮机长引导，开始了长达 7 个小时的搜索排查。

搜查从上到下、由内至外，沿途经过的舱室有近百个。突击队员事后跟我说，很多房间的门都是关着的，"每踹开一扇门，都是直面未知的危险"。

"不好，有情况！"突然，我看到 2 名突击队员在左舷救生艇前有明显的后撤动作，紧接着对讲机传来严厉的警告声 "Hands Up! No Harm!" 几乎在同一时刻，突击队员龚凯峰据枪先敌瞄准，母舰副炮迅速调整角度准备攻击，直升机飞至前方寻找更好的火力支援点……

十几秒的对峙后，3 名海盗看着四周的高压态势，乖乖把手举起，慢慢走了出来，3 把上膛的 AK－47 步枪静静地躺在一旁。

得知抓到了海盗的船员们，不顾我们阻拦，全都冲了出来。一名年长的船员看到海盗后异常激动，指着其中一个海盗控诉：自己曾被他劫持，被囚禁和虐待了两年，亲眼见他杀过人。

船员们对我们感激万分，"I love Chinese Navy!""I love China!"成了那段时间听到最多的话。

经过两天的随船护航，我们将商船安全护送至也门亚丁港附近海域，营救行动画上圆满句号。

如今，我当了衡阳舰舰长。衡阳舰是誉满亚丁湾的"护航明星舰"——多次挺进亚丁湾执行护航任务，先后查证驱离疑似海盗目标 260 余批 700 多艘，解救遭海盗围攻的中国籍商船 1 艘，接护被劫获释船舶 2 艘，安全护送中外船舶 90 余批 800 多艘。数据背后，尽显大国海军的责任与担当。

（万永峰. 我在亚丁湾抓海盗［N］. 解放军报，2019 年 12 月 22 日第 4 版.）

一、思考讨论

1. 中国人民解放军海军为何要在亚丁湾练兵、护航亚丁湾？

2. 结合中国人民解放军海军 70 多年的发展史谈谈自己的感受。

二、案例点评

党的十八大以来，中共中央总书记、国家主席、中央军委主席习近平站在实现中华民族伟大复兴中国梦的战略高度，发出建设海洋强国的伟大号召，对人民海军寄予厚望、深情关怀，作出一系列事关人民海军建设和长远发展的战略擘画。人民海军迎来了建设发展的新机遇，开启了历史性跨越的新航程。

人民军队永远是战斗队，人民军队的生命在于战斗。军队由战而生，军人为战而练。我军作为执行党的政治任务的武装集团，既要政治过硬，也要本领高强，这个本领就是能打仗、打胜仗。"欲临敌而有功，宜闲习之在素。"只有不断强化主责主业意识，把备战打仗摆到位、抓得紧，磨砺胜战刀锋，锤炼过硬素质，提升实战水平，才能做到招之即来、来之能战、战之必胜，确保慑有效果、谈有砝码、打有胜算，完成好党和人民赋予的使命任务。倘若备战打仗抓得不紧，就很难尽快把新时代打赢能力搞上去。①

中国海军从 2008 年首批护航编队执行护航任务以来，10 多年间海军圆满完成了上千批中外船舶护航任务，在亚丁湾、索马里海域书写了人民海军远赴大洋维护国家战略利益的光辉篇章，履行了中国负责任大国的国际义务。政治、外交、军事和社会效益显著，举世瞩目。

1894 年爆发的中日甲午战争中，北洋海军全军覆没，清政府与日本签订了丧权辱国的《马关条约》。从 1840 年鸦片战争爆发到 1949 年新中国成立，这一百多年的历史里，由于没有一支强大的海军，世界各国列强曾数百次侵犯我国的领海主权，我们的国门曾经数度被侵略者用坚船礼炮轰碎。1949 年 4 月 23 日，中国海军的前身——华东军区海军部队在江苏省泰州市白马庙乡成立，它比中华人民共和国建国还早。2019 年 12 月 17 日，中国首艘国产航母在海南入列。中国人的海军强国梦，延续百年，悲壮又豪迈。

---

① 解放军报评论员. 强化责任担当 聚力备战打仗［N］. 解放军报，2019 年 8 月 24 日.

三、教学建议

本案例可用于第十二章《全面推进国防和军队现代化》的第一节"建设世界一流军队"部分。推荐学生观看视频《燃！人民海军 70 华诞》《人民海军英雄舰艇》（共 3 集），结合阅读材料，引导学生讨论人民海军在维护国家安全和世界和平中所起的作用。

第十三章

中国特色大国外交[*]

教学案例一

"一带一路"缘何深受青年青睐

这几天,"一带一路"青年创意与遗产论坛正在湖南长沙举行。通过友好交流,来自"一带一路"沿线国家的青年代表们成为好朋友。

在第二届"一带一路"国际合作高峰论坛将在北京举办之际,"一带一路"各国青年进行这样的人文交流,颇有意义。习近平主席提出"一带一路"倡议近6年来,在各方共同努力下,共建"一带一路"取得了丰硕成果。目前已有124个国家和29个国际组织同中方签署了"一带一路"合作文件。这些成果的取得,离不开各国青年积极响应和热情参与。他们对"一带一路"的了解和认同,是这个国际公共产品广得人心、得道多助的一个缩影。"一带一路"的国际影响力、道义感召力、合作吸引力,在青年身上日益彰显。

海外青年们为何如此青睐"一带一路"?笔者想讲两个印象颇深的故事。

第一个故事是关于意大利罗马国立住读学校师生。在习近平主席访问意大利前夕,校长雷亚莱和8名高中学生致信习近平主席,表达了从事中意友好事业的良好意愿。笔者与他们交流时,他们能用流畅的中文表达自己的所思所想。当谈到"一带一路"时,一名学生说,"一带一路"是一个很好的机会,无论是对意大利还是欧洲。特别是中意双方最近签署了共建"一带一路"谅解备忘录,更让他们感到机遇巨大。一些学生表示,他们将到中国留学,就是希望以后能参与到"一带一路"建设中。

意大利青年学生对"一带一路"的认同颇具代表性。中国和意大利分处古丝绸之路两端。千百年来,海陆"丝绸之路"沿线人民谱写了友好往来、相知

---

[*] 张国军,首都医科大学副教授。

相交的历史篇章。新的历史时期，中国提出"一带一路"倡议，致力于使更多国家共享发展机遇和成果。很多意大利青年读着马可·波罗、利玛窦、艾儒略的故事长大，在世界经济不确定性增加的当下，他们发自内心认同中国提出的这一倡议。

另一个故事是关于法国一个华人青年。他小时候在广东生活了 10 年，随后到法国上学，如今即将大学毕业，马上就要找工作了。笔者问他想从事什么职业？他斩钉截铁地说，希望找到一份促进中法经贸交流的工作。在他看来，中国提出的共建"一带一路"倡议，对每个华侨华人来说都是大机遇。

对于在海外生活的"华二代""华三代"来说，如果说中华文化是他们内心认同祖（籍）国的文化纽带的话，"一带一路"带来的巨大机遇，就是他们深化与祖（籍）国之间经贸联系的新纽带。事实上，他们有很多独特优势，比如语言优势、对中国文化的了解、开放的国际视野等。他们能够成为"一带一路"在海外有力的宣讲者、推动者和实践者。

青年是国家的未来，也是世界的未来。当今世界正面临百年未有之大变局，保护主义、单边主义抬头，不稳定不确定因素增加。"一带一路"——作为回答"世界向何处去"这个问题的重要倡议——已转入落地生根、开花结果的全面推进阶段，面临着重大合作机遇。但是，这些合作机遇归根结底需要各国有志青年热情参与、深入实践。可以期待，在国际社会共同努力下，广大青年将获得更多认识、了解、参与"一带一路"建设的机会、平台，必将谱写更多共建"一带一路"助力沿线国家经济发展和民生改善的成功故事。

（彭训文."一带一路"缘何深受青年青睐［N］.人民日报海外版，2019年 4 月 1 日第 1 版。）

一、思考讨论

1. 共建"一带一路"与我们日常生活有什么关系？

2. 青年大学生如何参与"一带一路"国际交往？

二、案例点评

推进"一带一路"建设是习近平深刻思考人类前途命运及中国和世界发展大势所提出的宏伟构想和中国方案。共建"一带一路"倡议以共商共建共享为原则，以和平合作、开放包容、互学互鉴、互利共赢的丝绸之路精神为指引，以政策沟通、设施联通、贸易畅通、资金融通、民心相通为重点，已经从理念转化为行动，从愿景转化为现实，从倡议转化为全球广受欢迎的公共产品。中国提出共建 "一带一路" 倡议以来，开展了积极行动，截至 2019 年 7 月底，得到全球 136 个国家和 30 个国际组织的积极支持和参与，联合国大会、联合国安理会等重要决议纳入相关内容。

2013 年以来，共建 "一带一路" 倡议以政策沟通、设施联通、贸易畅通、资金融通和民心相通为主要内容扎实推进，取得明显成效，一批具有标志性的早期成果开始显现，参与各国得到了实实在在的好处，对共建 "一带一路" 的认同感和参与度不断增强。共建 "一带一路" 倡议与我们日常生活紧密相关：共建 "一带一路" 会促进中国与沿线国家经贸合作，推动国内经济发展，为我们创造更多就业机会；共建 "一带一路" 促进沿线国家基础设施进一步完善，交通变得更为便利，同时中国与部分沿线国家签订免签协议或简化签证手续协定，这些都在一定程度上为中国公民赴沿线国家旅游提供了便利条件；中国教育部已与 46 个国家和地区签订了学历学位互认协议，这为中国学生赴沿线国家留学以及沿线国家学生来华学习提供了便利条件。

《中长期青年发展规划（2016—2025 年）》指出："拓宽青年参与国家交往的渠道，为青年开展国际交流与合作搭建更广阔的平台。" 共建 "一带一路" 恰恰为当代青年拓展了国际交往和文明交流互鉴的途径。青年学生需要积极参与中国与沿线国家青年国际交往和文明交流互鉴活动。首先，要练就过硬本领，为投身于文明交流活动奠定良好基础。"青春虚度无所成，白首衔悲亦何及。" 青年是苦练本领、增长才干的黄金时期。要珍惜韶华、不负青春，努力学习掌握科学知识，提高内在素质，锤炼过硬本领，使自己的思维视野、思想观念、认识水平跟上越来越快的时代发展，做合格的文明信使。其次，坚定文明自信。广大青年学生应记住习近平总书记嘱托，"回顾历史、展望世界，我们应该增强文明自信，在先辈们铸就的光辉成就的基础上，坚持同世界其他文明交流互鉴，努力续写亚洲文明新辉煌"。再次，积极践行习近平总书记提出的文明交流互鉴四点主张（坚持互相尊重、平等相待；坚持美人之美、美美与共；坚持开放包容、互学互鉴；坚持与时俱进、创新发展）；最后，通过多种渠道投身到文明互鉴交流活动中。中国同各国一道，在教育、文化、体育、卫生等领域搭建了众多合作平台，开辟了广泛合作渠道。广大青年学生作为促进文明互鉴交流的重要力量之一，要积极参与，乐在其中。

三、教学建议

本案例适用于教材第十三章第二节"促进'一带一路'国际合作"。"一带一路"是中国提出的宏伟构想和中国方案，对中国和世界发展具有重要意义。本案例旨在把"一带一路"倡议的授课内容与大学生日常生活联系起来，让学生们能够感受到这项伟大的倡议不仅惠及国家，而且惠及普通老百姓。共建"一带一路"需要全体中国人齐心协力，参与其中，乐在其中。"青年兴则国家兴，青年强则国家强。青年一代有理想、有本领、有担当，国家就有前途，民族就有希望。"思政课教师需要引导广大青年学生积极投身于"一带一路"建设中。

教学案例二

这次"抗疫"世界离不开中国，中国也离不开世界

2020 年 1 月 30 日晚（当地时间），世界卫生组织（WHO）宣布，将新型冠状病毒疫情列为"国际关注的突发公共卫生事件"（PHEIC）。国际社会对中国抗击疫情的关注程度达到一个小高潮。辩证来说，中国"战疫"也有不小的积极国际影响，我们可以从三个方面来看——国外怎么看我们？我们怎么看国外？大家怎么看大家？

国外看我们：响当当

首先，国外看我们——大国响当当。WHO 表示，作出这个决定并非因为中国的情况，而是担心疫情向卫生系统薄弱的国家传播。WHO 对中国的强大防控措施表示出满满的信心、赞赏，甚至是惊讶，总干事谭德塞称中国的措施"非同寻常"，还说"中国发现疫情、分离病毒、测序基因组并与 WHO 和世界分享的速度之快，无法用语言形容。中国为疫情应对设立了新的标杆，这么讲一点都不夸张！"他此前访华，还对习近平主席说："中方防疫行动速度之快、规模之大，世所罕见，这是中国制度的优势，有关经验值得其他国家借鉴。"

不仅是 WHO，很多国家政府也对中国表示肯定和钦佩。包括美国总统特朗普、韩国总统文在寅，以及英国、法国、德国、日本、新加坡、菲律宾、巴林

等国的高级官员，不一而足。有的"为坚决控制新型冠状病毒疫情蔓延采取积极有力举措表示敬意"，有的"为中方抗击疫情的决心和勇气深感钦佩"……

我们还决定派遣民航包机，把滞留在海外的湖北同胞接回家。这是对中国公民负责，也是对全世界负责，展现出实实在在的大国担当。

从工作整体看，尤其是从全世界范围看，中国的反应非常迅速，中国的信息高度透明，中国的举措极为有力，中国政府对全国资源的强大调配能力举世罕见，甚至可以说让很多国家嫉妒艳羡、难以企及。2009 年世界爆发 H1N1 猪流感，病毒在多国传播失控，即使一些大国也难以形成全国长期有效合力，根据模型估计，全球 1 年有 28.5 万人死亡。近期国外脱口秀节目介绍火神山医院、雷神山医院不到 10 天即可建成，不禁笑叹，别的国家装个电视可能就得花 10 天。

世界正在密切观察中国，观察其危机管理、国家治理的高能运转，甚至是中国道路、中国制度的巨大效力。我们离战胜疫情越近，中国方案的吸引力就越大，中国在有关方面的国际话语权增长就越快。我们不主动输出自己的模式，但其国际影响的自我扩大却也是客观事实。

我们看国外：冷暖

其次，我们看国外——人情有冷暖。国际上对中国疫情的态度，大致有三种。

一种是"隔离"，情有可原。随着疫情越来越凶猛，在全球呈现传播态势，有些国家针对中国出台一些限制措施。包括关闭边境、停飞航班、撤离侨民、实施出入境管制等。我们有人过于沮丧，感觉他们对中国就像"躲瘟神"，唯恐避之而不及。然而客观看，各国综合国力、医疗水平、应急能力、管理惯例、恐慌情绪等都不尽相同，作出一些符合自身实际情况的防范措施，只要不是过度的、恶意的，其实可以理解，不用过度解读。

一种是"歧视"，用心险恶。有些国家高官说中国疫情有助于其本国经济，甚至借疫情恶毒攻击中国的政治制度。国外媒体中，有的把中国国旗的五星画成病毒，政府还予以袒护，有的称新型冠状病毒为"中国病毒"，有的把疫情叫作"黄色警报"、"黄祸"，有的叫嚣华人孩子不许出门。社交媒体上，无脑假消息满天飞，说火神山医院不过是骗局，中国感染了 280 万人，已经"尸横遍野"，甚至还有找不到来源的配图，消息被辟谣后也不道歉。这场疫情就像种族主义、恐慌情绪的狂欢节，也是我们透视妖魔鬼怪、险恶用心的照妖镜。这些人落井下石，唯恐天下不乱，唯恐中国不乱，我们对此要头脑清晰，别被带跑了节奏。

　　还有一种是"支持"，暖人心脾。各国政府、政党、组织以各种渠道和形式表达对中国"战疫"的支持，有的说"遇到困难时倾力相助的朋友才是真朋友"，有的表示"愿与中国共产党、中国人民一道，共同应对挑战"，有的撤侨包机上拉来满满医用物资，有的要直接派军机运送物资，"与兄弟的中国人民站在一起"。我们知道，这些雪中送炭的物资既有实际用途，也是心理慰藉，要的不只是东西，也是一份心意。即使因为种种原因没有送来物资，一句"加油"也让人心里暖暖的。不管是情理之中的支持，还是意料之外的感动，我们中国人有一说一，这些善举都应记在心里。

大家看大家：命运连

　　最后，大家看大家——人类命运连。党的十九大报告指出，重大传染性疾病等非传统安全威胁持续蔓延，人类面临许多共同挑战，我们呼吁各国人民同心协力，构建人类命运共同体。

　　此次疫情的全球性特征越来越明显，除中国外已有至少19个国家出现确诊感染病例。31日，意大利宣布进入国家紧急状态，美国宣布进入公共卫生紧急状态。防范疫情已经从中国人的事，渐渐成为世界人民共同的事。各国进一步加强信息共享、互帮互助是必然趋势。随着我国疫情拐点临近，中国也将为有关国家克服疫情挑战提供权威参考、坚定信心、重要支持。

　　世界各国供应链、产业链紧密相连，谁也离不开谁，疫情让各国对此有了更加直观感受。纽约时报刊文称，世界迅速意识到多么依赖中国，美联储密切关注形势变化，日本为连带冲击做好准备，亚洲各地酒店和旅行社忧心忡忡，苹果调整供应链，宜家暂停门店，星巴克预警财务打击，福特工厂停工……

　　有句歌词唱"世界上没有真正的感同身受"，人类总是互相嘲讽、倾轧，爱看别人的笑话，爱揭别人的伤疤。进步总是螺旋式上升的，我们不可否认，人类的丑陋面总有反复，正如这次疫情中，有一些人借机大搞种族歧视。但当纽约时代广场亮起"Be Strong China！"（中国要坚强），当在天津外籍人士共同发起"加油中国"爱心接力，当德国足球俱乐部用中文"加油武汉"发推特，当各国网友称赞奔赴武汉医护人员是超级英雄，当斯里兰卡不同宗教团体在中国使馆门口一同祈祷，当日本便利店挂出"中国加油"、"武汉加油"、"同舟共济"、"我们爱中国"、"请随便使用消毒剂"等标语……我们相信，人类的同理心在这次疫情考验中，将又一次得到充分的增强。

　　正如中国离不开湖北、离不开武汉，世界也离不开中国，中国也离不开世界，因为我们利益相连、人性相通、命运共同。共同构建人类命运共同体是世界大潮，虽任重道远，但滚滚向前。

（澎湃新闻特约撰稿郑归初.这次"抗疫"世界离不开中国，中国也离不开世界［EB/OL］.光明网光明理论，2020年2月4日.）

一、思考讨论

1. 为什么说"抗疫"需要世界各国共同努力？
2. 构建人类命运共同体的思想内涵是什么？
3. 大学生如何为"抗疫"贡献自己力量？

二、案例点评

人类生活在同一个地球村，各国相互联系、相互依存、相互合作、相互促进的程度空前加深，国际社会日益成为一个你中有我、我中有你的命运共同体。面对全球性挑战，没有哪个国家可以置身事外、独善其身，世界各国需要以负责任的精神同舟共济、协调行动，共同维护和促进世界和平与发展。国际社会迫切呼唤新的全球治理理念，构建新的更加公正合理的国际体系和秩序，开辟人类更加美好的发展前景。

构建人类命运共同体思想，是一个科学完整、内涵丰富、意义深远的思想体系，其核心就是"建设持久和平、普遍安全、共同繁荣、开放包容、清洁美丽的世界"。政治上，要相互尊重、平等协商，坚决摒弃冷战思维和强权政治，走对话而不对抗、结伴而不结盟的国与国交往新路；安全上，要坚持以对话解决争端、以协商化解分歧，统筹应对传统和非传统安全威胁，反对一切形式的恐怖主义；经济上，要同舟共济，促进贸易和投资自由化便利化，推动经济全球化朝着更加开放、包容、普惠、平衡、共赢的方向发展；文化上，要尊重世界文明多样性，以文明交流超越文明隔阂、文明互鉴超越文明冲突、文明共存超越文明优越；生态上，要坚持环境友好，合作应对气候变化，保护好人类赖以生存的地球家园。

疫情就是命令，防控就是责任。大学生要积极响应教育部关于众志成城、抗击疫情的倡议。在疫情防控的斗争面前，大学生要肩负起时代赋予的使命与责任，与祖国同命运，与人民共患难，为夺取抗击新型冠状病毒感染肺炎疫情斗争的胜利作出应有的贡献。做"守护者"，就是担使命、保安康。每一位同学的平安，每一个家庭的健康，就是平安华夏、健康中国的坚固基石；做"修行者"，就是宅其身、抱道行。做到"停课不停学、学习不延期"，努力学习文化知识，提升文化素养；做"识途者"，就是要做到游必有方。做好个人防护和返程规划，游必有方，尽可能缩短返程时间，做到错峰出行、平安出行。

三、教学建议

很多学生认为，外交离自己很远，没有紧密的关系。这给本章教学带来了很大的挑战，本案例旨在让学生感受到"外交不是虚无缥缈的事情，它就在我们身边"。抗疫是一场没有硝烟却必须打赢的战斗，是对世界、中国、社会和个人的一次大考。若想要在大考中交出合格答卷，需要世界各国人民团结起来，全力以赴、众志成城，坚决打赢疫情防控攻坚战。"抗疫"恰恰折射出中国所提出的"构建人类命运共同体"思想的重大意义。

第十四章

坚持和加强党的领导*

教学案例一

"跟着好支部,一定能致富"

"旧村址拆除了所有权归谁? 地上附着物归谁?"不久前,在甘肃省定西市通渭县常家河镇胜义村的一次支委会上,有支部委员就拆除旧村址重建文化公园事项提出了疑问。

"依照过去开会的情况,我原以为这次会议表决也会以简单的'同意'结束。现在大家开始有了责任感,一起为村里的事情操心了。"胜义村专职党组织书记王春娟说。

从"一团和气"的举手同意,到"辣味十足"的建言献策,在甘肃,这样的基层党组织正越来越多。自2018年3月甘肃在全省部署开展党支部建设标准化工作以来,越来越多的基层党组织增强了党性意识,提升了凝聚力、战斗力,广大党员干部积极担当作为,主动参与脱贫攻坚。

群众富不富,关键看支部。着眼打赢脱贫攻坚战头号工程,甘肃省把加强农村基层党组织建设作为工作重中之重。通过全面分析研判乡村两级班子运行情况,对26个乡镇班子、1552个后进村班子进行了调整整顿。选优配强村党组织书记,大力推进村党组织书记和村委会主任"一肩挑",全省"一肩挑"比例达73.8%,其中贫困村达74.9%。

为持续提高基层党组织战斗力,甘肃在农村全面推广支部建在产业链、党员聚在产业链、群众富在产业链的"三链"建设模式,全省已建立产业型党组织3800多个。

作为陇南市西和县蒿林乡何山村党支部书记,万顿兜里经常揣着两个小本

---

* 张国军,首都医科大学副教授。

本。一本是《西和县脱贫攻坚政策解答》，另一本是本村未脱贫农户基本情况。
"入户的时候群众如果对一些政策有疑问，可以随时查阅。"万顿说。

上任以来，万顿对108户建档立卡贫困户资料精心梳理，并制定一对一精准帮扶措施。有了万顿这样的"领头雁"，再借助基层党组织的组织优势盘活资源，甘肃一些贫困地区渐渐找到了致富路。

"2017年我种了2亩金银花，去年采摘卖了8000多元。"通渭县李家店乡郭坪村村民张继刚曾经是建档立卡贫困户，如今通过种植金银花让生活有了起色，而这都要得益于当地推行的"三建四联三带"党建引领产业发展模式。为把党建活力转化为脱贫推力，郭坪村党支部积极谋划，根据当地自然条件、资源禀赋，确立了金银花种植产业，并帮助贫困户线上销售。如今，花香满村，金银花里长出了"金银"。

陇南市成县黄渚镇清水村党支部着眼长远，通过采取"党支部引领、村集体控股、党员和群众参股、贫困户持股"的方式，多方筹资100多万元，带领村民发展水产养殖、中药材种植、乡村旅游等富民产业，使该村在"资源变资产、农民变股东、资金变股金"的过程中摆脱了贫困。村民们都说："跟着好支部，一定能致富。"

（董洪亮."跟着好支部，一定能致富"［N］.人民日报2020年08月11日第11版.）

一、思考讨论

1. 请结合材料，分析如何坚持党的领导，打赢脱贫攻坚战。

二、案例点评

打赢扶贫攻坚战，党的领导是关键，也是根本保障。中国共产党应坚持以习近平新时代中国特色社会主义思想为指导，坚持全心全意为人民服务的根本宗旨，坚持以人民为中心的发展思想，采取有效措施，巩固拓展脱贫攻坚成果，确保高质量打赢脱贫攻坚战。

要发挥好基层党组织战斗堡垒作用。党的基层组织是党在社会基层组织中的战斗堡垒，是党的全部工作和战斗力的基础。群众富不富，关键看支部。着眼打赢脱贫攻坚战头号工程，甘肃省把加强农村基层党组织建设作为工作重中之重，采取有效措施持续提高基层党组织战斗力，充分发挥基层党组织在扶贫攻坚战中的战斗堡垒作用。

要发挥好党员干部先锋模范作用。党的干部是党的事业的骨干，是人民公仆，要做到忠诚干净担当。甘肃省通过全面分析研判乡村两级班子运行情况，对26个乡镇班子、1552个后进村班子进行了调整整顿。选优配强村党组织书记，大力推进村党组织书记和村委会主任"一肩挑"。村民在党和政府领导下，在村党员干部带领下，艰苦奋斗，通过辛勤劳动发家致富。

要发挥好党的思想引领作用。各级党组织，尤其是基层党组织要坚持以习近平新时代中国特色社会主义思想为指导，坚持解放思想，实事求是，与时俱进，开拓创新，认真调查研究，把党的方针、政策同本地区、本部门的实际相结合，卓有成效地开展工作。陇南市成县黄渚镇清水村党支部着眼长远，通过采取"党支部引领、村集体控股、党员和群众参股、贫困户持股"的方式，多方筹资，带领创业致富。

三、教学建议

2020年是全面建成小康社会目标实现之年，是全面打赢脱贫攻坚战收官之年。打赢扶贫攻坚战，党的领导是关键，也是根本保障。结合打赢扶贫攻坚战，阐释坚持和加强党的领导，增强教学实效性。

教学案例二

这股劲 他从没松懈——记河南卫辉市唐庄镇党委书记吴金印

"幸福生活哪里来，上面派来个小毛孩，这个不用问，就是吴金印。"这是上世纪60年代，太行山里传唱的歌曲，当时吴金印还是毛头青年。为了让百姓过上好日子，他带领大家治山治水，那年他请来了修红旗渠的杨贵。杨贵问这个年轻人："红旗渠已经修了9年，还没完全配套。你想干的事，你知道得多少年吗？"吴金印回答："不怕。再干30年，我才50多岁！"

50年过去了，如今的吴金印已年过七旬，在唐庄镇，治山治水工程仍在进行。一辈子埋头基层苦干，这股劲，他从没松懈。

2016年5月，记者操作无人机低空掠过改造过后的乱石沟壑，绝壁荒滩，传回的图像令人震撼：梯田线条跌宕，人造林爬遍山崖。老书记的一生，深沉地写在了河南卫辉市唐庄镇的大地上。

群众的心像土地，种一粒收千粒

1942年，吴金印出生在卫辉，正是逃荒要饭的年景。卫辉当时叫汲县，被日本兵盘踞。至今吴金印仍对当时的惨烈场景记忆犹新。

1948年汲县解放，吴金印正好上学。老百姓可以不再被饥荒动乱所困，甚至破天荒地有了开山凿渠、治山治水的力量。吴金印17岁成为大队会计，18岁加入中国共产党，19岁成为大队支书。

吴金印曾说："过去说聚宝盆，放进一个，出来十个。其实土地才是聚宝盆，种下一粒，收上来百粒千粒。群众也是这样，只要我们干了群众盼望的事情，就能收获群众的心。"

吴金印曾三次拒绝提拔，至今还是乡镇党委书记。他带着群众治山治水、改河造田、开山架桥、穿山挖渠、绿化荒山，种林果、搞工业。太行山的群众宁可不要政策不要钱，只要求把吴金印派过来，留在这儿。

说了算，定了干，再大困难也不变

1968年，20多岁的吴金印背铺盖上太行山，到狮豹头乡任职。进山连条像样路都没有。有老人活到六七十岁没下过山，没见过大平地，以为天底下只有山。看群众碗里的饭，汤水泡野菜，尝一口，没有盐。

太行山是出英雄的山。战争年代，老百姓把共产党员藏在家里，共产党员在这座山上丢过命，淌过血，共产党许诺要带他们过上好日子。

"说了算，定了干，再大困难也不变"是太行一带共产党员共同的品质。杨贵这么干，河南省委原副书记郑永和也这么干，百折不挠。

郑永和受到冲击时，组织上把他安排到吴金印这里。郑书记计算要在汛期前赶工，号召群众每晚上山拉石头。上下6里山路，郑永和经常拉到5趟才肯睡觉。吴金印记得，郑书记在这里六七个月，竟没有歇过一天。

凿洞抡锤，他们一人一口气1800锤。整个人被石粉裹满全身，只知道全身的汗从脚上流下来，每挪一步就是一双湿脚印。在狮豹头任公社党委书记10多年，吴金印带领群众凿了6个山洞，筑起85道大坝，建了25座小水库，3.8万米水渠，8座公路桥，造田2000多亩。

共产党员搞特殊的那一刻，就脱离了群众

吴金印调离下山的时候，骑自行车，驮着铺盖卷。本来悄悄地走，被群众看见，结果人越聚越多，送出一程又一程。怎么也劝不回去，群众哭，吴金印

173

也哭，挥别狮豹头。

从吴金印调任唐庄镇，将近30年的时间。在这里，吴金印和唐庄镇的干部始终坚持"四同"：和群众同吃同住同劳动，有事同群众商议。遇有大项目，干部住山上，住工地，住群众家，吃派饭。

去年，唐庄镇的地区生产总值已超过50亿元，群众住上小楼，很多家买了车。吴金印仍然穿着他的旧衣服、黑布鞋。年轻人问，既然致富是咱奋斗目标，为啥更优越的物质条件不能成为你吴金印的追求？

对啊，即便是共产党员，这样的追求何其正当！在池山驻队时，吴金印特别关照"五保"老人杨务新，每天为老人挑水扫地。当派饭到老人家，吴金印一进屋，闻到鸡汤香，老人竟然把下蛋鸡杀了，给他补身子。吴金印借故躲开，老人急得哭，最后他也没吃这顿饭。

吴金印说，我能不知道肉好吃吗？如果吃了，每个人都知道我爱吃肉，接着都这么做。共产党员搞特殊的那一刻，他就脱离了群众。脱离群众，你就干不长。

"老百姓最有良心，他知道谁跟他亲。"吴金印一辈子敬重的老师郑永和，从省领导岗位上退休，钻进深山带领群众治虫挖渠。吴金印三次去看他，一次在治虫打药，一次在凿石头给群众砌门墩，一次在田里给群众"打坷垃"。

吴金印问他，退休了，你不在家享享福？郑永和说，人老了，谁跟咱亲就想跟谁在一起，群众跟咱是真亲啊。2016年，吴金印还念着郑永和，说直到去世的时候，老郑还在山里头，那才是真真正正把一生献给了人民。

（王汉超．这股劲　他从没松懈——记河南卫辉市唐庄镇党委书记吴金印[EB/OL]．共产党员网，2016－06－07．）

一、思考讨论

1. 请结合资料总结吴金印作为一名基层党员领导干部的先进事迹。

2. 请谈谈当代大学生如何端正入党动机。

二、案例点评

2013年8月12日，时任中共中央政治局常委刘云山在新华社内参上批示："吴金印是老典型，他几十年如一日，与群众同甘苦，带领群众致富，是党员干部密切联系群众、践行群众路线的榜样，他的事迹是进行群众路线教育的生动教材。"

吴金印同志心系百姓,积极践行一切为了群众、一切依靠群众,从群众中来、到群众中去的群众路线。吴金印和唐庄镇干部一起立下了"四不""四同"的规矩。"四不",就是身不懒,积极参加劳动;嘴不馋,到村进厂不喝酒、不吃请;耳不聋,倾听群众意见;手不长,不拿群众东西。"四同",就是干部要与群众同吃同住同劳动,有事同群众商量。同吃,就是驻村干部不准单独起伙,一律到群众家吃派饭,不准喝酒,吃了饭要交钱;同住,就是驻村干部不准住村委会,必须住到军烈属、五保户、困难户家里;同劳动,就是每个干部自备一套劳动工具,每年 20 个义务工;有事同群众商量,就是村里制定重大决策前,驻村干部要跟村民商量。

吴金印同志淡泊名利,三次拒绝提拔,一心一意带领群众治山治水、改河造田、开山架桥、穿山挖渠、绿化荒山,种林果、搞工业。太行山的群众宁可不要政策不要钱,只要求把吴金印派过来,留在这儿。吴金印同志深受群众拥戴,被誉为"太行公仆"。

大学生应端正入党动机,明确中国共产党员是中国工人阶级的有共产主义觉悟的先锋战士。中国共产党员必须全心全意为人民服务,不惜牺牲个人一切,为实现共产主义奋斗终生。吴金印同志是经得起检验的好党员好干部,是全党同志和各级领导干部学习的楷模。

三、教学建议

结合全国优秀共产党员吴金印的先进事迹,讲解第十四章"坚持和加强党的领导",引导当代大学生端正入党动机,让其明确群众路线是中国共产党的生命线,在中国特色社会主义现代化建设中发挥着重要作用。

参考文献:

[1] 吴金印的群众观及对我们的启示 [EB/OL].人民网,2014-10-13.

[2] 肖建中,张鲜明.记唐庄镇党委书记吴金印践行群众路线的事迹 [N].河南日报,2013 年 9 月 9 日.

第三篇 **03**

|部分高校典型实践教学案例|

天津师范大学实践教学典型做法介绍[*]

一、基本情况介绍

如何以实践教学推动思想政治理论课教学整体实效的提升，是当前思想政治理论课教学改革中的难题。从 2005 年开始，天津师范大学针对实践教学中存在的诸如全员性难实现、与课堂教学衔接不紧等问题，开展了思想政治理论课教师与辅导员两支队伍优势互补、实践教学与课堂教学协力共进的实践教学改革。2008 年教育部社科司发简报《天津师范大学坚持改革创新，探索思想政治理论课实践教学新模式》。2009 年，获得天津市教学成果二等奖。2015 年，以杨仁忠教授领衔的教学科研团队申报教育部"全国高校思想政治理论课教学科研团队择优支持计划"项目——《整合思政课教师和辅导员两支队伍推进实践教学与课堂教学合力同进研究》获得成功。2018 年，中共天津师范大学党委出台了《天津师范大学加强和改进思想政治理论课实践教学工作实施方案》（师大党发〔2018〕58 号文），思想政治理论课实践教学改革再出发。

二、具体做法

（一）思想政治理论课教师和辅导员两支队伍合作推进实践教学

在 2005 年开展思想政治理论课实践教学改革时，我们比较了思想政治理论课教师独立承担实践教学与思政课教师、辅导员合力推进实践教学两种方案，并选择了后者。

思想政治理论课教师既承担理论教学，又具体负责指导实践教学，具备有

---

* 李朝阳，天津师范大学教授。

179

助于保证实践教学与理论教学统一性的优势。同时，思想政治理论课教师理论水平较高，教学经验丰富，能把握好在实践教学中需要学生认知、认同的理论观点，对在实践教学中学生的理论困惑可以较好地加以科学阐释。

但我们又看到，思想政治理论课教师具体指导实践教学又面临多个困难，并影响到该项工作的实效性。其一，思想政治理论课教师数量不足、所承担的理论教学课时多，使他们难以投入很大精力承担繁重的实践教学。其二，思想政治理论课教师除在理论教学中接触学生外，平时很少接触分布在各个专业院系的学生，这使他们在组织指导实践教学时往往很难有效掌握学生。其三，多数思想政治理论课教师的长项在组织课堂教学，指导实践教学所需要的组织学生到社会生活中去、以社会为师的能力往往是他们的短板。

正是由于这些困难的存在，使得一些学校由思想政治理论课教师直接组织指导的实践教学效果不佳，常出现如下问题：（1）由于教师的精力不够或组织学生实践活动能力不足、资源缺乏等因素，实践教学实际课时少，甚至一些老师把学校给的实践教学课时当作吃"空饷"的机会，不仅影响了教学效果，还使教师有道德风险；（2）学生参与面有限，难以保证全员性。特别是在组织学生走出校园、开展实践调研等活动时，往往只能有少部分学生参与，搞所谓的"以点带面"；（3）一些老师采用的实践教学方式并不符合实践教学内在要求，甚至把组织学生读马克思主义经典著作、看爱国主义电影和学生自主讲课讨论、演讲、辩论作为开展实践教学的主要方式，学生基本上走不出校园，很难有机会在社会生活中学习、领悟、提升思想觉悟，内化在课堂所学理论。

我们认为，经过合理分工，在思想政治理论课教师指导下，主要由高校辅导员具体组织实践教学可帮助化解上述难题。这是因为，相对于思想政治理论课教师，辅导员在具体组织实践教学中有特殊优势，从而有助于提高思想政治理论课教学实效性。

首先，相对于思想政治理论课教师，辅导员有更好的条件及时、准确地了解学生思想。思想政治理论课教师一般只是在授课时才能接触到学生，且因往往是在中班、大班授课，不容易与学生交心、交朋友，难以深入了解学生思想实际。而辅导员却是全天候地与学生打交道，在高校教师中与学生联系最广泛、最紧密。作为学生日常生活的管理者、学风的引导者、思想品德的指导者，辅导员对学生的思想动态，特别是他们在思想道德方面出现的问题有比一般思想政治理论课教师更及时、更全面、更准确地把握。而及时、准确、全面地摸清学生的思想状况，无疑是我们有针对性地开展富有成效的思想政治理论课实践教学的前提。同时，多数辅导员相对年轻，与学生年龄相近，他们的思维方式、语言特点、行为模式与学生差别小，容易与学生打成一片并进而赢得学生信任，这也是辅导员有效组织学生参与实践教学的一个比较优势。

其次，相对于思想政治理论课教师，辅导员队伍在整体上组织活动的能力更胜一筹。多数辅导员在学生阶段有担任学生干部的经历，在就学期间曾组织过各种形式的学生活动，有丰富的经验教训的积累。在成为辅导员后，他们又经过了相关培训，在担任班主任、学院（系）团委书记、学工办主任以及党委副书记等职务中不断增强组织学生活动的能力。这样，辅导员们便往往具备了比多数单纯任课堂教学任务的思想政治理论课教师更强的组织学生活动的能力。这也使得他们作为辅导员在以组织学生参加各类活动为基本形式的思想政治理论课实践教学时，辅导员们更容易想到好点子，优化实践教学过程，达到预期教学目标。另外，辅导员在发展大学生党员、选拔班级或学生会干部和社团活动骨干以及在助学金奖学金评定、保研等工作中有较大影响力，这有助于他们在组织学生参加各类思想政治理论课实践教学活动时的出勤率、积极性。

再次，除了上述比较优势外，辅导员组织实践教学还有助于缓解思想政治理论课教师总量不足的问题。随着辅导员队伍建设受到越来越多的关注，近年来辅导员队伍学历层次不断提升。辅导员队伍年纪轻，思维活跃，精力旺盛，由他们承担起组织实践教学的任务，无疑为思想政治理论课教学增添了生力军，这有利于缓解思想政治理论课教师数量不足并且对实践教学精力投入不够等问题。当然，与思想政治理论课教师相比，辅导员的整体理论水平有一定差距，并会在一定程度上制约实践教学的整体效果。但是，我们可以通过建立思想政治理论课教师指导辅导员、辅导员再具体组织实践教学，以及辅导员内部的交流、协作等保障机制来较好地解决该问题。

（二）以"五同"为核心的实践教学与理论教学同进互补机制

实现主要由辅导员具体组织的实践教学与思想政治理论课教师主导的理论教学同进互补，是保证实践教学取得预期成效的关键。在坚持理论教学为主、实践教学为有益补充的前提下，做到二者的"五同"，即同对象、同目标、同重点、同问题、同考试，使二者有机结合、同进互补，是天津师范大学的核心做法。

实践教学与理论教学"同对象",保证全员性。实践教学是思想政治理论课教学的有机组成部分,学生参与实践教学是其接受思想政治教育的重要途径,必须与理论教学一样做到全员参加,而不能搞"以点带面",甚至使实践教学成为一些学生骨干才能享受到的"福利"。根据教育部的相关规定,课堂教学原则上要求采用不超过100人的中班授课。考虑实践教学的特点,班容量一般不宜超过50人,否则很难组织和保证实效。

实践教学与理论教学"同目标"。教学目标体现着课程建设的性质,决定着课程建设的方向。无论是理论教学还是实践教学,二者都必须以中宣部、教育部规定的每一门课的教学目标为基本依据,设计教学内容,规范教学过程。实践教学与理论教学在教学目标上没有差异,只是在达到目标的方式上各有特点。

实践教学与理论教学"同重点"。教学内容是教学活动的核心,是实现教学目标的载体。实践教学与理论教学的"同重点"强调的是实践教学在内容上要选择理论教学的难重点及学生思想的主要困惑点,它强调的核心是实践教学必须为学生深入理解在理论课课堂上所学理论知识并进一步达到认同、转化为自觉行动而服务,绝不能脱离课程,随意选取。

实践教学与理论教学"同问题"。"同问题"是保证实践教学为理论教学服务,实现二者同进互补的重要环节。思想政治理论课必须回答学生思想困惑,解决学生思想问题,增强针对性。个别学生的困惑单凭课堂教学难以很好解决,需要通过实践教学加以深化、升华。

实践教学与理论教学"同考试"。考试具有检验学生学习成效的功能,也在一定程度上影响着学生学习积极性。"同考试"不仅要求实践教学与理论教学一样要有考试这一环节,而且还要求实践教学与理论教学的成绩各占一定比例,最终合成学生本课程总成绩。其比例一般是实践教学占总成绩的20%,理论教学占总成绩的80%。实践成绩由辅导员根据学生在实践教学中的出勤、表现、完成作业等情况综合评定。

（三）加强统筹协调,推进协同联动

成立专项办公室。在学校思想政治理论课建设领导小组的领导下,成立实践教学专项工作办公室（办公室设在团委）,在马克思主义学院和团委共同指导下开展工作,协同学校有关部、处（室）和各学院做好实践教学组织实施、课程建设、教学管理、活动展示等工作。每学期组织召开专题会议研究部署本学期实践教学工作。

组建课程教研组。深化两支教师队伍合作教学，进一步加强对实践课教师的理论指导，由马克思主义学院思政课教研室与学生思想政治工作干部队伍对应四门课程联合组建实践教学课程教研组（以下简称"教研组"），负责组织开展实践教学教研活动，教研组每学期开展不少于三次教研活动（参见下表）。

实践教学教研组学期教研活动安排表

时间	教研形式	教研内容
学期初	以课程为单位进行集体备课	理论课教师按照马克思主义学院制定的本学期实践教学实施方案，对实践课教师进行具体指导，明确课程单元教学重难点、实践教学目标任务、实践教学活动建议等。
学期中	以授课学院为单位进行小组交流（不限次数）	理论课教师和实践课教师按照"同对象"原则组成若干小组，进行理论指导和教学研讨。
学期末	以授课学院为单位进行观摩展评	结合本学期开展的实践教学活动，评选出优秀教学方案和优秀学生作业，以适当形式在全校展示。

（四）规范教学方案，优化教学设计

由马克思主义学院制定教学计划，学生每学期修读同一门课程，形成全校统一的思想政治理论课教学安排。根据每门课程17学时（不占理论教学学时）的工作体量，按照"思想道德修养与法律基础""近代史纲要""马克思主义原理"课各组织2次实践教学活动，"概论"课组织1次社会调研活动的总体安排，结合每门课的教学重点、难点，不断修订每门课的实践教学实施方案。

建设教学基地。由团委牵头挖掘政府、企业、社区等多方的实践育人资源，充分发挥高新技术前沿科技企业、现代农业技术企业、各级各类爱国主义教育基地和改革开放前沿阵地作用，充分展现习近平新时代中国特色社会主义思想伟大历史成就，在校内外建设实践育人示范基地，并推动学院结合专业特色建设一批院级实践育人基地，满足全校学生实践教学需求。

做好细化设计。在实施方案基础上，由团委与马克思主义学院研究确定各门课程实践教学的基本形式，每学期初进行修订和部署。各学院团委负责组织实践教师在教研活动基础上，结合时事政治和社会热点，根据各学院专业特色和学生实际细化活动主题和具体形式，以自然班为单位，按照"调研预备—策划部署—指导提升—活动展评"四个环节做好实践教学的组织实施。

注重质量监控。团委牵头抓好关键环节和过程管理，进一步提升实践教学质量。一是抓好报备工作，集体备课后各学院上报经学院党委审批的学期实践教学计划，经实践教学专项工作办公室审核后备案。二是抓好督导工作，成立包括党政领导、理论课和实践课教师在内的实践教学评价督导组，通过随机听课、抽查学生作业、检查教学计划落实情况，团委对实践教学单位和实践课教师进行综合评价，评价结果纳入思想政治工作和干部考核范畴。

（五）推进课程建设，形成教学成果

形成教学大纲。在马克思主义学院指导下，教研组结合习近平新时代中国特色社会主义思想"三进"和理论教学改革工作，在已有实施方案的基础上，明确教学目标，细化教学基本要求，优化教学组织与管理方式，按照高等学校专业教学计划的结构，建立规范化、科学化、系统化的教学大纲，作为思想政治理论课实践教学的指导性文件。

编写教案汇编。四个教研组在进行教学方案细化设计过程中，以学院为单位为每门课对应编写1-2个实践教学教案，经过教研组推荐、学校遴选，形成实践教学优秀教案汇编，指导实践教学工作开展，适时编印实践教学活动案例教材（或电子版）。

汇总教学成果。以教研组为单位，根据教学大纲安排，每个学期对全校实践教学工作进行成果汇总。一是通过考核、展评汇总编印学生优秀作业集；二是在实践教学过程中形成的多媒体课件和电子教材等资源，汇总建立网上课程平台；三是鼓励教师根据实践教学工作申报教改立项，发表教研论文，鼓励学生根据实践教学发表调研报告，参加相关学科竞赛。

（六）加强组织实施

明确分工。学校思想政治理论课建设领导小组负责统筹实践教学改革工作的总体设计和组织领导，马克思主义学院负责制定实践教学实施方案、组织教研组集体备课、规划实践教学形式内容、拟定调查研究题目、实践课教师培训指导等工作，学校团委负责实践教学实施方案的安排部署、实践活动的统筹规划、学生实践教学成绩审核、优秀实践教学成果评选以及各环节的管理和协调。

学院党委负责本学院实践教学实施方案的指导推进和有效落实，学院团委负责实践教学教师队伍组建管理、实践教学工作具体实施、实践教学教案设计、活动指导、组织管理、学生作业评阅、学生成绩评定和评优展示工作。

三、经验总结

第一，实践教学机制设计、优化要突出问题导向。在改革之初，我们分析了影响思想政治理论课教学实效性的突出问题，即如何做到对全体学生全覆盖，如何使实践教学与日常思想政治教育、寒暑假社会实践相区分，凸显课程性特点。我们设计了实践教学与课堂教学同对象、同目标、同内容、同进度、同考试。在推进改革中，我们又遇到了实践教学如何与"问题导入—课题深入—专题进入"专题教学有机衔接问题，我们将"同内容"调整成"同问题"，将"同进度"调整成"同重点"突出针对性，推进了实践教学有效辅助课堂教学。

第二，要加强保障。思想政治理论课教师与辅导员两支队相结合、实践教学与课堂教学合力共进是一项系统工程，需要学校各相关部门要做好以下几方面的保障工作。一是人才保障，马克思主义学院严格选聘教研组指导教师，全过程参与顶层设计，提供理论指导，着眼大局，创造性开展工作。二是教学保障，教务处从课程建设等方面做好指导，协调授课场地和时间。三是宣传保障，宣传部根据实践教学工作开展情况做好校内外宣传，为提升我校思政课教育教学质量营造良好的舆论环境。四是资金保障，学校每年在预算中设立专项经费，为实践教学顺利开展提供经费保证。

第三，要不断完善辅导员发展机制。辅导员在实践教学中承担重要职责，他们的能力如何，关系实践教学成效。为此，要保证辅导员队伍的规模达到满足工作需要，切实落实辅导员与学生比例 1∶200 的配置要求。同时要不断提高辅导员队伍素质。不断提高辅导员素质，特别是提升他们的思想政治觉悟、理论修养，对确保辅导员组织实践教学的质量有决定性意义。提升辅导员素质重点做好以下五方面的工作：（1）制定辅导员培训规划，建立分层次、多形式的培训体系，把辅导员纳入思政课新入职教师培训体系，重点组织他们学习马克思主义中国化的最新理论成果。（2）通过集中授课、理论课教师带辅导员共同进行科学研究等方法提高他们对理论难点、重点、热点问题的理解。（3）建立辅导员内部协作机制，及时围绕实践教学大纲进行集体备课、研讨，总结汇报实践教学开展情况，交流推广好的做法和经验，研讨实践教学中存在的问题、对策及建议，协调、平衡各学院（系）实践教学。（4）要经常组织实践教学观摩，开展优秀教案、"精彩一课"的评比表彰活动，并将辅导员在实践教学中的成绩与其参评德育教师系列职称和职务晋升有机联系起来。（5）组织高水平辅导员编撰实践教学示范教案，使水平较低或经验缺乏的辅导员在消化、吸收示范教案过程中有所启发，并不断进步。

"体验最好时代魂"*

——天津工业大学"概论"课实践创新课简介

实践教学重在实践。最好的实践是在没有围墙的校园——社会中进行实践。习总书记在学校思想政治理论课教师座谈会上的讲话中指出，要"把思政小课堂同社会大课堂结合起来"，当代中国特色社会主义建设实践是写在中华大地上的马克思主义理论。因此，学院思想政治理论课的实践教学探索始终包含着建立实践基地，基于实践基地开展实践教学。

2018年学院承担了天津市"体验最好时代魂"的概论课实践创新课课题研究。以此为契机，学院制定了实践基地建设计划。在课程化、规范化、信息化、品牌化的基础上，加强基地化，着力建设"行走的课堂"，打造实践创新课品牌。

一、基本情况介绍

（一）实践创新课程的目的

实践性是马克思主义最深刻的本质属性。理论联系实际是思想政治理论课教学的基本原则。高校思想政治理论课"05方案"规定，实践教学是思想政治理论课的重要组成部分。中共中央国务院《关于加强和改进新形势下高校思想政治工作的意见》明确指出"要强化社会实践育人，提高实践教学比重，组织师生参加社会实践活动"。教育部《高校思想政治工作质量提升工程实施纲要》（2017年12月）明确提出"扎实推动实践育人。坚持理论教育与实践养成相结合，整合各类实践资源，构建'党委统筹部署、政府扎实推动、社会广泛参与、高校着力实施'的实践育人协同体系"。教育部《新时代高校思想政治理论课教

---

* 徐保军，天津工业大学讲师；聂丽琴，天津工业大学副教授；顾洪英，天津工业大学教授。

学工作基本要求》（教社科〔2018〕2号）明确规定"从本科思想政治理论课现有学分中划出2个学分、从专科思想政治理论课现有学分中划出1个学分，开展本专科思想政治理论课实践教学"。"毛泽东思想和中国特色社会主义理论体系概论"课以讲授中国化马克思主义为主要内容。中国化马克思主义是马克思主义与中国革命、建设和改革相结合的理论成果，深深扎根在中国实现中华民族伟大复兴的社会实践中。概论课程开设实践创新课，以实践基地建设为依托，以"体验最好时代魂"为主题，师生一同走进实践基地，在生动鲜活的实践中看、听、说、做、感、悟，深刻感受书写在中华大地上的中国特色社会主义理论，领悟中国特色社会主义理论的科学性、人民性、实践性，增强学生对中国特色社会主义理论的理论认同、情感认同、价值认同和实践认同，坚定学生对中国特色社会主义的"四个自信"，引导学生在为中华民族伟大复兴中国梦奋斗中放飞青春梦想。

（二）实践创新课程的基本原则

为保证概论实践创新课的针对性、时代性和实效性，根据教育规律、思想政治工作规律、学生成长规律，实践创新课遵循以下基本原则：

1. 全员全过程全方位实践育人原则。在学校党委和行政的统一领导下，动员全校力量，发掘具有典型性的实践教学基地，建立起校内校外、市内市外类型齐全的实践基地。聘用实践基地的相关工作人员、学生辅导员等担任实践创新课教师，建立多元实践创新课教师队伍。利用学生专业实习实训基地、大学生暑期社会实践基地建设思想政治理论课实践教学基地，建立全方位实践基地体系。

2. 理论教育和实践活动相结合原则。以"概论"课中"习近平新时代中国特色社会主义思想"为主，紧扣教学内容，分别围绕"毛泽东思想"和"中国特色社会主义理论体系"中"五位一体"总布局和"四个全面"战略布局建立实践基地，把概论课主要理论贯穿在实践教学全过程和各环节。科学化精细化设计实践教学具体方案，形成内容丰富、科学合理、衔接流畅的实践教学流程。

3. 教师主导性和学生主体性相结合原则。实践教学充分发挥教师的主导性和学生的主体性。给予学生更多动脑动手参与实践活动、表达实践感受的机会，由被动地看、听到主动地说、做，加强实践教学中师生交流与生生交流，提升教学效果。

4. 创新精神与长效机制相结合的原则。实践创新课围绕发掘实践基地内涵，充分调查研究；根据不同基地特点，探索内容、形式、方法手段创新，增强实践教学时代感和实效性。同时，加强实践基地规范化建设，与实践基地建立长期合作关系和顺畅沟通渠道，构建保证基地随时为学生实践教学服务的长效机制。

二、基本做法

（一）实践创新课列表

	名　　称	章　节
1	天津觉悟社纪念馆实践创新课	第一章
2	平津战役纪念馆实践创新课	第二章
3	天津纺织博物馆实践创新课	第三章
4	海鸥表博物馆实践创新课	第四章
5	中共天津历史纪念馆实践创新课	第五章
6	蓟县毛家峪实践创新课	第六章
7	天津工业大学绿色校园实践创新课	第七章
8	天津海河教育园区思政教育实践基地实践创新课（一）	第八章
9	天津市滨海新区规划展览馆实践创新课	第九章
10	中汽（天津）系统工程有限公司实践创新课	第十章
11	天津兴宁实业发展股份有限公司实践创新课	第十章
12	天津市精武产业技术研究院实践创新课	第十章
13	天津农耕文化博物馆实践创新课	第十章
14	天津天同养老院实践创新课	第十章
15	天津宝坻人民法院实践创新课	第十一章
16	武警天津总队机动支队实践创新课	第十二章
17	天津海河教育园区思政教育实践基地实践创新课（二）	第十三章
18	天津市西营门街党群红色街区实践创新课	第十四章

（二）以"全面依法治国"实践创新课为例

天津宝坻人民法院"全面依法治国"实践创新课教案

时间：二课时　（加上来回路程，总共4小时）

地点：天津宝坻人民法院

学生：纺织科学与工程学院，39名；电气工程与自动化学院，45名

教师：徐保军（主讲）；民事审判第二庭庭长王文海；法官裴悦

1. 实践基地介绍

院情简介：天津宝坻人民法院辖区面积1450平方公里，辖区人口65万余人。法院办公区域面积5920平方米，审判区域面积5000平方米。法院内设机构17个，派出法庭6个，在职法官及其他工作人员186人。机构设置：内设刑事审判第一庭、未成年人刑事案件审判庭、民事审判第一庭、民事审判第二庭、民事审判第三庭、行政审判庭、审判监督庭、执行一庭、执行二庭、告诉立案一庭、告诉立案二庭（诉讼服务中心）、审判管理办公室、研究室、办公室、政治处、法警大队、监察室等17个机构，另设大口屯、林亭口、大钟庄、大白庄、史各庄、方家庄等6个人民法庭。法院建设：近年来，宝坻区人民法院在区委的正确领导下，在区人大及其常委会和上级法院的监督指导下，坚持以党的十八大和习近平总书记关于法治建设重要论述为指导，牢牢把握司法为民公正司法主线，紧紧围绕"让人民群众在每一个司法案件中都感受到公平正义"目标，认真履行宪法和法律赋予的职责，狠抓审判工作、司法管理和队伍建设，全面提升审判质效和队伍素质，全力维护社会公平正义，为促进辖区经济社会发展，维护社会和谐稳定做出了积极贡献。所获荣誉：2002年7月、2003年12月分别被最高法院授予"全国人民满意的好法院"和"全国模范法院"荣誉称号，并分别荣立集体一等功；2007年被天津高院评为"天津市法院系统先进集体"；2008年被天津高院评为"天津市法院系统先进集体"，荣立集体三等功；2009年度荣立集体三等功，2011年度受到天津高院嘉奖；2012年度被天津高院评为优秀法院，并荣立集体二等功。

2. "概论"课原理简介

《毛泽东思想和中国特色社会主义理论体系概论》2018版第十一章第三节，"全面依法治国"。新中国成立以来，为了发展社会主义民主、建设社会主义法制，党带领人民进行了不懈探索，取得了巨大成就，也走了一些弯路。改革开放以来，党汲取历史的经验教训，始终高度重视法治建设。党的十一届三中全会明确提出"发展社会主义民主、健全社会主义法制"的重大方针。十五大明

确把依法治国确立为治理国家的基本方略，把建设社会主义法治国家确定为社会主义现代化建设的重要目标。1999 年 3 月，九届全国人大二次会议通过的《中华人民共和国宪法修正案》将"依法治国"正式写入宪法。2014 年十八届四中全会通过了《关于全面推进依法治国若干重大问题的决定》，明确提出全面推进依法治国，全面依法治国总目标是建设中国特色社会主义法治体系，建设社会主义法治国家。十九大明确提出，全面依法治国是中国特色社会主义的本质要求和重要保障。全面依法治国努力让人民群众在每一个司法案件中感受到公平正义。通过在该实践基地的学习，让学生亲身感受坚定不移走中国特色社会主义法治道路的现实意义。

3. 实践课具体安排：

①2019 年 11 月 30 日下午 12 点 30 分，学生和教师集体乘车自学校至天津宝坻人民法院。在车上，由主讲教师先简要介绍天津宝坻人民法院的情况。（5 分钟）

②在车上，由主讲教师讲"中国特色社会主义法治道路"五大基本原则。（10 分钟）

③车至天津宝坻人民法院后，全体人员进入二楼的审判庭，王文海庭长给同学们介绍宝坻人民法院在履行宪法和法律赋予的职责，审判工作、司法管理和队伍建设等方面的情况。（王文海，5 分钟）

④旁听裴悦杰法官审理"普凡英起诉马秋成机动车交通事故责任纠纷案"。（裴悦杰，40 分钟）

⑤裴悦杰法官与同学们进行互动交流。（裴悦杰与学生，10 分钟）

⑥徐保军老师讲"深化依法治国实践的重点任务"。（徐保军，10 分钟）

⑦课程总结，学生代表谈此次实践的感想；布置实践课作业。

以"宝坻区人民法院社会实践"为主题，写一篇实践基地的学习感受。（2000 字）（徐保军，10 分钟）

⑧全体人员乘车返回学校。

4. 实践课详案（全程录制）

（线路：车从天津工业大学出发）

同学们，下午好。今天我们讲《毛泽东思想和中国特色社会主义理论体系概论》2018 版第十一章第三节，"全面依法治国"。我们这次上实践创新课，实践基地是天津宝坻人民法院。

首先我给大家介绍实践基地的情况。院情简介：天津宝坻人民法院辖区面积 1450 平方公里, 辖区人口 65 万余人。法院办公区域面积 5920 平方米, 审判区域面积 5000 平方米。法院内设机构 17 个, 派出法庭 6 个, 在职法官及其他工作人员 186 人。机构设置: 内设刑事审判第一庭、未成年人刑事案件审判庭、民事审判第一庭、民事审判第二庭、民事审判第三庭、行政审判庭、审判监督庭、执行一庭、执行二庭、告诉立案一庭、告诉立案二庭 (诉讼服务中心)、审判管理办公室、研究室、办公室、政治处、法警大队、监察室等 17 个机构, 另设大口屯、林亭口、大钟庄、大白庄、史各庄、方家庄等 6 个人民法庭。法院建设: 近年来, 宝坻区人民法院在区委的正确领导下, 在区人大及其常委会和上级法院的监督、指导下, 坚持以党的十八大和习近平总书记关于法治建设重要论述为指导, 牢牢把握司法为民公正司法主线, 紧紧围绕"让人民群众在每一个司法案件中都感受到公平正义"目标, 认真履行宪法和法律赋予的职责, 狠抓审判工作、司法管理和队伍建设, 全面提升审判质效和队伍素质, 全力维护社会公平正义, 为促进辖区经济社会发展, 维护社会和谐稳定做出了积极贡献。所获荣誉: 2002 年 7 月、2003 年 12 月分别被最高法院授予"全国人民满意的好法院"和"全国模范法院"荣誉称号, 并分别荣立集体一等功; 2007 年被天津高院评为"天津市法院系统先进集体"; 2008 年被天津高院评为"天津市法院系统先进集体", 荣立集体三等功; 2009 年度荣立集体三等功, 2011 年度受到天津高院嘉奖; 2012 年度被天津高院评为优秀法院, 并荣立集体二等功。

第二, 因为到基地以后, 时间安排紧凑。在到基地之前, 我简要介绍"中国特色社会主义法治道路"五大基本原则。

全面依法治国必须坚持中国共产党的领导。党的领导与依法治国是高度统一的。党的领导是中国特色社会主义最本质的特征, 是社会主义法治最根本的保证。坚持中国特色社会主义法治道路, 最根本是坚持中国共产党的领导。要把党的领导贯彻到依法治国全过程和各方面。坚持党的领导, 必须具体体现在党领导立法、保证执法、支持司法、带头守法, 把依法治国同依法执政统一起来。

坚持人民在全面依法治国中的主体地位。坚持法治为了人民、依靠人民、造福人民、保护人民。保证人民在党的领导下, 依照法律规定, 通过各种途径和形式管理国家事务, 管理经济和文化事业, 管理社会事务。把体现人民利益、反映人民愿望、维护人民权益、增进人民福祉落实到依法治国全过程, 使法律及其实施充分体现人民意志。

坚持法律面前人人平等。在立法、执法、司法、守法各个方面体现人人平等，任何组织和个人都必须尊重宪法法律权威，都必须在宪法法律范围内活动，都必须依照宪法法律行使权力或权利、履行职责或义务，都不得有超越宪法法律的特权，任何人违反宪法法律都要受到追究。

坚持依法治国和以德治国相结合。法律是成文的道德，道德是内心的法律。法律和道德都具有规范社会行为、调解社会关系、维护社会秩序的作用，在国家治理中都有其地位和功能。治理国家、治理社会必须一手抓法治、一手抓德治，实现法律和道德相辅相成、法治和德治相得益彰。

坚持从中国实际出发。全面依法治国，必须从我国实际出发，同推进国家治理体系和治理能力现代化相适应，突出中国特色、实践特色、时代特色。要学习借鉴世界上优秀的法治文明成果，但必须坚持以我为主、为我所用，认真鉴别、合理吸收，不能搞"全盘西化"，不能搞"全面移植"，不能照搬照抄。

第三，到宝坻人民法院之后，我们将请王文海庭长给同学们介绍宝坻人民法院在法治建设方面的情况。结合我刚才讲的中国特色社会主义法治道路五大基本原则，请同学们思考、比较中国特色社会主义法治道路的五大基本原则是否在宝坻人民法院建设中充分地体现出来。

第四，在宝坻人民法院二楼会议室，王文海庭长给同学们介绍宝坻人民法院在履行宪法和法律赋予的职责，审判工作、司法管理和队伍建设，提升审判质效和队伍素质，维护社会公平正义，为促进辖区经济社会发展，维护社会和谐稳定等方面的贡献。

各位同学们，听完王庭长的介绍，我们更深入地理解，建设中国特色社会主义法治道路，必须坚持中国共产党的领导，必须坚持人民在全面依法治国中的主体地位，必须坚持法律面前人人平等。如果说，王庭长的介绍使同学们在宏观上深入理解了怎样建设中国特色社会主义法治道路。那么，下面我们再旁听庭审，直观地感受怎样建设中国特色社会主义法治道路。

第五，旁听裴悦杰法官审理"普凡英起诉马秋成机动车交通事故责任纠纷案"，观看整个民事诉讼庭审流程：开庭、法庭调查、法庭辩论、法庭调解、当事人最后陈诉、宣判这六个阶段。

庭审之后，裴悦杰法官与同学们就怎样在诉讼过程中保证原告被告双方当事人的公平正义的话题进行互动交流。

第六，刚才同学们旁听裴悦杰法官审理"普凡英起诉马秋成机动车交通事故责任纠纷案"的全过程，就保证原告被告双方当事人的公平正义问题进行了互动交流。下面我们再讲一讲"深化依法治国实践的重点任务"。

全面依法治国，总目标是建设中国特色社会主义法治体系，建设社会主义法治国家。习近平强调，这个总目标"既明确了全面推进依法治国的性质和方向，又突出了全面推进依法治国的工作重点和总抓手，对全面推进依法治国具有纲举目张的意义"。全面依法治国必须坚持厉行法治，推进科学立法、严格执法、公正司法、全民守法，推进中国特色社会主义法治体系建设，全面深化依法治国实践。

推进中国特色社会主义法治体系建设。建设中国特色社会主义法治体系，首先是要完善以宪法为核心的中国特色社会主义法律体系。维护宪法尊严、权威，健全宪法实施和监督制度。加快完善法律、行政法规、地方性法规体系，完善包括市民公约、乡规民约、行业规章、团体章程在内的社会规范体系，为全面依法治国提供基本遵循。完善立法体制，深入推进科学立法、民主立法，抓住提高立法质量这个关键。依据宪法治国理政，坚决纠正一切违反宪法的行为。按照有法必依、执法必严、违法必究的要求，加快建设执法、司法、守法等方面的体制机制，坚持依法行政和公正司法，增强全民法治观念，确保法律的全面有效实施。其次是要建立严密的法治监督体系。以规范和约束公权力为重点，加大监督力度，加强党内监督、人大监督、民主监督、行政监督、司法监督、审计监督、社会监督、舆论监督，努力形成科学有效的权力运行制约和监督体系，增强监督合力和实效，做到有权必有责、用权受监督、违法必追究。再次是要进一步健全法治保障体系。切实加强和改进党对全面依法治国的领导，提高依法执政能力和水平，为全面依法治国提供有力的政治和组织保障。加强法治专门队伍和法律服务队伍建设，加强机构建设和经费保障，为全面依法治国提供坚实人才保障和物质条件。改革和完善不符合法治规律、不利于依法治国的体制机制，为全面依法治国提供完备的制度保障。弘扬社会主义法治精神，增强全民法治观念，完善守法诚信褒奖机制和违法失信行为惩戒机制，使遵法守法成为全体人民的共同追求和自觉行动。最后是要加强党内法规制度建设。党内法规既是管党治党的重要依据，也是建设社会主义法治国家的有力保障。完善党内法规制定体制机制，注重党内法规同国家法律的衔接和协调，构建以党章为根本、若干配套党内法规为支撑的党内法规制度体系，提高党内法规执行力。

深化依法治国实践。加强宪法实施和监督，推进合宪性审查工作，维护宪法权威。合宪性审查：依据宪法，对宪法以下的法律文件是否符合宪法进行的审查。这是以习近平同志为核心的党中央全面推进依法治国的一项重要制度安排，也是以习近平同志为核心的党中央"依宪治国"新理念新思想新战略的一项重要举措。按照党的十九大要求"推进合宪性审查工作"，将会带来法治建设领域的深刻变革，能够让法治原则和法治精神真正落到实处，彻底解决束缚法治建设的瓶颈问题，为保障法治统一性、维护宪法权威提供了坚实的政策依据和行动指引。

推进科学立法、民主立法、依法立法，以良法促进发展、保障善治。十九大报告提出把依法立法与科学立法、民主立法并列为立法原则，这是立法原则上的一大变化，其核心问题就是要解决法出多门、通过法来逐利、部门利益和地方保护主义法律化等问题。依法立法要求立法部门在立法的时候，一定要遵守宪法法律设定的程序和实际权力的授权界限。立法部门只有做到科学立法、民主立法、依法立法，才能真正实现宪法法律至上，法律面前人人平等，最后实现通过良法促进发展、保障善治。

建设法治政府，推进依法行政，严格规范公正文明执法。推进依法行政，重点是解决执法不规范、不严格、不透明、不文明以及不作为、乱作为等突出问题。要以建设法治政府为目标，建立行政机关内部重大决策合法性审查机制，积极推进政府法律顾问制度，推进机构、职能、权限、程序、责任法定化，推进各级政府事权规范化、法律化。要全面推进政务公开，强化对行政权力的制约和监督，建立权责统一、权威高效的依法行政体制。要严格执法资质、完善执法程序，建立健全行政裁量权基准制度，确保法律公正、有效实施。

深化司法体制综合配套改革，全面落实司法责任制，努力让人民群众在每一个司法案件中感受到公平正义。自从十八届三中全会提出"深化司法体制改革，加快建设公正高效权威的社会主义司法制度"以来，司法体制改革总体框架已基本搭成，一些重要改革已经完成，但这并不意味着司法体制改革已经完全到位。改革越深入，越要注意综合配套、协同推进。司法改革中每一项改革措施都是牵一发而动全身，必须更加注重各项改革举措的协同性、联动性和配套性，实现改革的系统集成、整体推进。司法责任制对提高司法质量、效率和公信力具有决定性影响，必须不断总结完善协同机制，使司法责任制切实落地落实落细，充分发挥改革整体效能。

加大全民普法力度，建设社会主义法治文化，树立宪法法律至上、法律面前人人平等的法治理念。推进全民守法，必须着力增强全民法治观念。要坚持把全民普法同守法作为依法治国的长期基础性工作，采取有力措施，加强法治宣传教育。要健全公民和组织守法信用记录，完善守法诚信褒奖机制和违法失信行为惩戒机制，形成守法光荣、违法可耻的社会氛围，使尊法守法成为全体人民共同追求和自觉行动。

领导干部和党员要带头尊法、守法、学法、用法。领导干部要把对法治的尊崇、对法律的敬畏转换成思维方式和行为方式，做到法治之下，而不是法治之外，更不是法治之上想问题、作决策、办事情。党纪国法不能成为"橡皮泥""稻草人"，违纪违法都要受到追究。

第七，小结。今天的实践创新课即将结束，回顾来时的路上，我们讲了中国特色社会主义法治道路的五大基本原则：全面依法治国必须坚持中国共产党的领导；坚持人民在全面依法治国中的主体地位；坚持法律面前人人平等；坚持依法治国和以德治国相结合；坚持从中国实际出发。来到宝坻人民法院之后，同学们听了王文海庭长的介绍，深切感受到这些基本原则在宝坻区人民法院的建设中都给予充分的说明。在司法实践上，同学们旁听了裴悦杰法官审理"普凡英起诉马秋成机动车交通事故责任纠纷案"，充分了解了整个审判流程：开庭、法庭调查、法庭辩论、法庭调解、当事人最后陈诉、宣判这六个阶段。庭审过程中的每个环节给予原告被告双方当事人以充分的权利陈诉自己的观点和理由，以保证诉讼过程中的公平正义。依法治国实践就是努力让人民群众在每一个司法案件中感受到公平正义。作为大学生，我们要坚定不移走中国特色社会主义法治道路，尽管各位同学的专业不是法学专业，但在社会生活中，要做到"学法，尊法，守法，用法"，积极为建设中国特色社会主义法治国家发挥应有的作用。

第八，学生代表发言。

自动化 Z1701 严天成：很荣幸到天津宝坻人民法院进行创新社会实践，了解到法院是怎么运作的，理解了中国特色社会主义法治道路的基本原则、全面依法治国的总目标和中国特色社会主义法治体系：法律体系、监督体系、保障体系和党内法规制度建设。通过旁听庭审，明白了整个审判流程。十八大以来，全面推进依法治国，建设社会主义法治国家，意义重大。作为大学生要做到"学法，尊法，守法，用法"，积极为建设中国特色社会主义法治国家发挥应有的作用。

纺织 1706 班刘茜麟：通过旁听"普凡英起诉马秋成机动车交通事故责任纠纷案"，真切地感受到庭审的庄严和神圣，感受到法律对于保护人民利益的重要作用，感受到整个庭审过程中的每个环节给予原告被告双方当事人以充分的机会陈诉自己的观点和理由，以保证诉讼过程中的公平正义，感受到全面依法治国的重要意义。作为大学生要切实维护全面推进依法治国，做一个学法守法的公民。

第九，布置实践课作业：以"宝坻区人民法院社会实践"为主题，写一篇实践基地的学习感受。（2000 字）

第十、全体人员乘车返回学校。

三、经验总结

天津工业大学毛泽东思想和中国特色社会主义理论体系概论实践创新课，以"体验最好时代魂"为主题，按照"章章有基地、人人有参与"的原则，共开辟了 18 个基地，建设了 18 堂实践创新课。实践创新课在不断探索中，遵循"课本＋基地""课堂＋实践""教学＋研究""三结合"原则，形成了"基地教材化、课堂实践化、活动多样化、建设项目化、推进系统化"的"五化"特色。

第一，教材基地化。紧扣教材内容选取具有典型性的企业、事业、行政单位建设实践基地。围绕教学主题和目的，充分发掘实践基地内涵，将实践基地作为"活教材"建设，激活理论。

第二，实践课堂化。明确教学目的，科学设计实践教学流程，建设"行走的课堂"。学生参与的一个个活动如珍珠，各自有侧重点，老师如丝线，在各个活动前引题、活动中串题、活动后点题，把一个个"珍珠"串起来，项链式课堂组织方式使整个实践活动丰而不散、活而不乱。

第三，活动多样化。实践创新课充分调动学生主体的积极性，学生在实践基地不仅能听、看而且能动手做，深度参与到实践教学活动中。比如在天同养老院基地，学生可以和老人们一起练书法、包饺子，陪老师老人们聊天；农耕文化博物馆专门为学生们开辟了一亩地，学生可以春种秋播，在劳动中感受农耕文化；在觉悟社、西青区党群红色街区等基地，学生可以长期做志愿服务等工作。根据不同基地的特点，设计多种活动引导学生在看、听、说、做、悟中深化理论认识、升华情感信仰。

第四，建设项目化。以科研项目的方式资助教师以实践基地为依托，进行深度调查，开展相关科学研究和教学改革研究。以科学研究提升实践创新课的水平；以实践创新课的建设推动科学研究的发展。

　　第五，推进系统化。实践创新课作为实践教学环节，与课堂教学、网络教学联动推进。教师课堂教学提问题，学生实践教学亲自找答案。学生实践教学切身感悟，上升为课堂教学鲜活案例，实现课堂教学与实践教学的交织融合，推动课堂教学积极回应社会热点问题和学生关注问题，提升针对性。实践教学成果通过网络展播，提升课程受益面、影响力。

常熟理工学院思想政治理论课
实践教学理念与模式*

常熟理工学院思想政治理论课的实践教学是随着全国思想政治理论课"05 方案"的实施而展开的。经历了宽松式社会调查报告、点状小团队志愿服务、遴选代表外出考察等模式的探索。目前沿用的基本模式是在 2011 年到 2013 年酝酿,2013 年经过外出调研与校内论证,结合学校办学所在地经济社会发展实际情况,从 2013 级学生开始的思想政治理论课实践教学模式。在近 7 年的探索中,不断总结经验,不断优化方案,不断完善提高,推进思想政治理论课的实践教学。

一、常熟理工学院思想政治理论课实践教学的设计理念与思路

对思想政治理论课实践教学的理论定位。要解决开展思想政治理论课实践教学的执行问题,就要搞清楚思想政治理论课实践教学的理论定位问题。思想政治理论课独特的属性决定了他有自己独特的定位。当我们讨论思想政治理论课的时候,他首先是一种一整套的理论体系,所以思想政治理论课的核心定位是思想政治理论课的理论的完整性和自洽性,思想政治理论课自身的属性决定了其作为大学生思想政治教育的主渠道主阵地,首先要讲清楚理论,理论的思想性、系统性、完整性、逻辑性、层次性,是思想政治理论课的最重要教学任务。那么思想政治理论课要不要实践教学呢?思想政治理论课实践教学的内容到底是什么呢?接下来的问题才是考虑如何进行思想政治理论课实践教学的问题。关于思想政治理论实践教学的历史,有人认为它只是反映一些,那么思想政治理论课的理论教学和实践教学的关系到底是什么呢?它们有什么区别呢?这就是一个必须要回答的理论问题。

---

* 徐志坚,上海第二工业大学副教授(原常熟理工学院副教授)。

　　从理论自身的属性上来看，理论来自实践，而实践又检验这理论的正确性，如此循环往复。

　　按照马克思主义理论的基本观点，任何一个社会形态，都有相适应的经济基础和与之相对应的上层建筑。思想政治理论是属于一个国家观念上层建筑的核心内容。思想政治理论提供一整套关于政治上层建筑的观念结构。政治上层建筑，正是基于整套的思想政治理论，而逐步建立的。政治上层建筑和观念上层建筑相互作用，形成一个完整的主体，反映着一个时代生产力的发展水平和社会进步的总体状况，又影响着经济基础的变化与发展。所以，思想政治理论课是要把马克思主义作为意识形态的指导地位的一整套的思想体系通过教育的方式进入一代又一代社会成员的头脑，在全社会形成主流意识形态体系。正是在这个意义上讲，思想政治理论课是中国大学生的必修课，其承担着培养社会主义事业的建设者和接班人的基本方向的使命。

　　思想政治理论课首先表现为一整套完整的理论知识体系。这一理论知识包含着马克思主义的基本立场、基本观点、基本方法的基本要素结构和基本话语。思想政治理论课的教学就是要将这一知识体系与其他形形色色的理论体系进行识别。能够在知识层面判断什么是正确、什么是错误。课堂理论教学就是通过理论推理、逻辑证明、案例证明等方法对这一理论知识体系的正确性进行论证，并对基本结论予以掌握。

　　但是，仅仅作为识别的理论体系对意识形态理论体系来讲是不够的。我们不能够仅仅培养空头的理论家，而是要用基本立场、基本观点、基本方法，指导大学生分析所面临的理论问题和现实问题。这就要求学生在学习思想政治理论课的过程中，要不断地提高对知识体系的应用和辨别水平，把这种知识体系转变为大学生判断大是大非的理论问题的基本能力，所以在这里，思想政治理论课作为一种知识体系，必须要转化为一种教学体系。这种教学体系首先要培养学生辨别理论的能力，培养用这一理论体系分析现实问题的智慧。这是思想政治理论课的"转识成智"。

　　那么按照这一思想政治理论的观点分析的结论到底是不是与现实相一致？怎样判定理论是否正确呢？怎样判定理论与现实的政治上层建筑、经济基础是否一致呢？那就需要理论反观现实，接受现实检验。从大的理论视角，实践是人类社会的实践活动。归根到底，"实践是检验真理的唯一标准"。对于大学生来讲，还没有丰富的社会阅历和生产实践活动。但是，理论还是要与实践相结合，到底书本上理论正确不正确？要靠"化智为行"来增加现实感受和验证。

这就是思想政治理论课实践教学的理论依据，但是必须注意，"化之为行"，还不是思想政治理论课的最终目的。思想政治理论课的最终目的是，在实践的基础上进一步巩固对马克思主义理论科学性、正确性的认识，从而进一步强化对马克思主义的信仰。通过实践活动，进一步巩固加强马克思主义教学效果，增强共产主义信仰，达到"以行固信"的教育效果。

二、思想政治理论课实践教学的基本原则

实践教学基本原则是开展思想政治理论课实践教学的基本方向。常熟理工学院思想政治理论课教学，在设计教学模式的时候，主要考虑思想政治理论课本身所具有的特点和本校的人才培养机制，结合学校应用型品牌大学的办学定位来设计，融入思想政治理论课实践教学之中。希望大学生在读书的过程中不断利用课余时间，了解社会总体状况，了解基层老百姓的生活，也结合自己所学专业，对社会做力所能及的贡献。提出了四个面向的基本原则，即"面向社会、面向基层、面向应用、面向专业"。这四个面向各有侧重，有机结合，兼容并包。提出了面向社会、面向基层、面向应用、面向专业的思想政治理论课实践教学基本原则，是设计思想政治理论课的方向性问题，各个大学都可以结合自己的办学定位制定基本原则。这些原则对开展思想政治理论课的实践教学确立了基本的方向。换言之，思想政治理论课的实践教学时间有限，不可能面面俱到，必须结合学校的办学定位和人才培养理念来设计思想政治理论课实践教学的基本原则，在原则的基础上设计教学内容。从实践教学的定位来看，主要不是增加知识性要素，而是把课堂所学的思想政治理论与现实的社会基层和自己的专业结合起来，进一步体会理论的正确性，并在实践中力所能及为社会做点贡献。

三、思想政治理论课实践教学基本内容

思想政治理论课实践教学的内容主要结合思想政治理论课的教材体系而展开，将思想政治理论课涉及的马克思主义基本的立场、观点、方法，运用到分析大学生所遇到的所面临的社会中去。这就将课堂上讲述的思想政治理论课内容与大学生所处的社会相结合了起来。但是社会并不是仅仅用影像、音频等内容来呈现，社会本身的复杂性、丰富性、多面性，要靠学生的亲身的体验去感受。那么如何感受社会的多面性复杂性？那只有自身面对社会，才能够更好地感受和体验社会，尝试用自己现有能力为社会做贡献的过程中，增加这种感性的认识。一方面验证

思想政治理论课内容的正确性，另一方面则对于现实与思想政治理论课讲述内容不一致的现象，进行理性深刻的反思，分析其原因，提出解决办法。在自己力所能及的范围内，为社会的美好生活做出自己应有的努力。

为了学习实践的方便，还考虑学生学习时间、安全等方面的因素，学校遴选了与学校连接的公交线路沿线 1 公里左右的所有城市社区与农村村民聚居区作为自己的实践基地。在内容上学习借鉴大城市为城市社区志愿服务的内容项目，编写了实践教学项目指南。这一项目指南，还具有开放性，学生可以结合自己的专业，继续拓展加深实践项目指南中没有的内容，同时在学习内容上，还可以根据社区和村委会工作中遇到的各种公共事务，如社会保障，村民选举、社区选举、环境卫生等，加强社区与学生的联系。项目指南划分为：建设干净社区、建设规范社区、建设服务社区、建设安全社区、建设健康社区、建设文化社区、社区服务热线等 7 大类 56 大项，115 分项。涵盖面向社会、面向基层、面向应用、面向专业的基本设计理念。（图 1）

附件：

思想政治理论课实践教学社区实践项目指导目录

（注：此目录为指导性参考性目录，参考北京市社区志愿服务项目库修改而成，社区实践开展过程中根据各个城市各个社区具体情况和学生特点组织策划、对接、实施、总结、反馈。）

（56 大项 115 分项）

目　录
建设干净社区——志愿服务项目（8 大项 26 分项）
社区绿色环保项目
社区绿色出行项目
社区铲除小广告项目
社区养犬自律项目
社区节水节电节能项目
社区生活垃圾分类项目
社区家庭阳台养花养草指导项目
社区灭蝇灭蟑灭鼠宣传项目

建设规范社区——志愿服务项目（6 大项 13 分项）
社区志愿服务合作平台项目
社区模范党（团）员项目
社区群团组织服务项目
携手商企共驻共建服务项目
社区文明风尚劝导队项目
社区社情民声访谈项目

建设服务社区——志愿服务项目（8 大项 28 分项）
社区生活援助服务台项目
社区民生流动服务台项目
社区牵挂问询项目
社区物品捐赠交换项目
社区代理代办服务项目
社区志愿服务接力传递项目
社区关爱外来务工人员项目
社区公共设施维护项目

建设安全社区——志愿服务项目（9 大项 15 分项）
社区家园卫士项目
社区矛盾调解项目
社区安全巡查项目
社区消防安全"防火墙"项目
社区防îl宣传项目

图 1　实践教学项目指导目录

四、思想政治理论课实践教学的组班形式

大学课堂与高中课堂不一致，不是整班学生从早上第 1 节上课一直到下午。实际的情况是，大学课堂的教学时间，并不全部占满学生的学习时间。思想理论课的实践教学，正是在研究这一规律基础上做出的设计。思想政治理论课的实践教学的实践是基于社区的需求与学生的自由时间相耦合的原则。

（一）思想政治理论课实践教学的班级组成是以实践教学基地为核心的班级。有多少个实践基地就有多少个班级。例如 2019 级共有 3500 名大学生开展思想政治理论课教学，我们建设的实践教学基地是 50 个，那么我们需要每个实践基地分配 70 名学生。这 70 名学生在这一实践基地从事实践学习的时间为 2 年（与思想政治理论课四门课程的开课周期相同，有课的学期就是实践教学开展的学期），这一设计的理念是要想"面向社会、面向基层、面向应用、面向专业"，就是要求时间要长，了解调查互动要深，要能在社区建设中发挥作用。（图 2）

2017年

虹桥-衡山	虹桥-世茂	虹桥-泰山	莫城-莫城	方塔-学前
虹桥-兴隆	方塔-阜湖	方塔-西庄街	琴湖-金山	兴福-琴枫
兴福-明晖	琴湖-藕渠	琴湖-洪泾里	琴湖-花溪苑	琴湖-绿源
兴福-报南	方塔-烟雨	琴湖-迎春	方塔-南门	兴福-甫江
方塔-报本	兴福-星海	兴福-菱塘	兴福-泰安	方塔-西泾岸
兴福-报北	琴湖-漕湖	方塔-四丈湾	方塔-北门	市环卫宣传团
谢桥-谢桥	虹桥-虞东	方塔-清和坊	大义-大义	琴湖-富阳
虹桥-昭文	方塔-颜北	虹桥-虞园	方塔-花园浜	琴湖-锦荷
琴湖-湖苑	谢桥-绿地	兴福-常福	兴福-闽江	兴福-五星

图 2　2017 思想政治理论课实践教学基地

（二）每一社区的学生实践学习不是以原专业招生的正班为原则编班的，最后形成的班级是一个跨多学院多专业的虚拟班级。思想政治理论课实践教学的班级组建方法是将应修学生按照设计分配到不同的社区去，例如，A 学院 B 专业 C 班级共有 48 名同一专业学生。在思想政治理论课实践教学的组班中，会按照学生学号前后顺序分为 5 人一组，分为 9 组（最后一组 9 人），分配到 9 个实践基地中去。这样组班的理念是避免同班学生实践时间集中，社区需求时没学

生，学生有时间时社区没需求，有需求又不可能48人一起去。（图3）

图3 衡山社区实践教学班级小组

（三）思想政治理论课实践教学的组班是可以随着学生变化进一步优化组合的。一般来讲，为了培养学生的团队协作精神和人际沟通能力培养，学生不得随意变换分组，更不能脱离小组个体实践。但是，在具体实践中，会由于学生学籍变动，出现分组需要调整的情况，这就需要管理人员辩证掌握学生分组分班时出现的问题。根据学生的情况不断优化组合，形成相对固定的实践教学班级结构。（图4）

本科生思想政治理论课实践教学社区（岗位）调换申请表

说明：

1、申请社区或岗位调换者，请先征得原所在社区或岗位指导老师同意，而且征得拟调入社区或岗位指导老师和组长同意，再填写申请表，请一律由实践指导老师发送邮件至117615878@qq.com。为了规范管理和不被遗忘，请务必发邮件处理此事。

2、调换原因：原则上，无特殊情况，不允许调换社区或岗位。一般因转专业、休学或退伍复学、交换生而申请调换社区或岗位的，予以批准；因其他原因申请调整社区或岗位的，酌情处理。

3、申请调换小组长的，也请填写此申请表，并在备注中注明"调换小组长"。若需调整小组长（原小组长调离或原小组长更换），请小组内部推选产生一位同学担任小组长，征得所属社区实践教学指导教师同意。

申请人姓名		学号		是否组长	
社区（岗位）调换原因					
是否征得原所在社区（岗位）指导老师同意					
原所在社区（岗位）	社区（岗位）名称	组长姓名		组长学号	
是否征得拟调入社区（岗位）指导老师和组长同意					
拟调入社区（岗位）	社区（岗位）名称	组长姓名		组长学号	
批准情况（马院填写并反馈申请者）					
备注					

图 4　实践教学调换申请表

五、思想政治理论课实践教学的教学方式

顾名思义，教学方式就是教与学的方式。常熟理工学院的思想政治理论课的实践教学属于综合实践。这一实践方式不是固定的内容、固定的实践模式，而是随着社区活动的需要和学生自我创新结合的实践教学模式。

（一）实践教学的教学方式是大班统一要求培训与分组活动指导相结合进行的。实践教学的模式是一总多分，全程监控教学法。实践教学班级一经组成，就开始按照课程的设计开展教学活动。实践教学的老师配备是以社区为中心的，一般情况一个老师负责 3－4 个社区，老师的主要职责是，给该班同学教授实践教学的基本理念、基本方法、教学内容、评价方法、安全保障等等，这是"一总"。

（二）实践教学的老师，负责与社区的联系与沟通，在社区与学生之间建立一个通联体系。由于班级是一个多专业跨学院组成的虚拟班级，要让全体学生共同在一个时间点里集中，有很大难度，所以老师在"一总"的基础上，通过及时通讯网络的建设，构建老师和社区保持联系的即时通讯体系。通常的做法是将实践基地的联络员和所有班组长放入一个 qq 群或者微信群中。基地联络人可以直接发布社区建设需求，学生报名参与、确认后，学生创新性设计方案，开展实践活动。（图5）

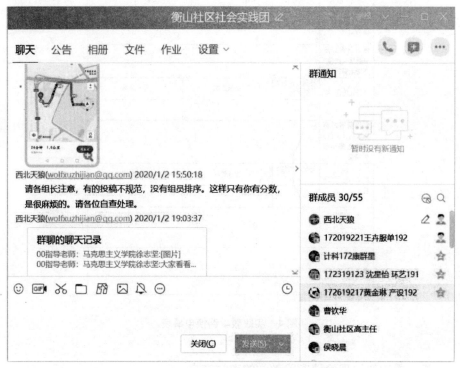

图5　实践教学的日常沟通网络

（三）实践教学的运行模式，是按照学校的课程培养计划开展的。为了开展实践教学的长效化，班级组建后，按照人才培养方案规定的课程和课时，由实践教学管理中心发布学期教学计划开展实践教学活动。

六、思想政治理论课实践教学的评价模式

事实上，实践教学的成效如何是与实践教学评价的科学性密切相关的。如果评价模式不够科学，实践教学的效果必然会流于形式。思想政治理论课实践

教学评价的难度在于实践教学的量大面宽，教师精力的有限性和实践活动的广泛性之间的矛盾。几乎每个大学都有 3000 名以上的大学生需要开展思想政治理论课的实践教学，而专任老师的数量无论如何也无法满足每次活动都亲自带队参与教学活动需要的数量。这是摆在眼前的现实问题。以往宣传中的点状实践教学展示基本都不具备普适性。显现出轰轰烈烈上新闻，悄无声息无痕迹的怪现状。

（一）探索运用网络化来呈现思想政治理论课实践教学的过程化。如何做到既证明实践教学活动的过程性，体现学生活动的创意能力，又训练学生的网络表达素养和写作能力，通过文字和排版布局的审美能力，又客观展示实践过程的劳动精神，这是思想政治理论课实践教学的目标所在。经过艰苦探索，主创人员与信息工作人员一起开发出了基于信息化、网络化、过程化的信息管理系统。（图6）

图6 思想政治理论课实践教学管理考核展示系统

（二）实践教学过程展示的标准化体现人才培养的理念。什么是一次优秀成果的思想政治理论课实践教学活动？在教师不能亲力亲为带队面对面指导的情况下，如何呈现出实践活动的真实性，又能将学生德智体美劳几个方面的表现完整呈现出来？实践教学探索出了实践教学汇报成果的标准化模板，编制了报告书写递交指南。学生按照指南进行操作提交就完成了整个实践教学任务。

考核点1：题目清晰。能清晰明了告诉读者实践活动主题。主题是否准确是体现学生实践活动目的是否明确。

考核点2：活动人员。呈现小组参与者名单与贡献度排序。培养学生集体主义精神和团队协助精神。在系统设计中按照活动综合评价对每位成员进行级差贡献度排序。

考核点3：导言。交代活动的时间、地点、活动主题，让读者清晰明了活动的主题和基本情况。（图7）

图7　实践报告第一部分

考核点4：主体。详细描述整个实践活动的过程与细节。利用图文并茂的形式展示活动行为。综合展示学生实践活动的计划、组织、协调、人际沟通能力方面的表现。反映活动的真实性，反映实践活动的科技含量，反映实践活动的劳动强度、社会贡献度等。（图8）

二、主体

11月19日，我们电信132班的衡山社区小组成员经过了40多分钟的路程终于来到了社区门口。由于此次是我们第一次参加实践活动，伙伴们的嘴角边都露出愉悦的笑容。虽说我们这次活动只是一项社会实践，与可其说是社会实践，还不如说是给了我们一次锻炼的机会，让我们学会了与各类人的交流能力，总之这是一次十分有意义的活动。

我们站在门口，环顾小区的四周，感受到小区环境的优美。小区内有着饱经数十年风雨但仍挺拔坚韧的青松，也有被藤蔓围绕装饰的石廊，更有不知名的花草点缀着这个社区，当我们正陶醉于这个社区的恬静时，一股莫名的清冷侵袭我的大脑。对啊，这是社区，不是什么风景区，怎么会连一个人影都没见到呢？为此，我们特地询问了社区保安，原来由于今天是星期二，年轻人都去工作了，家里只留下了老人，所以才会有冷清之感，对此，我与伙伴们，只能暗自苦笑，当我们真正开始调查时，问题也随之而来。不少老人，由于不识字，所以只能以口头方式提问，还有少部分老人，起初由于谨慎的心理，不愿进行调查，但是经过我们小组人员的耐心解释，老人们开始慢慢了解了我们的活动目的，然后配合我们进行了活动调查，我们的活动也慢慢进入了正轨。

为了全面的展开活动，我们小组人员决定对各个年龄段，各个阶层的人进行抽样调查。随后我们来到了社区服务中心，展开对社区服务人员的调查，社区服务人员听了我们的活动，表示很支持，不但认真的填写了调查问卷，还详细介绍了小区的一些的基本情况，让我们对小区的情况有了进一步的了解。

尽管这次调查活动并不是一帆风顺，过程中出现了些许问题，但是我们还是努力想办法去克服困难，这对我们受益匪浅。

图8 实践报告主体部分

考核点5：结尾。主要是参加实践教学人员的内心感受。本部分是主体的延续，更是思想政治理论课实践教学区别于其他社会实践活动的特征。考核每位成员对参与本项实践教学的收获，更是体现思想政治理论课理论内容与社会实践对接后的新体会。同时也是反映实践教学初衷的部分。（图9）

三、结尾

本次调查问卷活动，共持续了三个小时，访问了数十人。因为是工作日，访谈人员主要集中在老人和门卫以及部分街道行走人员。虽然人数不多，但这些人员对我们的访谈很感兴趣。我们经过问卷调查了解到，这个社区的居民对本社区工作人员服务和开展的活动比较认同，对我们的访谈非常支持，并期待大学生能够和社区居民有更多的互动。

电信132朱致炎：除此之外，通过这次活动，我的交流沟通能力、实践能力，也得到了锻炼。我希望在以后的社区活动中再做一些有意义的事，让小区更加和谐宜居，也让自己更充实。

电信132张洋：经过这次调查，大多数小区居民对社区还是比较满意的，但存在一些不足的地方。我觉得社区建设还是有很大进步的空间。如果社区人员和小区居民能多沟通，互相采纳建议，那么社区将变为一个大家庭。

电信132何毅凡：参加了这次社区居民问卷调查后，我学习到了很多，内心也有许多感受。进行调查时，大多都是在家中的老人，对于我们的调查活动，有个别的老人并不怎么支持，但由此可见，老人对外人十分警惕，这需要社区和亲属的关怀，同时我也懂得了，以友好的方式，与陌生人展开进一步的了解沟通，同时也要学会，容忍和耐心，就这样，才能在人际交往时，做得更好。

电信132丁晖：此次社区活动，不仅提高我们的实践能力，而且更加加强了我们与衡山社区居民的亲近与了解度，多希望下次会遇到更多的人，帮他们做到我们所能及的事。

电信132花卫国：经过这次活动，我明白了要做好事情，首先要有与人交流的能力。就问卷调查而已，我们也需要绞尽脑汁去劝服居民们完成。其次，我们要有耐心，要持之以恒，只有这样才能做好事情。

图9 实践报告结尾部分

（三）教师评价体现教师对实践教学活动的综合评估。教师评价是教师对实践教学的总体状态肯定程度。根据上述的考核评价点，教师进入综合评价系统对学生实践教学活动进行综合评价。根据反复测试，形成了对学生实践活动的过程性评价标准。实践教学指导教师根据社区（或村）服务实际情况对每篇投稿及时按要求进行审阅，并作出评定，分为优、良、中、及格、差、很差六个等级。如果发现造假、抄袭、重复现象，经查确认后可以直接给出"没做"评定，该篇投稿记为零分。实践教学系统自动统计成绩，导出每个学期每组每人3次实践的平均成绩（即为每个学期相应课程的实践成绩）。（图10）

组员表现排名	1	2	3	4	5 6 7 8 9	1	2	3	4	5 6 7 8 9	1	2	3	4	5 6 7 8 9	1	2	3	4	5 6 7 8 9	全体小组成员	全体小组成员	全体小组成员
评定等级	优					良					中					及格					差	很差	没做

各等级对应分数	100	98	96	94	92	90	88	86	84	82	80	78	76	74	72	70	68	66	64	62	50	30	0

图10　实践教学教师综合评价对应分数表

七、思想政治理论课实践教学的安全教育

安全是教学活动的最低要求。为保障思想政治理论课实践教学的顺利开展，牢固树立安全第一的意识，学院要求老师面向全体参与思政课实践教学的学生开展全面的安全教育。要求各位实践教学指导老师，要认真落实开展教育。主要内容包括：

（一）出行方面：学生小组到社区参加社会实践，要集体行动，注意乘车安全；小组成员之间相互照顾，同步往返，做好沟通；提前规划路线，注意到站下车，相互提醒；遵守交通规则，走路时不要低头看手机；保管好自己随身携带财物，注意不要遗忘。

（二）交往方面：学生与社区居民打交道时注意文明礼貌，遇有难以处理的问题时不要引起争执，相互理解，相互宽容，相互帮助；如有项目实践需要进入社区居民家中时，女同学要在男同学的陪伴下或者集体行动进入居民家中，注意不要单独行动；严格自律，遵守社会公德，展现文明风尚；加强自警自觉，增强防骗意识。

（三）其他方面：学生不要挑逗、抚摸各类宠物，以免受到伤害；不要承担带有危险的社区工作，比如高空擦玻璃等，要根据自己的能力做力所能及的工作，或者发挥自身特长，在服务社区中锻炼成长，获得进步。

八、思想政治理论课实践教学的违规教育

通报批评

2017/10/18 6:33:05　3650次

近期据有关人员反映，W学院C组学生在Q教学点参加思想政治理论课实践学习过程中，存在沟通不畅通、实践学习不扎实，“摆拍”图片的现象。经调查核实，并请有关学院找当事人谈话了解具体情况，发现确实有此类现象。这既违反了思想政治理论课实践教学的要求，也在校内外了产生不良...

近期据有关人员反映，W学院C组学生在Q教学点参加思想政治理论课实践学习过程中，存在沟通不畅通、实践学习不扎实，“摆拍”图片的现象。经调查核实，并请有关学院找当事人谈话了解具体情况，发现确实有此类现象。这既违反了思想政治理论课实践教学的要求，也在校内外了产生不良影响。经指导老师和所在学院教育，学生认错态度端正。为严肃教学纪律，杜绝此类现象再次发生，经马克思主义学院教学委员会研究，对该组同学予以通报批评。

希望各教学点同学在在指导教师的指导下认真参与社区实践，完成实践教学计划，同时要求指导老师严格把关，做好指导工作，及时解决教学中出现的问题。

马克思主义学院

2017年10月13日

图 11　思想政治理论课实践教学中的违规行为教育

九、凝练思想政治理论课实践教学的精品项目

坚持实践教学“因地（社区）制宜”，积极沟通、培育特色精品的实践项目。比如：莫城社区的“书香进社区”活动项目，受到社区的欢迎和好评；绿地社区的“我参与文明城市创建”活动项目，为城市文明增光添彩、添砖加瓦；谢桥社区的“我与个体户零距离接触”活动项目，让学生切实体验个体经济经营者的“酸甜苦辣”；虞东社区、泰山社区等社区开展的“关爱老人”活动，环卫宣传团的垃圾分类进社区宣传活动，让学生得到尊老、爱老、敬老的道德教育和思想升华，为和谐社会建设贡献一份力量，等等。这些项目的实施，有力促进了实践教学的积极效应。

十、思想政治理论课实践教学改革的前瞻

任何教学活动都是一种模式，不断探索才能持续推进。在实践中，实践教

学与理论教学的交融问题始终摆在我们面前。研讨思想政治理论课的实践教学与理论教学的交互融合问题，寻求"理论教学引领下的实践教学丰富化"和"实践教学促进下的理论教学生动化"是探索思想政治理论课实践教学的指向，也是思想政治理论课建设的重要内容。

继续推进学校与思想政治理论课实践教学社区的对接和互动，梳理现有实践教学项目，拓展新鲜、新颖、创意项目，促进社区服务与社区提升相结合。在双方需求的达成度上取得一致，寻求各方的价值认同，为实践教学的继续推进"铺路搭桥""理顺机制""发挥合力"。

附　件

思想政治理论课实践教学社区实践项目指导目录

（注：此目录为指导性参考性目录，参考北京市社区志愿服务项目库修改而成，社区实践开展过程中根据各个城市、各个社区具体情况和学生特点组织策划、对接、实施、总结、反馈。）

（56 大项 115 分项）

目　录

社区模范党（团）员项目

社区群团组织服务项目

携手商企共驻共建服务项目

社区文明风尚劝导队项目

社区社情民声访谈项目

建设服务社区——志愿服务项目（8大项28分项）

社区生活援助项目

社区民生流动服务台项目

社区牵挂问询项目

社区物品捐赠交换项目

社区代理代办服务项目

社区志愿服务接力传递项目

社区关爱外来务工人员项目

社区公共设施维护项目

建设安全社区——志愿服务项目（9大项15分项）

社区家园卫士项目

社区矛盾调解项目

社区安全巡查项目

社区消防安全"防火墙"项目

社区防范宣传项目

社区危机应对训练项目

社区矫正项目

社区文明停车你我同行项目

社区电脑病毒安全防控项目

建设健康社区——志愿服务项目（8大项15分项）

宣传普及健康理念项目

社区活跃体育健身项目

精神慰藉与心理疏导项目

健康大步行项目

社区健康加油站项目

社区预防艾滋病宣传项目

社区控烟戒烟项目

社区禁毒宣传项目

建设文化社区——志愿服务项目（7大项8分项）

社区草根文化创作传播项目

社区文化风情图项目

社区数字生活行动项目

社区亲情陪伴项目

走进敬老院项目

社区邻里一家亲项目

社区"女性健康文化"宣传项目

社区咨询与课堂志愿服务项目（10大项10分项）

法律咨询热线项目

青少年成长热线项目

社区民俗文化大课堂项目

社区心理健康大课堂项目

社区法律知识大课堂项目

社区金融理财知识大课堂项目

社区房产知识大课堂项目

社区保险知识大课堂项目

社区老年大学课堂项目

爱心图书馆项目

前　言

大力开展社区志愿服务活动，解决社区居民（特别是特需群体）日常生活中的一些实际困难，促进社区精神文明建设，维护社会公平正义，对于推动基层民主政治建设、保持社会安定有序、促进社会和谐具有十分重要的意义。社区志愿服务工作是新形势下和谐社区建设的有效载体和平台，更是加强和创新社会管理的一项系统工程。

建设干净社区——志愿服务项目（8大项26分项）

主旨：建设环境整洁、秩序良好的绿色家园，倡导低碳减排、绿色生活理念，使节能环保贯穿于社区居民生活中，实现人与自然和谐共生及社区环境的可持续发展。

一、社区绿色环保项目

（一）项目目标：增强环保意识，从日常生活的点滴小事做起。

（二）服务范围（对象）：社区全体居民。

（三）项目内容及分项：

1. 低碳环保行动：社区志愿者或志愿者组织开展低碳环保讲座、发放环保袋子、倡导参与"地球一小时"低碳行动等活动。

2. 净化绿地行动：组织社区志愿服务队，通过季节性除草、捡拾绿地垃圾和设立环境志愿监督等形式共同维护社区绿化环境。

3. 绿地志愿认养：以社区志愿者组织为单位，开展社区绿地认养，在社区统一规划下，共同建设社区绿地。

4. 社区清洁日活动：志愿者在固定时间（每月或每周一次）采取广泛宣传和发动社区居民参与公益劳动的方式，从点滴做起，清扫楼道、雨水口，擦拭楼道门窗、扶手、楼门雨搭、广告牌、宣传栏、报箱、信箱、健身器械，维修楼道电灯等。

二、社区绿色出行项目

（一）项目目标：倡导绿色出行，采取自然、朴素、节俭的生活方式，共享环保健康生活。

（二）服务范围（对象）：社区全体居民

（三）项目内容及分项：

5. 绿色出行日活动：社区志愿者共同商议确定绿色出行日，倡导、带动社区居民通过步行、自行车、公共交通工具出行，增加人们交流的机会，锻炼身体，减少污染；自带可重复使用的水杯，减少使用一次性餐具、洗漱用品。

6. 绿色购物帮手：向社区居民发放环保购物袋，倡导出门购物时自带环保袋、菜篮子。

三、社区铲除小广告项目

（一）项目目标：充分发挥社区居民能动性，积极参与对城市小广告的清理，自觉为城市社区增添亮色。

（二）服务范围（对象）：社区场所或居民楼院的小广告。

（三）项目内容及分项：

7. 铲除小广告活动：志愿者固定时间（如每周活动一次），清洗居民楼院的乱涂乱画，义务制止张贴小广告的行为。

8. 小广告志愿督察：由志愿者充任小广告督察员，定期巡视社区内有无违法张贴小广告的情况。

四、社区养犬自律项目

（一）项目目标：自觉遵守《北京市养犬管理规定》，交流养犬技能，倡导文明养犬的社会风尚。

（二）服务范围（对象）：养犬的居民家庭。

（三）项目内容及分项：

9. 养犬自律组织：志愿者发起成立"社区养犬协会""爱犬自管会""养犬者协会""养犬志愿者服务队"等自律组织，制定章程和养犬自律公约，促使居民自我管理、自我约束。

10. 养犬"十知晓"宣传活动：在社区内设立公示牌，宣传自律公约（"十知晓"），做到人人知晓：（1）携犬外出时，请携带社区统一制作的爱犬证；（2）遛犬时须束犬链，由成年人牵领，应避开老年人、残疾人、孕妇和儿童；（3）爱护绿地，不践踏草坪，不侵扰他人的正常生活；（4）携犬乘坐电梯时，应避开乘坐电梯的高峰时间；（5）根据养犬主管部门的通知，按期到指定地点接受验审及免疫接种；（6）烈性犬、大型犬实行拴养或圈养，不应出户遛犬；（7）携犬外出时，对犬在户外排泄的粪便，携犬人应自觉清理；（8）不要虐待、遗弃所养犬；（9）遛犬地点避开居民户外活动较集中的场所；（10）遛犬时间避开居民外出较集中的时间。

11. 文明养犬劝导队：组织志愿劝导队，倡导养犬人自我管理，携带垃圾袋或小铲子等清洁工具方便粪便清理，督促违反章程或公约的养犬人自律。

五、社区节水节电节能项目

（一）项目目标：倡导"节能需要你我他，节水节电靠大家"的理念，促进节约能源，从每个家庭成员的点滴小事做起。

（二）服务范围（对象）：社区全体居民

（三）项目内容及分项：

12. "一水多用"宣传活动：志愿者组织邻里宣传、倡导"一水多用"，如：洗衣、淘米、洗菜水、雨水用于浇花、冲厕所等，做到综合利用，组织交流、示范，分享心得。

13. "水管及时修"志愿服务：社区志愿者自备工具，采取分片包干形式，对出现跑、冒、滴、漏现象的水管，及时进行维修处理。

14. 居家节电宣传：组织开展节约用电讲座，树立节电意识，家用电器不用时随手断电，随手关灯；关闭电器尽量不用待机状态，采用节能灯具，特别是外出时间长、家中无人时，拔掉电源插头。

15. 消灭楼道长明灯：以楼道（单元门或楼）为单位，招募志愿者检查楼道照明，做到人走灯灭，发现长明灯及时联系有关管理部门进行解决。

16. 节能好点子：志愿者搜集整理节能好点子，倡导节能环保，积极挖掘、推广节能典型。

六、社区生活垃圾分类项目

（一）项目目标：倡导每个家庭成员"文明有礼重在行动，举手之劳垃圾减量"，养成爱护环境、勤俭节约、物尽其用、减少废弃物的文明生活习惯。

（二）服务范围（对象）：社区全体居民。

（三）项目内容及分项：

17. 环保一封信：宣传引导居民树立绿色、低碳、环保、健康的生活理念，将"文明有礼重在行动，垃圾减量从我做起——致广大市民及社会各界一封信"的内容宣传到户、到人。

18. 垃圾分类讲座：普及垃圾减量、垃圾分类知识，总结和推广居民日常生活中的好做法、好点子。

19. "三分垃圾"示范：由志愿者开展垃圾分类示范活动，带动居民将生活垃圾分为三类：可回收物、厨余垃圾和其他垃圾，并做到"三分"，即在家分开整理、分袋放置、分桶丢弃。

20. 旧电池回收：由志愿者当面回收或设置回收箱收集废旧电池，并做好分类处理工作。

21. 过期药品回收：由志愿者当面回收或设置回收箱收集过期药品。

七、社区家庭阳台（房前屋后）养花养草项目

（一）项目目标：合理利用社区院落、家庭空间进行绿化，给居民带来美好的视觉享受和良好的居住环境。

（二）服务范围：社区院落、社区家庭。

（三）项目内容及分项：

22. 亮丽阳台计划：动员家庭摆放鲜花亮丽阳台，通过提供展示场地、动员参与等办法，广征民意，如举办"阳台空间创意会""最佳空间评选会""社区绿化空间命名会"等。

23. 家庭赏花会：志愿者组织开展丰富多彩的科普实验和实践活动，交流花卉种植经验，举办观赏会、鲜花换杂物活动等。

24. 变废为宝行动：利用厨余残品、商品外包装制作工艺品或家居用品，美化空间。

八、社区灭蝇灭蟑项目

（一）项目目标：营造干净、整洁宜居的家庭生活环境。

（二）服务范围（对象）：社区家庭。

（三）项目内容及分项：

25. 家庭害虫防治知识讲座：依托市民学校、社区大课堂开设有关家庭害虫种类及害虫特征辨识、家庭害虫防治误区及家庭害虫防治方法等防治知识讲座。

26. 灭蝇灭蟑服务：组织社区志愿者发放灭蝇灭蟑药品或深入居民家中现场指导。

建设规范社区——志愿服务项目（6 大项 13 分项）

主旨：创建多样化的志愿服务组织形态，使居民自发的创造热情与组织的管理优势相结合；使分散化服务、自主式管理，与资源整合、树立品牌相结合，增强社区志愿服务组织的活力与生命力。

九、社区志愿服务合作平台项目

（一）项目目标：扩大社区团队组织的互动交流，促进社区志愿服务组织良性发展。

（二）服务范围（对象）：辖区志愿服务团队及志愿者

（三）项目内容及分项：

27. 志愿者合作平台：由社区服务站组织搭建志愿服务团队的合作平台，进行区域活动的策划、管理、承接督导。

28. 志愿者培训：由社区服务站发起，对新志愿者进行培训、指导，收集建议、沟通联络，发布项目，依据需求和资源情况合理调配以实现有效对接，以及评估总结、表扬激励等。

29. 培育志愿品牌：每年至少开展两次主题鲜明的社区志愿或邻里互助等公

益服务活动。每个社区至少形成一个成效明显、居民认可、影响广泛的公益服务品牌。

十、社区模范党（团）员项目

（一）项目目标：充分发挥社区党（团）组织是社区志愿服务的重要组织者和实施者的作用，充分体现社区共产党员、共青团员的先锋模范带头作用。

（二）服务范围（对象）：社区全体居民。

（三）项目内容及分项：

30. 志愿知识普及讲座：党（团）组织充分利用社区各种会议、市民学校、宣传橱窗等渠道宣传志愿服务精神，普及志愿服务知识。

31. 党（团）志愿服务队：社区党（团）组织内的志愿者，积极动员离退休党员、流动党（团）员参与志愿服务，适时组织驻区单位在职党（团）员参与服务，并向驻区单位反馈情况。

32. 党（团）志愿专题活动：通过定岗定责，建立党员服务站等方式，组织党（团）员认领志愿服务岗位并举办专题活动日。

十一、社区群团组织服务项目

（一）项目目标：充分利用群众团体的资源优势，壮大社区志愿者队伍，发挥群众团体在社区志愿服务中的重要作用。

（二）服务范围（对象）：社区全体居民。

（三）项目内容及分项：

33. "社区共建"志愿服务：驻社区机关、企业、事业单位的工会、共青团、妇联、残联、红十字会、老龄协会及社工协会等群团组织，要充分利用各自的优势，动员在职人员自发投身社区志愿服务工作。

34. "先锋志愿者"计划：动员组织劳动模范、"五一"劳动奖章获得者、先进生产者、"三八红旗手"、"巾帼建功标兵"、"五好文明家庭"及"五老"人员即：老干部、老战士、老专家、老教师、老模范等积极参与社区志愿服务，健全基层志愿服务网络，发挥其资源优势，将积累一生的精神财富分享给社区。

十二、携手商企共驻共建服务项目

（一）项目目标：以互惠互利、资源共享为原则，发挥商业企业在"社会责任"领域的作用，为其搭建到社区开展志愿服务活动的平台。

（二）服务范围（对象）：社区全体居民。

（三）项目内容及分项：

35. "社会责任在社区"活动：鼓励相关商业企业通过连锁服务等方式为社区居民提供购物、餐饮、家政服务、洗衣、维修等志愿服务，不断创新服务模式；结合企业"社会责任"计划，与社区结成对子，定期或不定期开展主题志愿服务活动。

（四）实施方式：发挥社区商企单位中党员队伍、志愿服务队的优势，结合企业"社会责任"计划，联动社区共同开展志愿服务。

十三、社区文明风尚劝导队项目

（一）项目目标：使每一位市民都积极参与到文明城市的创建活动中，通过文明用语和文明行动"劝导一件事、纠正一个行为"，引领更多的人，形成文明向上的良好风尚。

（二）服务范围（对象）：辖区内外、社区全体居民。

（三）项目内容及分项：

36. 文明风尚劝导队：组建不少于20名社区志愿者参加的文明风尚劝导队，由社区党员、小区楼门院长、居民代表以及老干部、老战士、老专家、老教师、老模范等社区积极分子组成，按照包时间段、包路段的要求，实施文明劝导，主要是针对违背"六型社区""市民文明公约"等各类法规的不文明行为进行善意提醒和规劝，配合执法部门参与社区的环境治理、秩序维护、安全防范、文明建设和矛盾化解工作。

（四）实施方式：构建一支规范团队，内设队长、副队长、组长若干人；根据实际情况，建立劝导工作的长效机制，即有组织、有方案，细化到日程表、值班表，有条件、有守则，有登记、有协议，有理念、有制度，有口号、有主题，有品牌活动、有奖励机制，有专家指导、有辖区协作及上级支持的志愿服务队伍，不断创新机制和载体。

十四、社区社情民声访谈项目

（一）项目目标：调动居民参与社区活动的热情，畅通诉求、化解矛盾、联系群众，吸引广大居民参与社区事务。

（二）服务范围（对象）：社区全体居民。

（三）项目内容及分项：

37. 社区记者：志愿者以社区记者的名义，亲自参与到社区活动当中，体会社区工作，服务社区居民，察访党和国家惠民利民政策的落实情况，报道地区及社区的工作动态、文体活动、好人好事等。

38. 社区访谈员：志愿者走百家院、进百家门，了解和汇集各类意见、建议、需求，及时向社区居委会或有关部门沟通反馈。

39. 社区信息员：志愿者利用互联网开辟居民论坛、民情恳谈、社区对话等渠道，畅通诉求、化解矛盾。

建设服务社区——志愿服务项目（8 大项 28 分项）

主旨：以改善民生、服务群众为主旨，打造项目齐全、功能完备、方便快捷的志愿服务网络，让社区居民生活舒适方便。

十五、社区生活援助项目

（一）项目目标：使需要帮助的居民，尤其是老年人，享受不是亲人胜似亲人般的温情服务。

（二）服务范围（对象）：社区空巢、行动不便等老年群体（年龄在 60 岁及以上）、特困家庭群体及社区居民。

（三）项目内容及分项：

40. 结对援助服务：采取定期上门、一对一服务方式，为行动不便的老人提供生活照料，如打扫卫生、买菜送餐、送换煤气罐、衣物清洗、购置生活必需品等。

41. "小修小补我帮你"：志愿者采取定点定时或落实商户志愿者为居民提供磨剪磨刀、小修小补、裁剪衣服、居家生活咨询等志愿服务。

（四）实施方式：以街道或社区为单位，由街道社区服务中心（站）组织落实，发动驻社区机关、企事业单位或社区居民、社区自治组织的志愿服务人员参与。社区居民可拨打本社区服务中心（站）的热线电话咨询或申请服务，社区服务中心（站）收到服务需求后，由专人负责联系需求者核实需求信息，调派人员提供服务。

十六、社区民生流动服务台项目

（一）项目目标：整合辖区各类服务资源，使居民在家门口享受零距离的公益和便利服务。

（二）服务范围（对象）：社区全体居民。

（三）项目内容及分项：

42. 民生流动服务台：结合社区的特点，依据居民需求，整合辖区内的机关、企事业、社会团体，利用双休日、节假日或定期巡回进入社区的时机开展为民服务。一是提供政务咨询、法律咨询、家政服务、社保宣传、用工招聘、计生服务、金融理财、教育咨询等；二是提供粮油配送、家电维修、义务理发、磨剪磨刀、修锁修车、医疗服务等便利服务。并对每次活动的安排做到早计划、早统筹、早安排，早张贴告知书，搭建起民生流动服务台。

（四）实施方式：整合辖区资源，充分发动驻社区机关、企业、事业单位，社区志愿者及有相关专业技能人员参与，巡回进入社区提供服务。

十七、社区牵挂问询项目

（一）项目目标：弘扬中华民族尊老、敬老、爱老、助老、孝老的传统美德，帮助老人化解孤寂。

（二）服务范围（对象）：年龄在 60 岁以上的空巢老人。

（三）项目内容及分项：

43. 我来问候您：主要采取结对约定的方式，志愿者通过每日电话问询，与老人聊聊天，疏解老人心情。

44. 读报给您听：按约定时间上门为有阅读困难的老年人、残疾人提供读报、读书服务。

45. 温馨敲敲门：每周或定期上门服务，敲门看看、帮忙干干，为老人做一些简单的家务劳动。

46. 陪您唠唠嗑：按约定时间上门，陪行动不便的老人聊聊天、谈谈心。

（四）实施方式：各街道社区服务中心、社区服务站依据志愿者和申请陪聊服务老人需求，落实人员，由提出申请的老人，主动与志愿者联系，具体事宜双方"聊定"。

十八、社区物品捐赠交换项目

（一）项目目标：物物交换，物尽其用，有效整合社区慈善资源，弘扬爱心善举。

（二）服务范围（对象）：本社区未享受低保家庭，但因突发重大疾病、身体残疾而无法工作、无人照顾等诸多原因导致生活困难的居民。

（三）项目内容及分项：

47. 循环复用社：志愿者或志愿者组织通过组建循环复用社、跳蚤市场或以网络交换等方式，将家庭闲置的课本、课外读物、作业本、文具、书包、衣物、家用电器、家具、电脑、复读机等进行物物交换，做到物尽其用。

48. "闲置物品助邻解忧" 活动：志愿者发动社区居民拿出家里的闲置物品，通过捐赠的方式，缓解社区内贫困居民的生活压力，增进邻里之间的友谊。

49. 手拉手活动：志愿者对居民日常捐助的物品消毒并进行分类整理，输送到贫困地区弱势群体手中。

（四）实施方式：倡议每个社区发动驻社区的机关、企业、事业单位或社区居民，自愿提供闲置物品进行交换或捐助。

十九、社区代理代办服务项目

（一）项目目标：代理代办社区居民尤其是老人力所不能及的事项，为居民排忧解难。

（二）服务范围（对象）：社区残障人士、行动不便、特困群体、老年人。

（三）项目内容及分项：

50. 代缴费服务：社区志愿者为社区老人、残疾人等代办代理包括缴纳水费、电费、煤气费、电话费、供暖费、有线电视费、上网费等业务。

51. 代购买服务：社区志愿者为社区老人、残疾人等购买蔬菜、瓜果、柴米油盐等生活必需品；购买药品、取药。

52. 代办服务申请：社区志愿者为社区老人、残疾人等预约挂号，申请家庭设施维修、家政服务，寄信取邮包等。

（四）实施方式：以街道或社区为单元，依据实际情况落实人员并签订协议，开展上门服务。志愿者要与老人有良好的沟通，问清弄明需要代办的事项，达到服务细致入微的效果。

二十、社区志愿服务接力传递项目

（一）项目目标：教育青少年传承中华民族的传统美德，做好社区志愿服务的传承和接力工作，让社区志愿服务行为代代相传。

（二）服务范围（对象）：社区青少年家庭及社区居民。

（三）项目内容及分项：

53. "美德我接力" 活动：对青少年开展传承美德宣传教育活动，传承中华民族的传统美德，尊老爱幼、无私奉献、关注社区、关爱他人，做好社区志愿服务的传承和接力工作，号召青少年用自己所长，帮助身边需要帮助的人。

54. "社区小当家"活动：组织带领青少年参与社区活动，提高青少年的动手能力，如：义务讲解员、活动报道员、心灵疏导员、文明倡导员、课业辅导员、文化宣传员、环保清洁员、健身运动员、助老服务员、亲情陪伴员、健康卫生员、绿地养护员、安全巡视员、古树监管员、出行引导员等。

55. "假期陪你过"：主要是充分利用社区服务设施，采取社区托管的形式，把寒暑假期中无人照看的中小学生集中在社区活动室开展文明健康系列活动，如写作业、读书、讲故事、做游戏、体育锻炼、看教育片、开展特色教学、手工制作、艺术插花、剪纸、菜肴制作、回收药品和旧电池等，让孩子们度过愉快的假期，同时解除家长的后顾之忧。

56. "学习我帮你"：社区志愿者向低保家庭、生活困难家庭、留守儿童家庭提供一对一、一对多家教服务。

（四）实施方式：各区街社区服务中心（站）对提出需求的家庭，自行就近招募落实志愿者，发挥资深志愿者和在校大学生、高中生、特长生作用，中小学校紧密配合，共同开展。

二十一、社区关爱外来务工人员项目

（一）项目目标：让外来务工人员融入大都市，成为首都现代化建设中不可或缺的力量，充实社区志愿者队伍，感受社区大家庭的温暖。

（二）服务范围（对象）：社区外来务工人员。

（三）项目内容及分项：

61. "生活在本城"讲座：组织外来务工人员学习法律法规知识、文明市民公约、劳动法以及劳动技能、安全知识培训。增强外来务工人员的法律意识、维权意识、公民道德意识、文明礼仪意识、安全意识和参与民主选举的自觉性，适应城市生活环境。

62. "帮你找组织"：号召和帮助外来务工人员加入工会组织，做好党、团组织关系接转，倡导外来务工人员参与社区活动和志愿服务，如城市清洁日、义务劳动、公益活动、帮助身边需要帮助的人等。

63. 社区生活向导岗：社区志愿者组织或志愿者设置该岗位，帮助外来务工人员解决生活中的实际问题，如房屋租住、办理相关证件、推荐就业岗位、享受工资和社会劳动保险、就医、维护合法权益、子女入托入学等。

64. "都是社区人"活动：与农民工一起过节，为农民工演出文艺节目、放映电影，举办书法绘画比赛、体育健身及包饺子过年等活动，让他们享受家的温暖。

（四）实施方式：根据社区实际需求，招募志愿者，通过组织学习、技能培训、公益活动、生活帮扶等方式开展服务。

二十二、社区公共设施维护项目

（一）项目目标：社区内公共设施齐全完好、干净整洁，方便辖区居民健身娱乐。

（二）服务范围（对象）：辖区内公共设施、社区全体居民。

（三）项目内容及分项：

65. 设施巡视：志愿者定时对社区内的电子滚动大屏、宣传栏、温馨提示栏、报刊阅览栏、公示栏、电话亭、健身器械、街心花园、休闲广场设施、辖区甬道地砖、无障碍通道、护栏、围挡、公共汽车站牌、照明路灯等公共设施进行巡视，发现破旧、损毁和不完整现象，及时反映，督促解决。

66. 公共设施美容小组：志愿者组成"公共设施美容小组"，定期对设施进行擦拭，保持其整洁靓丽；处理螺丝松动、灯泡不亮等情况；及时清除小广告。

67. 志愿值班日：志愿者在社区文化站（室）、市民学校、图书室、社区课堂、社区广场等公共文化服务设施主动承担日常活动的管理工作。

（四）实施方式：社区内根据需要招募志愿者，组织义务巡视队、服务清洗队、排班值日等。

建设安全社区——志愿服务项目（9大项15分项）

主旨：以增强社区居民安全感、满意度为目标，积极探索新形势下群防群治的新机制、新模式，依靠群众、动员群众、专群结合、群防群治，实现社区秩序井然，安全和谐。

二十三、社区家园卫士项目

（一）项目目标：开展家园安全巡视，确保社区居家生活安全。

（二）服务范围（对象）：各社区及全体居民。

（三）项目内容及分项：

68. "看家护院"治安巡逻：社区志愿者组建邻里安全巡逻、巡视队伍、社区安保队，志愿者佩戴红袖标，开展看家护院活动。

69. 安检巡察、安心居家：由志愿者中的专业人士组成安检巡察队，主要关注火情、警情、供水、供电、供气、电信、公共照明、污水、雨水排放、井盖、泄洪沟、消防通道、无障碍设施是否完好畅通，煤气泄漏、风斗安装、公共设施运转是否正常等；组织维修和更换，对无法解决的问题，设置明显标志，迅速向上级反馈，保证信息畅通，使问题得到及时解决。

（四）实施方式：主要采取定线路定时巡逻、巡视、排查等方式进行。以社区为单元，社区居委会、服务站就近招募落实志愿者。

二十四、社区矛盾调解项目

（一）项目目标：通过矛盾调解，逐步实现"邻里的情自己知，邻里的事自己管，邻里的题自己解"，将矛盾和问题化解在社区内或家门内外。

（二）服务范围（对象）：社区全体居民。

（三）项目内容及分项：

70. 社区法律援助：在社区内招募律师、法官、警官等专业法律工作者，吸收党员、干部和有名望的社区居民，为社区居民提供法律咨询等志愿服务。

71. 社区矛盾调解：由社区志愿者或志愿者组织建立社区诉求渠道，让居民话有处说、冤有处诉、问题有处反映、纠纷就地有人调解。

72. 社区"龙门阵"：把居民反映的问题当家事，适时地在社区开展赞婆婆、夸儿媳、晒幸福、说悄悄话、培育下一代秘诀、家庭理财等联谊活动。

（四）实施方式：主要采取谈心交流、上门服务、成立民调服务队、民情民意随访组、聊天组的方式进行，各社区自行招募有专业知识或德高望重的志愿者，依据实际情况开展活动。

二十五、社区安全巡查项目

（一）项目目标：关爱社区空巢家庭的老年人，解除子女的后顾之忧。

（二）服务范围（对象）：居民住户，重点是空巢老人。

（三）项目内容及分项：

73. "你家安全了，我家放心了。"家庭安全巡检：住所巡视、发放应急通知、按季检查天然气（液化气）、供水、供电、供热设施及家用电器；冬季重点检查防火、防冻、防煤气中毒措施；夏季检查防汛、避暑措施，消除各种安全隐患。

（四）实施方式：发动负责社区煤、水、电、电器的物业，专业的管理维护部门的工作人员和驻社区的机关、企业、事业单位或社区居民中具有专业技能的人员参加，据居民需求开展服务。

二十六、社区消防安全"防火墙"项目

（一）项目目标：提升群众参与消防、关心消防、支持消防的意识和自防自救能力，形成消防工作群防群治的良好局面。

（二）服务范围：各社区及社区全体居民。

（三）项目内容及分项：

74．"小＋近"消防队：组建社区小型志愿消防队，号召身体健康、品行良好、有献身精神的年轻社区居民自愿申请成为志愿消防队员。每季度或半年组织集中学习训练一次，进行消防业务培训；维护保养辖区消防设施、器材，确保完整好用；定期开展灭火战术、救生、逃生技能训练或演练，为居民举办灭火技能、逃生知识培训班；遇有辖区发生火灾，及时组织周围群众疏散，拨打"119"火警电话报警，迅速扑救初起火灾，协助消防队扑灭一般火灾。

（四）实施方式：以社区为单元，社区居委会、服务站就近招募落实志愿者。

二十七、社区防范宣传项目

（一）项目目标：通过广泛宣传活动，不断强化群众心防意识，提高自防能力和参与安全防范的积极性，使防范工作家喻户晓。

（二）服务范围（对象）：社区居民、有特殊需求的家庭。

（三）项目内容及分项：

75．"安全防范、保家护院"知识宣传：以社区大课堂、市民学校作为载体，通过举办知识培训讲座、案例分析、交流互动、现场答疑、测验考试、知识竞赛等普及防范知识；充分利用警情提示、网上警务室、有线电视、广播、报刊、流动广播车、电子显示屏等宣传媒介，向群众广泛宣传安全防范的相关招数和技巧；组织社区民警带领社区干部、物业保安、流动人口协管员以及社区防范志愿服务力量，开展入户宣传活动，发放宣传材料，发现防范漏洞，及时提出整改建议。

（四）实施方式：依据实际情况招募志愿者，开展宣传服务。

二十八、社区危机应对训练项目

（一）项目目标：居安思危，通过各种训练，促使居民掌握更多的应急措施与办法。

（二）服务范围（对象）：社区全体居民。

（三）项目内容及分项：

76. "危机应对我知道"知识宣讲：邀请专业机构、主管部门以社区大课堂、市民学校作为载体，开展宣讲突发事件的应对措施和办法，提高居民危机防范意识。

77. 社区应急志愿服务队：在辖区内组建社区应急志愿者组织，出现特殊事件，志愿者组织能迅速召集社区志愿者，快速作出反应，把信息传递出去，根据所发生事件的不同，能迅速、有序、有效地进行处理，将损失降至最低；危险地段悬挂警示标志，人人知晓，与社区内有车族进行商议，保障紧急状况下车辆随叫随到。

78. "着急就找我"：建立社区老年人救护防护网，将老人的联系方式、联系电话都输入服务网络备案，将社区志愿者的服务热线电话也都发到老人手里。

（四）实施方式：根据实际情况招募社区内具备相关急救知识、有爱心、肯奉献的年轻志愿者。

二十九、社区矫正项目

（一）项目目标：配合司法部门，对社区矫正对象实施人文关怀。

（二）服务范围（对象）：社区矫正对象。

（三）服务内容及分项：

79. 社区恳谈会：发挥社区矫正志愿者的特长与优势，定期或不定期地与矫正对象通过面对面谈心交流、发送电子邮件、QQ 聊天及书信等方式，进行法律法规的宣传教育，辅导文化知识的学习，鼓励其参与社区公益劳动和公益活动。

80. 生活帮扶活动：了解矫正对象的个人及家庭生活，针对具体情况，联合社区相关部门积极开展点对点帮扶活动，积极解决他们的实际问题和困难。

（四）实施方式：以社区为单元，社区居委会、服务站就近招募落实志愿者，坚持做到不嫌弃、不歧视、不纠缠旧账，思想上多交流，生活上多关心，就业上多帮扶。

三十、社区文明停车你我同行项目

（一）项目目标：倡导社区内文明礼让，文明有序停车。

（二）服务范围（对象）：社区居民。

（三）项目内容及分项：

81. 文明停车宣传督导项目：由志愿者发起，协商建立社区文明停车自律公约，并在社区明显位置进行公示。引导机动车主按照小区规划好的路线行车、停车，避免发生道路拥堵或安全事故。督导司机遵守公约，车辆停放不影响他人出行，不践踏绿地，不占用消防通道，禁止鸣笛，不往车窗外乱扔垃圾，时速控制在15公里以下。

三十一、社区电脑病毒安全防控项目

（一）项目目标：倡导社区内安全的网络信息化生活。

（二）服务范围（对象）：社区居民。

（三）项目内容及分项：

82. 电脑病毒防控小组：在辖区内组建家庭电脑病毒防控志愿服务小组，根据社区家庭的实际需要，入户提供电脑病毒防控检修服务。

（四）实施方式：具备相应技能的在校学生参加，按照居民需求提供入户服务。

建设健康社区——志愿服务项目（8大项15分项）

主旨：引导居民以"普及健康知识、参与健康行动、提供健康保障、延长健康寿命"为理念，调整饮食结构，调整生活方式，少吃盐、少吃油、多运动、多锻炼、增强全民体质。

三十二、宣传普及健康理念项目

（一）项目目标：提高居民的健康意识，尽快改变居民健康知识匮乏的状况，转变居民对卫生和自我保健意识淡薄的观念，将现代先进科学的卫生知识及时转化为广大居民的健康行为。

（二）服务范围（对象）：社区全体居民。

（三）项目内容及分项：

83. 健康知识讲座：结合社区特色和人群特点，依托社会力量，邀请专家学者并积极挖掘社区资源，每年开展6次以上的讲座，为广大群众讲授健康饮食、生理健康指标；宣传体育法律、法规，文明观赛礼仪，使科学健身方法和健身知识通俗易懂、重点突出、受益面广。

84. "健康我知道"：组建以家庭保健员、社会体育指导员为主的健康志愿者队伍深入社区、深入家庭，加强对重点人群的个性化健康指导与服务，指导

居民对自身的健康危险因素进行修正、评估和管理。

85. "健康生活、你我共享"：组织居民讲述如何通过转变生活行为方式实现基本生理健康的切身经历，督促超重肥胖、血压偏高、糖调节受损、血脂异常等慢性病患者或吸烟者做到自我调整、自我保健，并掌握锻炼技巧和控制方式。

三十三、社区活跃体育健身项目

（一）项目目标：组织发动社区居民参与日常性体育活动达到多样化、经常化和普遍化。

（二）服务范围（对象）：社区全体居民。

（三）项目内容及分项：

86. "大家来健身"活动：在楼宇、庭院、胡同、家庭之间开展就近就便、小型多样的各种趣味性群众体育比赛活动。晨晚练辅导站和民间社团组织、文体团队、健身俱乐部每周开展 2 次以上健身活动。

87. 社区运动会：组织开展社区体育节、趣味运动会、民俗运动会、棋赛、秧歌、太极拳、健身球、全民健身路径比赛等传统性体育比赛活动。

88. "科学健身、健康达标"活动：带动督促社区居民每周参加体育锻炼活动不少于 3 次、每次不少于 30 分钟，达到中等以上锻炼强度的人数比例占 50%。

三十四、精神慰藉与心理疏导项目

（一）项目目标：发挥社区志愿者在实现老年人精神赡养方面重要的补充作用，合理引导更多的居民给身边的老人一点慰藉、一份关爱，尽一份社会责任。

（二）服务范围（对象）：社区老年人，重点是年龄大、体质差的群体。

（三）项目内容及分项：

89. "适应老年生活"讲座：鼓励老年人要正确认识衰老，保持良好的心态，自我减压，充实生活，更好地实现自我慰藉。

90. "常回家看看"志愿提醒：社区志愿者定时提醒社区独居、空巢老人子女，发挥子女和配偶的精神慰藉作用，做好家属的思想工作，动员家属经常陪伴、探望老人，让老年人充分享受亲情的关爱，满足老年人情感需求。

91. 精神慰藉志愿服务队：建立具有专业知识的精神慰藉志愿服务队，采取不同方式加强与老人交流，在老年人遇到重大生活转变的时候，如住院、丧亲、入住养老机构、濒临死亡等，为老年人提供各种支持性心理疏导服务。

三十五、健康大步行项目

（一）项目目标：倡导社区居民养成有规律的健康生活习惯，从每日健步走做起，积极参与有益身心的健康活动。

（二）服务范围（对象）：社区居民，尤其是居家的老年人。

（三）项目内容及分项：

92."健康大步行"活动：采取多种方式宣传健步走的好处、方法；与老年人结伴早晚遛弯，逐步提高步行速度，达到健身目的；举办"健步走"运动比赛等。

三十六、社区健康加油站项目

（一）项目目标：为老年人提供健康科学养生资讯和日常健康监察，益寿延年，提高老年人生活质量。

（二）服务范围（对象）：社区内老人。

（三）项目内容及分项：

93.科学养生讲座：根据社区老年人精神生活的需要，开展养生保健、文化娱乐、交友活动、心理健康等服务；举办养生保健知识讲座。

94."为您量一量"：组织辖区内的相关卫生机构，开展义务为老年人测量血压和血糖等活动。

（四）实施方式：自行招募社区具有专业知识的居民或组织，依据需求组织活动。

三十七、社区预防艾滋病宣传项目

（一）项目目标：普及预防艾滋病知识，提高大众健康知识水平。

（二）服务范围（对象）：社区居民。

（三）项目内容及分项：

95.艾滋病防治宣传：宣传预防艾滋病知识。通过讲座、在社区内悬挂横幅、宣传画等方式，向广大居民群众宣传艾滋病的防治知识，增强预防艾滋病的技能，树立社会责任意识。

三十八、社区控烟戒烟项目

（一）项目目标：维护公共场所健康环境，减少二手烟危害，减少烟民数量。

（二）服务范围（对象）：社区居民。

（三）项目内容及分项：

96. 控烟知识讲座：宣传烟害严重性，普及控烟知识，劝导未吸烟者不吸第一支烟，不沾染吸烟恶习，吸烟者停止吸烟保护自身及他人健康，倡导社区居民共同抵制吸烟危害，建设和谐健康社区。

三十九、社区禁毒宣传项目

（一）项目目标：从不同角度、不同层面深入浅出地向广大居民特别是青少年介绍毒品知识、毒品危害，提高社区居民防毒、拒毒的意识，做到远离毒品，促进家庭稳定和社区和谐。

（二）服务范围（对象）：社区全体居民。

（三）项目内容及分项：

97. 禁毒知识讲座：介绍各种毒品及其危害，有效遏制合成毒品泛滥蔓延趋势，深入推动毒品预防教育工作的持续开展。

建设文化社区——志愿服务项目（7大项8分项）

主旨：传承传统文化，繁荣社区文化。大力倡导尊老爱幼、邻里互助、诚信友爱的文明风尚。打造精品社区文化品牌，激发居民参与社区生活的潜能。

四十、社区草根文化创作传播项目

（一）项目目标：通过开展形式多样的主题文化活动，宣扬社区生活中的模范人物、事件，抒发社区居民对美好生活的憧憬和向往，营造积极、健康、向上、和谐的社区文化环境。

（二）服务范围（对象）：社区全体居民。

（三）项目内容及分项：

98. "大家来创作"：挖掘社区文化资源，收集居民中好人好事和亲历亲见的感人瞬间，以歌曲、快板、小品、相声、诗歌、故事等形式创作各类文学作品，赞颂身边的人和事，反映美好的社区生活，倡导文明新风尚，提醒、抵制不文明行为。

（四）实施方式：各级社区服务中心和社区自行招募社区内有热心、有技能和有文学爱好的社区居民和驻社区单位的员工，通过举办学习班、知识竞赛、汇演、社区广场活动等方式提供服务。

四十一、社区文化风情图项目

（一）项目目标：传播中华民族的传统优秀文化，满足居民文化生活的需求，调动居民积极参与和发挥所长，陶冶情操，营造多姿多彩的欢乐社区。

（二）服务范围（对象）：辖区内外。

（三）项目内容及分项：

99. "百花齐放"文化活动：以市民学校为载体，以各种社区服务设施为依托，举办歌咏、绘画、书法、编织、刺绣、钢琴、乐器、棋牌等学习班；大力传播传统文化，兴办文化茶座、英语沙龙、社区文化讲习班和文化技能培训等；组建创造各类学习型、文化型团队组织，充分利用社区各类公共服务设施，规范训练，定期活动，切磋交流传播技艺。

（四）实施方式：组建秧歌队、太极队、太极五禽戏、柔力球队、合唱队和夕阳红乐队、模特队、摄影队、舞蹈队、太极拳队、编织队、交际舞队、京剧票友队等；开展具有社区特色、丰富多彩、主题鲜明、健康向上的群众性社区文化活动，如举办"舞动的生活"、"夏日激情广场"、京剧专场等，每月不少于2次。

四十二、社区数字生活行动项目

（一）项目目标：通过社区活动，提升社区居民的信息化能力，使人人享有数字化便捷生活。

（二）服务范围（对象）：社区全体居民。

（三）项目内容及分项：

100. 信息网络知识辅导：辅导居民学习使用电脑、市民卡（即社保卡和实名交通卡）、网上预约挂号、保障性住房网上服务系统、网上就业服务系统、网络办公、文化娱乐、远程医疗、网上购物等，享受信息网络数字生活服务，并参与社区安防、能源管理、停车管理及辅助老年人、残疾人、病患人群使用的智能终端等社区网络设备、设施的维护。

（四）实施方式：针对不同人群的需求，通过办学习班、个别指导、开展竞赛活动等方式，进行服务。

四十三、社区亲情陪伴项目

（一）项目目标：缓解老人日常生活中的诸多的不便，营造尊老、敬老、爱老、助老、孝老的社会氛围。

（二）服务范围（对象）：年龄在 60 岁及以上的空巢家庭老人。

（三）项目内容及分项：

101. "社区夕阳缘"活动：依照双方约定，陪伴老人遛弯、陪活动、陪挂号看病、做饭、洗衣等。

102. "牵手半世纪"金婚庆典：以各种社区服务设施为依托，组织辖区内的文化团队，为老年人举办金婚老人庆典等活动，丰富老年人的晚年生活，定期或不定期为敬老院老人提供读报、聊天、讲笑话、集体过生日、爱心关注、欢乐过节等活动。

（四）实施方式：各级社区服务中心和社区依据空巢老人家庭的需求，就近招募志愿服务人员，推行预约上门服务。

四十四、走进敬老院项目

（一）项目目标：弘扬中华民族传统尊老、敬老、爱老、助老、孝老的美德，营造关爱老人、孝行当下、共建和谐的良好风尚。

（二）服务范围（对象）：居住在养老服务机构的老人。

（三）项目内容及分项：

103. "走进敬老院项目"行动：招募青年志愿者定期或不定期为敬老院老人提供读报、聊天、讲笑话、集体过生日、爱心关注、欢乐过节等活动。

（四）实施方式：发动院校的志愿服务团队，就近与各养老服务机构共建结对开展服务。

四十五、社区邻里一家亲项目

（一）项目目标：打造邻里相知、相识、相信、相敬、相助的氛围。

（二）服务范围（对象）：社区全体居民。

（三）项目内容及分项：

104. 邻里文明风尚公约：提倡"邻里见面主动问好，院内行车礼貌谦让，扶老济幼相敬相助，公共区域积极清扫，袋装垃圾勿放楼道，爱好宠物换位思考，夜间回家放慢脚步，家若装修与邻说到"的文明风尚，采取志愿者或志愿者组织发动，制定邻里公约，创作邻里之歌，组织节日联欢等，促进邻里之间常来常往。组织邻里节、邻里宴、邻里乐、邻里和、邻里帮、邻里展活动，感受邻里情。组建"爱心互助服务社"、邻里情俱乐部等；搭建居民相互交流、相互帮助、相互依存的平台。

四十六、社区"女性健康文化"宣传项目

（一）项目目标：为妇女群众普及健康知识，解决妇女群众生活中遇到的情感问题，探讨相夫教子之道、婆媳相处的艺术，引导女性树立积极乐观的生活态度，抚慰女性的心理创伤。

（二）服务范围（对象）：社区内女性居民。

（三）项目内容及分项：

105. 社区"女性健康文化"宣传项目：通过举办以妇女为主题的系列心理辅导、健康培训、情感救助等活动，关注女性身心健康。

社区咨询与课堂志愿服务项目（10 大项 10 分项）

主旨：秉承"走进百姓生活、培育人文精神、提升城市品位、融入和谐社区"服务理念，整合政府机构、社会组织和社区服务企业有关教育、科普、文化、生活服务等方面的志愿服务资源，依托社区服务平台和基层社区服务中心设施，面向广大社区居民提供具有社区特色的公益服务项目。

四十七、法律咨询热线项目

（一）项目目标：组织学生在法律援助中心值班，为广大社区居民提供及时有效的法律咨询、法律援助，不断提升社区居民的法律意识和维权意识。

（二）服务范围（对象）：全体社区居民。

（三）项目内容及分项：

106. 法律咨询：解答居民民事刑事诉讼、婚姻家庭、房屋拆迁、商品房买卖等方面的法律问题。

四十八、青少年成长热线项目

（一）项目目标：指导家长与子女之间进行有效沟通，辅助青少年健康成长，促进家庭和谐。

（二）服务范围（对象）：全体社区居民。

（三）项目内容及分项：

107. 青少年成长指导：对亲子关系问题、夫妻关于教育问题的矛盾、少年儿童学习问题、教师教育问题、隔辈教育问题、少年儿童相关心理问题、少年儿童性教育等进行解答与指导服务。

四十九、社区民俗文化大课堂项目

（一）项目目标：弘扬民俗文化，传播传统知识，构建文明社区，将"民俗知识""民俗工艺"和"民俗技艺"引入社区，丰富社区居民生活，提升社区凝聚力。

（二）服务范围（对象）：社区全体居民。

（三）项目内容及分项：

108. 社区民俗文化讲座：传统节日系列讲座、老地方民俗系列讲座、人生礼俗文化系列讲座、民间工艺系列讲座等。

（四）服务方式：社区进行民俗常识讲座、民俗艺术讲座、民俗工艺品制作讲座。

五十、社区心理健康大课堂项目

（一）项目目标：开辟为社区居民科学地进行心理疏导的渠道，及时解答居民心理健康、精神卫生等方面的问题。

（二）服务范围（对象）：社区全体居民。

（三）项目内容及分项：

109. 心理知识普及讲座：心理社团向社区居民普及心理知识和常识的课堂。

（四）服务方式：区县、社区不定期组织专题讲座。

五十一、社区法律知识大课堂项目

（一）项目目标：推进社区普法宣传，畅通社区居民法律咨询的途径，倡导爱国守法、团结友善、邻里互助、家庭和睦的社会风气。

（二）服务范围（对象）：社区全体居民。

（三）项目内容及分项：

110. 法律知识讲座：主要以婚姻继承、劳动争议、商品房买卖、民事刑事诉讼仲裁、消费者权益保护、合同等方面内容为主。

（四）服务方式：由"社区律师志愿团"志愿服务人员不定期地深入区县、街道和社区组织专题讲座。居民可登录北京市社区服务信息网在社区大课堂栏目查询课程信息，了解所在街道社区开展的课程情况。

五十二、社区金融理财知识大课堂项目

（一）项目目标：宣传普及金融和理财知识，引导社区居民树立正确的理财观。

（二）服务范围（对象）：社区全体居民。

（三）项目内容及分项：

111. 金融理财知识讲座：假币识别与知识普及、银行自助机使用知识普及、个人征信系统知识普及、信用卡知识与使用的普及、银行理财知识普及等讲座。

五十三、社区房产知识大课堂项目

（一）项目目标：房产是居民家庭生活的重要方面，而目前二手房市场愈演愈烈，了解房产知识至关重要，使居民能够明白买卖，安居乐业。

（二）服务范围（对象）：社区全体居民。

（三）项目内容及分项：

112. 房产知识讲座：提供二手房屋买卖、租赁的相关知识；讲解二手房的买卖资格等。

五十四、社区保险知识大课堂项目

（一）项目目标：宣传普及保险风险和险种基础知识，引导社区居民采取正确的方式通过保险来抵御生活中的风险。

（二）服务范围（对象）：社区全体居民。

（三）项目内容及分项：

113. 保险知识讲座：保险与保险风险、保险险种知识普及、人身保险投保（保全/索赔）知识普及、财产保险投保（保全/索赔）知识普及、如何避免发生骗险等讲座。

五十五、社区老年大学课堂项目

（一）项目目标：搭建老年人活动平台，缓解老年人在退休后的不良情绪，提供沟通交流，培养老年生活健康心态，增强老年人在社区内的自我认同感，使老年人对社区产生归属感。

（二）服务范围（对象）：社区老年人。

（三）项目内容及分项：

114. 老年广场沙龙：培养老年生活兴趣、倡导老年生活方式、老年心理科普讲座、调整家庭关系、亲子活动等。

（四）服务方式：由各级社区服务中心提供设施，心理社团有针对性地组织活动。

五十六、社区爱心图书馆项目

（一）项目目标：将城市社区居民的学习剩余物资物尽其用，提高其他社区的社会教育基础建设，帮助居民改善学习环境，更好地学习知识、了解世界。

（二）服务范围（对象）：社区互助。

（三）项目内容及分项：

115. 社区爱心图书馆项目：建立爱心图书馆。

（四）服务方式：（1）集中募捐：不定期选择社区开展志愿者入社区收集图书活动。（2）定点募捐：在非现场捐赠日，居民可到社区活动中心进行捐赠，由志愿队队员接受并且进行登记。

京冀农科高校习近平新时代
中国特色社会主义思想实践教学探索[*]

——以河北农业大学和北京农学院为例

一、基本情况介绍

党的十八大以来，以习近平为主要代表的中国共产党人以巨大的政治勇气和强烈的责任担当，提出一系列新理念新思想新战略，从理论和实践结合上系统回答了新时代坚持和发展什么样的中国特色社会主义、怎样坚持和发展中国特色社会主义这个重大时代课题，创立了习近平新时代中国特色社会主义思想。在习近平新时代中国特色社会主义思想指导下，中国共产党领导全国各族人民，统揽伟大斗争、伟大工程、伟大事业、伟大梦想，推动中国特色社会主义进入了新时代，迎来了从站起来、富起来到强起来的伟大飞跃。习近平新时代中国特色社会主义思想，是对马克思列宁主义、毛泽东思想、邓小平理论、"三个代表"重要思想、科学发展观的继承和发展，是马克思主义中国化最新成果，是党和人民实践经验和集体智慧的结晶，是中国特色社会主义理论体系的重要组成部分，是全党全国人民为实现中华民族伟大复兴而奋斗的行动指南。

为了深刻领会习近平新时代中国特色社会主义思想，学习习近平新时代中国特色社会主义思想指导新时代各项事业发展的成果，河北农业大学和北京农学院部分师生开展了一系列实践教学探索，逐步形成了具有华北地区农林院校特色的"毛泽东思想和中国特色社会主义理论体系概论"课程实践教学案例。

二、具体做法

在探索习近平新时代中国特色社会主义思想实践教学路径的过程中，有关

---

　* 张子睿，北京农学院副教授；祝大勇，河北农业大学副教授。

教师根据学校实际情况，提出依托志愿者活动开展实践教学的思路，在具体工作中采取了如下具体做法：

第一，结合"中国梦"教育开展实践活动。

高等教育的大众化、普及化是世界高等教育发展的大趋势。高等教育大众化作为高等教育发展的一个阶段自20世纪70年代初由美国社会学家马丁·特罗首先提出，并得到了国际社会的普遍认可。以高等教育毛入学率为指标可以将高等教育发展历程分为"精英、大众和普及"三个阶段。他认为高等教育毛入学率15%以下时属于精英教育阶段，15%–50%为高等教育大众化阶段，50%以上为高等教育普及化阶段。2012年中国高等教育毛入学率达到26.9%。同年8月，教育部党组成员顾海良表示："中国高等教育计划在《国家中长期教育改革和发展规划纲要（2010—2020年）》实施完成到2020年时毛入学率达到40%。2003年，首都高等教育毛入学率达到52%，比2002年增加3%，这标志着首都高等教育实现了历史性的新突破，在全国率先从大众化阶段进入普及化阶段。如何在高教普及化阶段做好思想政治教育工作是一道有现实意义的命题。"①

当代大学生作为新一代年轻人中有知识的一个特殊社会群体，在社会中有着举足轻重的地位。对大学生开展思想政治教育、培养其公益精神和无私奉献服务社会意识是提高整个社会道德水平的重要组成部分。

2012年11月29日，中共中央总书记、中央军委主席习近平在参观"复兴之路"展览时指出："实现中华民族伟大复兴，就是中华民族近代以来最伟大的梦想。"②

习近平总书记在给北京大学学生的回信中写道：中国梦是国家的梦，民族的梦，也是包括广大青年在内的每个中国人的梦。"得其大者可以兼其小。"只有把人生理想融入国家和民族的事业中，才能最终成就一番事业。③

"中华民族伟大复兴"的观点提出后，学生对其关心不多。在部分二本院校抽样调查结果中显示，学生认为"中华民族伟大复兴"是国家的事、是"985""211"等精英学校学生的事，与自己无关。而用"中国梦"表述"中华民族伟

---

① 2020年我国高等教育毛入学率将计划达40%［EB/OL］. 中国新闻网，2012–08–02.

② 习近平在参观《复兴之路》展览时强调：承前启后 继往开来 继续朝着中华民族伟大复兴目标奋勇前进［N］. 人民日报，2012年11月30日第1版.

③ 习近平给北京大学学生回信，勉励当代青年，勇做走在时代前面的奋进者开拓者奉献者［N］. 北京青年报，2013年5月5日第1版.

大复兴"后，学生逐步感觉到"中国梦"可以和自己的理想、目标有联系，从关注自己开始关注国家。在二本院校开展"中国梦"教育需要充分考虑二本院校学生实际情况，选择相应的教学手段，以期达到预期目标。在具体的工作中，组织学生课外参观、参与社会公益活动，是比较行之有效的思想政治教育实践手段。

面对二类本科院校学生存在的不喜欢阅读深奥理论著作的现实，教师在开设本科生层次思想政治理论课选修课"北京的近代史遗迹漫谈"的基础上，采取组织学生参观北京近代史遗迹展览等形式引导学生理解"中国梦"。在一年多的时间里我们先后参观了"复兴之路""五四新文化运动纪念馆""中国人民抗日战争纪念馆""焦庄户地道战遗址"等多处红色遗迹。通过参观以及组织学生座谈等形式，引导学生畅谈"中国梦"，许多同学都表示只有个人和国家命运紧密结合，才能够融入时代发展的洪流之中，才能够实现个人价值，有所作为。

通过参观活动，学生参与社会活动的积极性有明显提高。在与学生交流的过程中，教师发现学生认为二类本科院校参与社会实践的机会较少，希望能够获得更多锻炼的机会，提升自身的综合能力。基于调研所发现的问题，教师积极协调，与北京创造学会等专业学术团体组织合作，吸收学生参与的科普志愿活动，引导学生加入该学会的大学生志愿者组织。

北京市作为每年"科技周""科普日"的全国主场活动主办地，每次大型活动需要大量的科普志愿者；不仅如此，学术团体也会独立举办科普活动，也需要大量的大学生志愿者。因此，大学生作为科普志愿者参与科普活动，一方面可以为学生创造走出校园、深入基层、了解社会提供机会，弥补学校社会实践活动的不足；另一方面，可以在活动中运用自己本专业知识解决问题，提高学生自信心，促进学生树立个人理想，确立发展目标，实现将个人理想与"中国梦"有机结合的目标，在实现自身价值的过程中，成为实现"中国梦"的一员。

第二，结合"全面从严治党"，依托基层社区党建开展实践活动。

"中共中央总书记、国家主席、中央军委主席习近平近日在江苏调研时强调，要全面贯彻党的十八大和十八届三中、四中全会精神，落实中央经济工作会议精神，主动把握和积极适应经济发展新常态，协调推进全面建成小康社会、全面深化改革、全面推进依法治国、全面从严治党，推动改革开放和社会主义现代化建设迈上新台阶。"①

"习近平强调，全面从严治党是推进党的建设新的伟大工程的必然要求。从严治党的重点，在于从严管理干部，要做到管理全面、标准严格、环节衔接、措施配套、责任分明。从严治党是全党的共同任务，需要大气候，也需要小气候。各级党组织要主动思考、主动作为，通过营造良好小气候促进大气候进一步形成。"②

城市基层社区党组织是基层社会建设工作的重要力量，基层社区党组织直接面对广大人民群众，党组织作风关乎党在人民群众中的形象。长期以来，由于基层社区属于居民自治机构，社区工作人员既不是公务员也不是事业编，身份的差异导致个别基层社区党组织在社区建设工作没有发挥应当发挥的作用。"全面从严治党"理念的提出，把基层社区党组织纳入从严治党工作体系，要求基层党组织负责人在严格遵守党纪基础上，管好本级党组织，并带领本级党组织成员和本社区普通党员按照党的要求参与社区建设、服务广大人民群众。

相关教师迅速抓住契机，与多年来开展科普活动的社区紧密合作，参与基层社区活动，实现实践教学落到实处。

在具体的实践中，主要完成了如下两方面工作。

一方面，积极策划活动，让党员和志愿者推动社区建设。

开展社区党建项目是发挥基层党组织作用，服务党员、服务群众、推动社区建设的重要手段。在具体的工作中，应由基层党组织牵头，结合街道社区实际情况，切实加强与现有街道、社区支持政策和项目的统筹衔接，策划、实施与基层党建重要工作和与群众生产生活密切相关的公共服务项目，使党组织策划的活动能够符合社区建设实际，真正服务社区。习近平总书记 2013 年 3 月 1 日在中央党校建校 80 周年庆祝大会暨 2013 年春季学期开学典礼上的讲话中指出："中国传统文化博大精深，学习和掌握其中的各种思想精华，对树立正确的世界观、人生观、价值观很有益处。"③ 在党和政府关注传统文化教育的背景下，积极开展服务社区青少年为主题的党建活动可以帮助青少年进一步树立正

---

① 习近平. 主动把握和积极适应经济发展新常态 推动改革开放和现代化建设迈上新台阶 [N]. 人民日报，2014 年 12 月 15 日第 1 版.

② 习近平. 主动把握和积极适应经济发展新常态 推动改革开放和现代化建设迈上新台阶 [N]. 人民日报，2014 年 12 月 15 日第 1 版.

③ 习近平. 在中央党校建校 80 周年庆祝大会暨 2013 年春季学期开学典礼上的讲话 [N]. 人民日报，2013 年 3 月 3 日第 2 版.

确的世界观、人生观、价值观，成为合格的社会主义接班人。为了实现基层党组织从严治党常态化目标，社区党组织积极培育实施党建服务项目，培育发展党员群众共同参与的服务组织，服务基层社区党员和群众，促进基层社区进步，探索党员人数较少的社区，以发挥党员模范带头作用的新模式，设计在有街道、社区特色，可以逐步形成在延庆乃至全国有影响的品牌活动。2014 年 10 月 11 日，在中国少年先锋队建队 65 周年之时，中共中央政治局委员、国家副主席李源潮到北京市调研少先队工作，与少先队工作者和少先队员代表座谈，发表了题为《让社会主义核心价值观成为引导少年儿童健康成长的星星火炬》的讲话。讲话中指出："北京市海淀区五一小学编写的《国学养正》，用历史典故阐释核心价值观的要求，孩子们好懂好学。中华文化优良传统博大精深，活跃在千家万户和社会各个层面，是开展少年儿童价值观教育的宝库，要充分挖掘好运用好。开展这方面教育，既要让孩子们知道历史根源，又要有传承的现实样子。"① 有关教师发挥曾经参与过《国学养正》一书出版策划的优势，协助社区党组织设计了由社区党组织招募大学生志愿者，开展青少年国学经典的读物宣读辅导为主题的活动，大学生志愿者与社区党员合作，在完成服务社区工作的同时，也获得了开展课程实践教学的空间。活动选择《国学养正》一书作为辅助读本，利用学生三点半放学以后的时间开展活动，既解决家长后顾之忧，又完成基层党组织向青少年宣传核心价值的工作任务。

另一方面，引导大学生志愿者与社区团员青年合作备案服务社区类新兴社会组织以服务社区。

在北京远郊区县街道调研中发现，街道所备案的社会组织主要是社区居民组织的以兴趣、爱好为载体，以文艺、娱乐为主要活动形式的社会组织，而服务社区建设和志愿者活动的社会组织很少。要改变这一局面就需要建设一批以服务社区、服务社区居民为主体活动的社会组织。当代青年思维活跃，勇于创新，指导大学生志愿者结合课程所学策划活动，同时吸收有加入党组织愿望的青年参与活动，既可以发挥青年才智开拓新活动，也可以充实活动队伍，解决社区党组织开展活动人手不足的困难；同时形成了以社区入党积极分子、合作学校大学生、家庭居住地址在本社区，目前在外读书的大学生以及其他志愿者

---

① 共青团中央．全国少工委关于认真学习贯彻李源潮同志在与少先队工作者和少先队员代表座谈时重要讲话的通知（中青联发［2014］25 号）［EB/OL］．共青团中央官网，2014 - 10 - 21．

组成的社会团体。通过申请政府购买社会组织服务项目获得经费支持开展服务活动的同时，抓住契机，不断实现备案组织可持续发展。2014年6月11日，延庆成为2019年中国北京世界园艺博览会举办地，中国时隔20年再次获得A1类世界园艺博览会举办权；2015年7月31日北京张家口赢得2022年冬奥会举办权。作为三大赛区之一，延庆赛区将举办高山滑雪和雪车雪橇项目比赛。备案组织应当立足长远，有针对性地选拔园艺及相关专业的学生进入志愿者组织；并通过其他志愿者活动进行锻炼，使其成为"2019北京世园会"所需的合格志愿者。同时，直面冬奥会在春节期间招募参与服务的志愿者的难度要大于夏季项目的现实。备案组织应联合有关组织针对2013－2019年入学的延庆高中生开展志愿者服务活动，帮助其形成志愿者意识，熟悉志愿者活动规律，为招募2018－2022年在校的延庆籍大学本科生、研究生（硕士按照二年制学制计算）成为冬奥会志愿者奠定基础。这样，就可以把服务地区重大活动与培养青年马克思主义者结合起来，进行了以社区为纽带跨校开展习近平新时代中国特色社会主义思想实践教学的探索。

第三，在绿色发展理念指导下服务浅山区和谐社会建设。

中国共产党第十八届中央委员会第五次全体会议，于2015年10月26日至29日在北京举行。"全会提出，坚持绿色发展，必须坚持节约资源和保护环境的基本国策，坚持可持续发展，坚定走生产发展、生活富裕、生态良好的文明发展道路，加快建设资源节约型、环境友好型社会，形成人与自然和谐发展现代化建设新格局，推进美丽中国建设，为全球生态安全作出新贡献。促进人与自然和谐共生，构建科学合理的城市化格局、农业发展格局、生态安全格局、自然岸线格局，推动建立绿色低碳循环发展产业体系。加快建设主体功能区，发挥主体功能区作为国土空间开发保护基础制度的作用。推动低碳循环发展，建设清洁低碳、安全高效的现代能源体系，实施近零碳排放区示范工程。全面节约和高效利用资源，树立节约集约循环利用的资源观，建立健全用能权、用水权、排污权、碳排放权初始分配制度，推动形成勤俭节约的社会风尚。加大环境治理力度，以提高环境质量为核心，实行最严格的环境保护制度，深入实施大气、水、土壤污染防治行动计划，实行省以下环保机构监测监察执法垂直管理制度。筑牢生态安全屏障，坚持保护优先、自然恢复为主，实施山水林田湖生态保护和修复工程，开展大规模国土绿化行动，完善天然林保护制度，开展蓝色海湾整治行动。"①

中共中央政治局 5 月 24 日上午就大力推进生态文明建设进行第六次集体学习。习近平总书记在主持学习时指出："生态环境保护是功在当代、利在千秋的事业。"② "建设生态文明，关系人民福祉，关乎民族未来。"③

在提出上述观点后，习近平总书记进一步指出："要正确处理好经济发展同生态环境保护的关系，牢固树立保护生态环境就是保护生产力、改善生态环境就是发展生产力的理念，更加自觉地推动绿色发展、循环发展、低碳发展，决不以牺牲环境为代价去换取一时的经济增长。"④

"国土是生态文明建设的空间载体。要按照人口资源环境相均衡、经济社会生态效益相统一的原则，整体谋划国土空间开发，科学布局生产空间、生活空间、生态空间，给自然留下更多修复空间。要坚定不移加快实施主体功能区战略，严格按照优化开发、重点开发、限制开发、禁止开发的主体功能定位，划定并严守生态红线，构建科学合理的城镇化推进格局、农业发展格局、生态安全格局，保障国家和区域生态安全，提高生态服务功能。要牢固树立生态红线的观念。在生态环境保护问题上，就是要不能越雷池一步，否则就应该受到惩罚。"⑤

顺义浅山区位于顺义东北部，是指顺义区处于燕山余脉山区的地区，包括北石槽镇、木林镇龙湾屯镇、张镇和大孙各庄镇等五镇，总面积 308 平方公里；共辖 125 个村庄、38799 户，总人口 12 万人，占顺义区总人口的 13%；自古沐浴天地恩泽，五镇百村育田园风情，青山绿水彰自然之美，名胜古迹显人文之韵。优良的生态环境和宜人的自然景观成为顺义浅山区经济发展的后发优势，是建设首都慢生活区和展示顺义之美的理想之地。依托优良休闲度假环境与丰厚历史文化资源及特色田园风情形成的组合优势，近临国际空港、北京 CBD、使馆区、环渤海区域总部基地等高端客源市场优势，开发国际化、高端化、时尚化旅游产品，实现跨越式发展，顺义未来将成为北京世界一流旅游城市的重要组成部分。

---

① 中国共产党第十八届中央委员会第五次全体会议公报 ［N］. 新华每日电讯. 2015 年 10 月 30 日第 1 版.
② 习近平. 习近平谈治国理政 ［M］. 北京：外文出版社，2014：208.
③ 习近平. 习近平谈治国理政 ［M］. 北京：外文出版社，2014：208.
④ 习近平. 习近平谈治国理政 ［M］. 北京：外文出版社，2014：209.
⑤ 习近平. 习近平谈治国理政 ［M］. 北京：外文出版社，2014：209.

2012 年初，北京市顺义区委、区政府根据顺义区浅山地区的五个镇的实际情况，提出建设顺义北部浅山联络线（连接京承高速和京平高速，该路纵贯龙湾屯镇全境，通车后龙湾屯镇到北京城区的时间可减少到 40 分钟），建设顺义五彩浅山国际休闲产业发展带和五彩浅山滨水国家登山健身步道公园。

有关教师抓住契机，结合个人主持的科研项目组织学生在习近平新时代中国特色社会主义思想指导下开展实践教学。经过师生集体调研形成报告，向北京市顺义区推进浅山区建设办公室提出两方面建议：

一方面，用红色文化引导村民社会组织文化建设促进和谐社会建设。

焦庄户村在战争年代隶属于冀东抗日根据地领导，是通往平西、平北根据地的必经之路。1964 年秋建立"焦庄户民兵斗争史陈列室"，1979 年北京市政府决定为市级重点文物保护单位，并改名为"北京焦庄户地道战遗址纪念馆"，2013 年 5 月确定为全国重点文物保护单位。2015 年 8 月 24 日，进入国务院的公布第二批 100 处国家级抗战纪念设施、遗址名录。

为了缅怀革命先烈的英雄业绩，进行爱国主义教育，自 1987 年以来，市、区两级政府先后共投资 4000 余万元，扩建道路、修复地道、新建展馆、恢复抗战民居等。目前纪念馆占地近 47700 平方米，分为三个参观区，即展馆参观区、地道参观区、抗战民居参观区，另外还为游客提供吃抗战饭、住抗战民居、采摘瓜果等服务项目。纪念馆自建馆以来先后接待国内外观众 350 万人次，其中有 160 多个国家和地区的 5 万余名外宾来这里参观。北京焦庄户地道战遗址纪念馆先后被北京市政府命名为"北京市青少年教育基地"、被国家六部委定为百家"全国中小学爱国主义教育基地"之一、被中宣部定为"全国爱国主义教育示范基地"、被国家发改委定为"全国红色旅游景区"。目前，有 40 多所学校将该馆定为爱国主义教育基地。

用红色文化引导村民社会组织文化建设，需要从如下方面入手。首先，建设以研究开发红色文化为主要内容的社会组织，并吸引区域内外的力量参与。其次，建设以大学生志愿者为核心的志愿者服务团队。再次，引导焦庄户村原有的村民社会组织参与到新建的社会组织中来。最后，依托上述社会组织开展文化开发工作，并将开发成果应用于经济和社会建设领域。

另一方面，用创意农业理念引导村民社会组织文化建设促进和谐社会建设。

所谓创意农业是通过文化创意整合农业、农村资源，提高村镇产品附加值，实现资源优化配置的一种新型农业经营方式。从这个角度上讲，创意农业也是创意产业的一个组成部分，是对创意经济的发展及其对农业创新应用的结果。

创意农业将农产品和农业生产过程赋予文化内涵，提升了现代农业的发展水平和潜力，增强了农产品的市场竞争力。

北京市重点发展都市休闲观光农业是以优化城市生态系统和美化城市形象为目标，以城市绿化体系、生物主题公园和"菜篮子"工程为主载体，可供游览、观赏、休息和采购，位于城市内部或城乡接合部的设施化、园林化农业。观光休闲农业是从不同角度解读和描述都市型休闲农业。因为创意的产品（包括文化创意产业的产品），只能满足人们的精神生活需求，而不是生理需求；观光休闲农业首先满足人们的精神生活需求，然后才是其他。

创意农业是在农业中涵盖创意手法，都市休闲观光农业中可以涵盖创意农业的创意手法，同样，创意农业也可以打造成都市休闲观光农业。因此，从本质角度分析，创意农业也属于观光农业。观光休闲农业是从本产业的功能、作用的角度描述的；而创意农业的提法，是从本产业的经营理念、实现方式和方法的角度描述的。

创意农业是多种产业相融合的新型业态，其并非创意产业与农业生产的简单叠加，而是二者的有机融合。

创意农业以农业生产为基础、文化创意为手段，将传统农业生产与现代创意科技、知识及思想相结合，赋予农业生产新的形式与功能。根据创意途径、形式及产品的不同，创意农业主要具有文化功能、教育功能、休闲功能、经济功能、生态功能、社会功能、品牌功能等七大功能。

根据创意农业的内涵，文化功能是创意农业的基本功能之一。农业是人类文明的起源，也是文化形成的重要基础，这是因为农业发展的过程就是农耕文化孕育和发育的过程，农业本身具有丰富的文化内涵。

创意农业是创意灵感在农业中的物化，是科技与文化的相互聚集与融合创新，能够展现出农业生产或农产品的特色化、智能化、艺术化、个性化。所以，创意农业具有较高的文化品位。农业文化具有引导农业朝着既定方向发展的功能。通过培育，打造一个积极、向上、先进的农业文化，引导农业朝着积极、向上、先进的方向发展，从而生产出满足人们日益增长需求的农产品。因此，创意农业的文化功能不仅指农业本身的文化功能，也包括创意灵感在农业生产中的体现。

通过将农业生产与文化创意相结合，赋予农产品和农业生产丰富的文化内涵，可以给人带来精神层面的享受，提高农业产业的文化附加值，满足日益变化的消费者对精神和文化的需求。

　　根据调研，师生提出开展农产品艺术加工的思路。结合顺义区舞彩浅山文化旅游基地建设，进一步挖掘顺义民间文化人才，依托 2011 年列入"北京市非物质文化遗产"的"老北京火绘葫芦"的产品，开展农耕文化体验，葫芦文化游戏，猜葫芦谜语有奖竞猜，葫芦手工艺制作体验等系列活动的建议。形成吃葫芦宴、赏葫芦文化、玩葫芦游戏的系列活动，让游客感受到自然的回馈。

三、经验总结

　　在探索习近平新时代中国特色社会主义思想实践教学路径的过程中，有如下几方面的经验和收获：

　　首先，加强学习、积极参加高水平学术活动是开展实践教学的理论基础。两名指导教师，利用在清华大学读博士和做访问学者的机会，积极参加清华大学马克思主义学院组织的高水平学术活动。前文所述的三项探索都是实践教学指导教师在参加北京高校思想政治理论课名师工作室"艾四林青年教师研修工作室"论坛活动获得启发所提出的工作设想并逐步实施的。

　　其次，利用一切机会努力建设"实践教学基地"是保障实践教学活动顺利开展的关键要素。课外实习要以实习单位为基础，针对有意愿合作的单位，应当积极合作努力建设"实践教学基地"。要建立实践教学基地，就要努力实现"双赢"局面。开展以项目式流动为代表的"柔性流动"，所谓项目式流动，就是通过开展项目合作，使教师参与到实习单位的工作中来。在具体工作中，可以鼓励任课教师参与合作单位的项目，尽量为"实践教学基地"所在单位服务好。要实现这一目标，仅靠教师努力是不够的，学校应当给予必要的支持，保证教师真正能够有精力去为合作单位解决问题，这样才能使与"实践教学基地"合作落到实处。几年来，教师通过义务为京郊部分乡镇开展村干部创业培训等方式，获得了密云冯家峪镇西白莲峪村等达成建设实践教学基地的意向。

　　最后，弘扬志愿者精神是实践教学活动与服务社会有机结合的必由之路。在寻找实践教学活动资源时，教师发现因为许多与学校没有渊源的单位，不愿为二本院校提供实习、实践资源，这种现象在农林院校寻求非农林领域实习合作单位时较明显。改变这一现状的办法有二：一是邀请河北农业大学等同学科历史悠久的一本大学参与，同时选拔比较优秀的二类本科学生参与实践活动。

第二，强化志愿者精神。十八大以来，参与活动的师生共协助合作单位获得并执行北京市各类政府社会组织服务项目四项，在保质保量实现活动目标的同时，一直坚持不领取任何人工费的原则。大学生志愿者补助也是通过教师参与的学术团体——北京创造学会发放。这样就实现了实践教学活动与服务社会有机结合，也实现了实践教学工作的可持续发展。